数字金融学

SHUZI JINRONGXUE

严佳佳 吴伟平 林朝颖 等 ◎ 编著

中国财经出版传媒集团

经济科学出版社
Economic Science Press

·北 京·

图书在版编目（CIP）数据

数字金融学 / 严佳佳等编著 . -- 北京 ： 经济科学
出版社，2024. 9. --（数字经济学教学与研究丛书）.
ISBN 978 - 7 - 5218 - 6330 - 7

Ⅰ. F83 - 39

中国国家版本馆 CIP 数据核字第 2024PK0685 号

责任编辑：撖晓宇
责任校对：隗立娜　郑淑艳
责任印制：范　艳

数字金融学

严佳佳　吴伟平　林朝颖　等编著

经济科学出版社出版、发行　新华书店经销

社址：北京市海淀区阜成路甲 28 号　邮编：100142

总编部电话：010 - 88191217　发行部电话：010 - 88191522

网址：www. esp. com. cn

电子邮箱：esp@ esp. com. cn

天猫网店：经济科学出版社旗舰店

网址：http：//jjkxcbs. tmall. com

北京季蜂印刷有限公司印装

787 × 1092　16 开　16 印张　350000 字

2024 年 9 月第 1 版　2024 年 9 月第 1 次印刷

ISBN 978 - 7 - 5218 - 6330 - 7　定价：65. 00 元

（图书出现印装问题，本社负责调换。电话：010 - 88191545）

（版权所有　侵权必究　打击盗版　举报热线：010 - 88191661）

QQ：2242791300　营销中心电话：010 - 88191537

电子邮箱：dbts@ esp. com. cn）

序　言

当前全球处于科技革命与产业变革的前沿，变革的浪潮催生了大数据、云计算、人工智能、物联网、区块链等新一代信息技术。发展数字金融已经成为拥抱新一轮科技革命、开创新的技术经济范式的必然选择。相对于传统金融而言，数字金融在支付方式、风险管理、服务渠道等诸多方面发生了深远的变革，也对金融教材体系与人才培养提出了更高的要求，为此我们编写了《数字金融学》一书，旨在为学生和专业人士提供系统的数字金融知识和理论基础，促进思维的开放和创新，为金融行业未来的变革提供必要的知识储备。

本书根据数字金融的主要应用场景进行章节设置，分别围绕数字金融发展、数字货币、数字银行、数字证券、数字保险、金融机构数字化转型评价、数字金融监管方面，分7章进行阐述。

第1章，数字金融发展概述。介绍了数字金融的概念及特征，厘清了数字金融与互联网金融、金融科技的关系。在此基础上阐述数字金融的各个发展模式并区分国内外数字金融发展模式。最后，通过阐述数字金融的发展阶段与发展趋势，展望了数字金融的机遇与挑战。该章节旨在使读者快速建立起对数字金融整体的了解。本章由林朝颖教授、陈阳辉、王政杰编写。

第2章，数字货币。介绍了数字货币的基本概念及其分类，厘清私人数字货币与法定数字货币的区别，解释了数字货币的获取方式、用途、产生的原因、分类及解决措施。通过该章节的学习，读者能够了解数字货币在各国的发展情况，对数字货币的发展趋势和未来前景作出准确预判。本章由严佳佳教授、戴柳、介琼楠、王婧蕾、赖诗婷编写。

第3章，数字银行。介绍了数字银行的内涵与形态，同时梳理我国数字银行的发展进程，随后通过深入学习银行体系中数字营销、数字信贷以及数字风险管理等方面的内容，有助于读者了解未来数字银行的发展。本章由林朝颖教授、陈阳辉、王政杰编写。

第4章，数字证券。介绍了数字证券的内涵及特征，了解全球证券市场的数字化演变趋势，阐释数字化证券价格指数的应用功能、基本构造思路和方法以及指数基金之后，讲述量化投资、机器学习、人工智能等数字化手段在证券投资分析中的应用，并阐述了证券信息披露的数字化手段、ESG信息披露的主要内容划分，以及人工智能时代投资者关系在线互动的维护情况，结合数字证券市场的发展趋势及前景加深读者对数字证券的理解。本章由徐泽林副教授、陈玮、叶斌编写。

第5章，数字保险。本章以保险业的数字化转型为主线，对数字保险进行概述。首先介绍数字保险的定义、应对的变化及问题、发展的关键因素以及相关政策，随后阐述了数字人身保险和数字财产保险，并分析了数字保险的新兴主体，最后介绍数字保险前沿。本章由翁志超副教授、陈芳、谌悠璇、黄少英、杨嘉宁编写。

第6章，金融机构数字化转型评价。介绍了金融机构数字化转型的内涵，概述了金融机构数字化转型的评价内容、常见评价指标，以掌握评价的方法。最后，利用福州大学上市公司数字化转型指数（DTI 指数）对我国各类金融机构的数字化转型水平进行评价分析，指出当前金融机构数字化转型过程中面临的问题，并给出相应的对策建议。本章由傅传锐副教授、何心玥编写。

第7章，数字金融监管。介绍了数字金融监管的内涵，包括数字金融监管的定义、目标、理念及原则，随后分别从银行、证券、保险等行业阐述数字金融监管的发展现状及监管内容。最后，通过了解各国的数字金融监管过程，掌握各国的数字金融监管政策，对数字金融监管的国际协调与合作趋势进行展望，为我国下一阶段的监管提供理论参考和经验支撑。本章由吴伟平副教授、王征鸿、沈玉清、雷涛、李琳萱、阮芳浩编写。

本书作者来自福州大学经济与管理学院、福建经济高质量发展研究中心、福建省金融科技创新重点实验室。由于数字金融是近年来兴起的领域，百家争鸣，在全书的编写过程中，我们借鉴了许多前人的研究成果、教材、著作和网络文献，在此向各类文献的作者表示真诚的敬意和由衷的感谢。数字金融是一个崭新的发展与研究领域，仍有许多深入的问题需要研究，鉴于我们能力与水平有限，以及经验、视野、时间的限制，本书必然存在许多不足之处。我们诚挚地欢迎读者提出批评和建议，以便不断修改、完善和提高。

目　录

第1章
数字金融发展概述

学习目标

（1）了解数字金融的产生、发展进程及发展背景、掌握数字金融的概念及其特征。

（2）了解数字金融的几种发展模式，掌握国内外数字金融发展模式的区别。

（3）了解数字金融的发展阶段、发展趋势，正确看待数字金融及其带来的挑战。

内容提要

党的二十大报告提出，加快发展数字经济，促进数字经济和实体经济深度融合，打造具有国际竞争力的数字产业集群。数字金融是数字经济的重要组成部分，是联动全产业数字化改革的重要纽带，发展数字经济需要以数字金融作为支撑，把握住数字金融的发展趋势是实现金融高质量发展、推动数字经济与实体经济融合的必要条件。数字金融的发展和治理对促进普惠金融，推动产业转型升级，提升我国在全球产业链、价值链中的地位至关重要。本章分析的主线如下，首先，了解数字金融的概念及特征，厘清数字金融与互联网金融、金融科技的关系。其次，了解数字金融的各个发展模式并掌握国内外数字金融发展模式的区别。最后，通过学习数字金融的发展阶段与发展趋势，了解发展数字金融的机遇与挑战，在未来我们将更加辩证地看待并妥善应对数字金融的发展。

1.1 数字金融的概念及其特征

在信息化的浪潮中，传统金融机构正面临着前所未有的变革与挑战。为了适应这一趋势，许多金融机构已经开始探索与互联网企业合作，运用数字技术革新其服务模式，以期实现更高效、更便捷的金融服务，数字金融应运而生。

1.1.1 数字金融的概念

进入数字经济时代，金融业正经历一场前所未有的变革，数字技术的迭代更新持续推动金融创新，为各大金融机构带来了机遇与挑战。在此背景下，金融机构针对中小微企业长期面临的"融资难，融资贵"问题不断寻求更好的解决思路，数字金融应运而生。数字金融能够将中小微企业产生的海量金融服务需求进行有效匹配，加快授信流程速度，进而缓解企业融资约束。

何谓数字金融？根据 2020 年世界银行发布的《数字金融服务报告》，数字金融泛指传统金融机构与互联网公司利用区块链、大数据以及云计算等数字技术实现融资、支付、投资和其他新型金融业务的金融模式，主要包括网上银行、互联网支付、移动支付、金融服务外包及网上贷款、网上保险、网上基金等服务。数字金融是数字技术与传统金融的相互融合与相互渗透，是在传统金融的基础上表现出来的新形势、新技术和新模式。

谈到数字金融就免不了触及互联网金融与金融科技这两个新兴词汇。数字金融的概念与互联网金融、金融科技的概念基本相似。中国人民银行等十部委将"互联网金融"定义为传统金融机构与互联网企业利用互联网技术和信息通信技术实现资金融通、支付、投资和信息中介服务的新型金融业务模式。而"金融科技"则是指通过技术手段推动金融创新，旨在形成对金融市场、机构及金融服务产生重大影响的商业模式、技术应用、业务流程和创新产品（金融稳定理事会，2016）。但是互联网金融更多地被看作互联网公司从事金融业务，而金融科技则更突出技术特性，相比之下数字金融覆盖面会更加广泛。

数字金融是金融与科技结合的高级发展阶段，是金融创新和金融科技的发展方向。在金融数据和数字技术双轮驱动下，数字金融有助于实现金融业要素资源网络化共享、集约化整合、精准化匹配，从而迈入经济金融协同发展阶段，实现金融业高质量发展，推动数字经济和实体经济深度融合。

数字金融给社会的方方面面都带来了不同程度的影响。首先，数字金融的发展促进了创新创业行为。数字金融本质依然是金融，它作为第三产业中的一种基础服务设施，其技术上的革新也是其他领域的创新基础，为创新创造了更便利的条件，从而促进了创业。例如，数字金融的技术催生了共享经济、网络经济等商业模式，目前，各个领域的创业都离不开第三方支付，数字金融带来的新技术、新模式为创新创业提供了空间。

其次，数字金融促进了经济发展。数字金融是传统金融与新兴技术的融合，本质无法脱离金融属性，依然遵循金融市场的规律、受到市场政策的监管。在中国，受益于国内庞大的通信基础设施规模和互联网的飞速发展，数字金融的影响范围几乎涵盖了整个中国，它打破了传统交易模式下人与人面对面服务的地理限制，具备较低的信息搜寻、交易和人工成本等优势，因此，数字金融具备更强的普惠金融特性，对经济发展的影响也是极为巨大的。

数字金融利用数字技术，借助区块链智能合约、智能诚信、智能法治等功能优势，降低传统金融服务成本，扩大覆盖范围，为原本受到金融排斥、难以获得有效金融服务的弱势群体如城镇低收入者、农民、现金流较小的中小微企业等提供了较好的解决思路，有助于推动普惠金融的发展。不仅如此，数字金融也可以成为企业的"技术监管"，提升产品和服务信任度，在更好地赢得市场的同时，使生产者和消费者利益得到双向保证，使企业的经济效益和社会效益实现双赢。再者，数字金融的优势还可以体现在无形资产交易更为可靠和有效、中间商差价取消等方面。

对于政府而言，数字金融能够通过提高政府效率而激发企业的创新活力，具体表现在政府利用大数据评估技术，能够更加高效地识别具有潜力、符合产业发展目标的企业，从而更精确地制定财税政策。

近年来，包括互联网银行在内的数字金融的发展实践充分证明，通过运用数字技术打造数字金融新业态、新应用和新模式，可以大幅提高金融服务效率，延伸金融服务半径，拓展金融服务类别，扩大普惠金融的覆盖面和受益面。因此，必须要加快金融机构数字化转型，提升数字化服务水平，并率先培育一批技术领先、竞争能力强的数字银行，建立与之相适应的数字金融监管体系，以便更好地融入数字经济的生态圈，为数字化实体经济发展和数字时代的人民生活提供更加便利、普惠、低成本的金融服务，为数字时代经济发展奠定基础。

1.1.2 数字金融的特征

数字金融具有运营成本低、覆盖范围大、服务对象广、包容与创新性强等特点。

第一，运营成本低。数字金融能够大幅度降低传统金融机构的服务成本。传统金融机构无论是设置线下网点还是拓展分部组织，都会引起固定成本上升，尤其是对于低人口密度的偏远地区，增设服务网点的成本更为高昂。数字金融凭借自身特有的数字技术可以降低部分地域网点的人力资源投入，极大程度缓解了金融机构的人力成本支出。

银行作为传统的金融机构，是用户获取金融服务的主要渠道，而传统银行的服务范围主要取决于其分支机构的网点数量以及分布位置。如果银行要扩大服务范围就必然需要增加营业网点、扩大分布范围，由此产生的办公场地、办公设备和人工费用等支出都将增加银行的成本。尤其是在偏远的农村地区，金融服务的成本和难度会进一步增加。数字金融所运用的数字化支付平台，不需要设置过多的营业网点，用户在办理银行账户后，只需要开通手机银行服务，就能使用手机客户端或者其他第三方支付平台和理财平台，通过互联网来获取相应的金融服务。因此，数字金融能够在一定程度上降低设置营业网点等基础设施所带来的土地、建筑和人工成本。

此外，由于传统金融机构业务审批流程复杂、交易流程烦琐等原因，加之市场中存在信息不对称，传统金融机构对自身的产品与服务存在推广宣传效率低下的问题，这在很大程度上导致金融机构业务成本过重。数字金融可以通过大数据、云计算等数字技术多维度分析用户数据，绘出用户画像，有效识别信贷需求，进行精准营销，提高金融服务效率。不仅如此，数字金融还能构建基于知识图谱的风险控制体系，能够提升风险控制能力，帮助金融机构减少风险成本。

第二，覆盖范围大。考虑到盈利性、流动性与安全性，传统金融机构通常选择在人口密度较大、经济较为发达的地区投放资源，并且对一些人口密度低、地理位置偏远和经济欠发达的地区较为忽视。而数字金融可以应用互联网和移动信息等数字技术，通过覆盖广泛的技术通信设施，突破传统金融机构的地域限制。

在我国，移动支付的普及率已在全世界处于领先地位。我国农村中留守的多为老人、小孩以及妇女，青壮年大都在城市务工。在农村主要的金融服务为汇款和转账，而农村地区的银行网点所提供的金融服务往往难以全面覆盖当地农民，从而给农村人口带来极大不便。数字金融可以让用户不再需要通过固定的营业网点获得金融服务，不论用户身在大都市或者小乡村，只要有互联网，用户就可以通过手机、电脑等方式获取同质的金融服务。从这一方面上的意义来讲，数字金融从根本上改变了获取金融服务的方式。中国互联网信息中心的数据显示，截至 2022 年 12 月，我国网民规模达到 10.67 亿人，较 2021 年 12 月增长 3 549 万人，互联网普及率达到 75.6%。其中，农村网民规模为 3.08 亿人，占比为 28.9%，农村互联网普及率达到 61.9%，城镇互联网普及率为 83.1%。[①] 农村网民规模及互联网普及率反映出利用数字化平台获取金融服务的农村人口数量正在增加，金融服务的覆盖范围正在逐步扩大。

第三，服务对象广。数字金融不只具有实现服务对象普及化的普惠金融的目标，而且还具有拓宽服务对象范围的相应技术保障。乌尔比纳蒂等（Urbinati et al., 2020）[②] 指出，数字技术的灵活性可以更好满足当前服务对象的需要。数字金融通过运用移动互

① 第 53 次《中国互联网络发展状况统计报告》［EB/OL］. 中国互联网络信息中心，2024 - 03 - 22，https：//www. cnnic. net. cn/n4/2024/0322/c88 - 10964. html.

② Urbinati A., Chiaroni D., Chiesa V., et al. The role of digital technologies in open innovation processes：an exploratory multiple case study analysis ［J］. *R&D Management*，2020，50（1）：136 - 160.

联、大数据、云技术等数字技术手段，使得各类金融服务和金融产品以最直接的方式呈现在所有用户面前，突破了金融服务的地域限制，打破了金融服务供给与需求不匹配的局面，扩大了金融服务对象范围。例如，大数据技术可以满足那些受到传统金融机构信用评估阈值限制的低收入群体与中小微企业获得金融服务的要求，帮助他们顺利实现投资与融资等金融活动。

此外，在经济不断发展的过程中，金融排斥现象越发明显，低收入群体和中小微企业等弱势群体往往被排斥在金融服务体系之外，无法获得其需要的金融服务和金融产品。但是伴随着新技术的发展，支持数字化交易的线上信用平台、众筹平台等普惠金融机构纷纷涌现，并成为提供民间融资的重要组成部分。这些民间融资可以为低收入群体和中小微企业等弱势群体提供相应的金融服务和金融产品，在一定程度上拓宽了用户和各类金融资本参与金融活动的渠道并创造了让金融服务惠及更多群体的机会。

第四，包容与创新性强。数字金融的包容性意味着它能够降低金融服务的门槛，让更多的人群获得金融服务，包括那些传统金融体系难以覆盖的人群、小微企业等。数字金融的包容性主要体现在以下几个方面：一是地域包容性，数字金融借助互联网普及的浪潮，打破了地域限制，使得人们在农村偏远地区也能够方便地获得金融服务。通过数字金融，农村居民可以享受在线支付或线上转账等金融服务。二是人群包容性，数字金融为广大中小微企业和个体工商户提供了融资、支付和结算等服务，满足他们发展的金融需求，同时数字金融也为弱势群体提供了金融服务，包括老年人、残障人士等。三是产品多样性，数字金融的出现推动了多种金融产品创新，满足了不同人群的需求。不同收入层次的人们都可以根据自身需求选择适合的金融产品，包括网络支付、个人投资、保险等。

数字金融的创新性通过引入新的技术和模式，实现了金融行业的创新，包括人工智能、大数据分析、区块链等技术的应用。这种创新可以归纳为以下三个方面：一是技术创新。数字金融借助于人工智能、大数据分析、区块链等新兴技术，在金融产品、服务和业务模式上进行创新。例如，智能投顾、区块链数字资产交易、供应链金融等都是数字金融技术创新的典型案例。二是金融产品创新。数字金融通过创新金融产品，满足人们多样化的金融需求。例如，P2P借贷平台、众筹平台、虚拟货币等都是数字金融领域的创新产品，为投资、融资、支付等提供了全新的选择。三是业务模式创新。数字金融通过改变传统的金融业务模式，提供更高效、灵活的金融服务。例如，互联网银行、移动支付等业务模式的引入，使得金融服务更加便利和普及化。

数字金融的包容与创新性使得金融服务更加普及、便捷、安全，并且可以满足不同人群的金融需求。这种创新和包容性的特点推动了金融行业的发展，并为广大客户带来更高效、智能和创新的金融服务，从而为整个社会带来积极的影响。

扩展阅读 1-1

数字金融：发展刚刚开始

数字金融是金融行业与互联网技术和精神相结合的新兴领域，是将互联网"开放、平等、协作、分享"的精神渗透入传统的金融行业，是在金融上所表现出的新特征、新技术、新平台、新模式和新形式。

8月5日，中国战略文化促进会联合西南财经大学互联网金融研究中心发布了《中国数字金融发展报告》（以下简称"报告"），首次以全球视角对"数字金融"的概念、特点、模式进行详细阐述，并围绕其存在问题、发展趋势、风险监管、政策建议展开了研究。

飞速发展的数字金融

什么是数字金融？报告中对此给出了定义："数字金融是网络技术与金融的渗入和融合。它并不是简单的'互联网＋金融'，也不是复杂到与传统金融没有关联，更不是在现有金融体系之外的一个异生物或类生物。它是金融行业与互联网技术和精神相结合的新兴领域，是将互联网'开放、平等、协作、分享'的精神渗透入传统的金融行业，在金融上所表现出的新特征、新技术、新平台、新模式和新形式。"

可以说，目前互联网金融行业中活跃度较高的P2P、第三方支付、网络银行、众筹等均属于数字金融的范畴。报告中对于数字金融模式的研究也主要集中于上述四类。

国内的第三方支付与P2P借贷平台占据了数字金融领域的"半壁江山"。2014年全国P2P网贷平台数量达到1 575家，成交额为3 291.94亿元，年增长268.83%；2014年第三方支付的交易规模达到8 000亿元，年增长50%。而我国的众筹融资在去年发生了3 091起，募集金额10.31亿元人民币。此外，在我国发展较晚的另外两种数字金融模式——网络保险与网络证券也正迎头赶上。

数字金融始于20世纪90年代，通过深入分析它的发展历程、模式与特点，报告研究得出了数字金融未来的五大发展趋势：一是金融业和金融牌照将逐步放开，数字金融势力渐增；二是数字金融将向移动端迁移；三是大数据将得到广泛的应用；四是数字金融向集团化发展，部分集团已有金融帝国雏形；五是随着进入数字金融行业的成员越来越多，行业竞争加剧，为了使自己站稳脚跟，数字金融企业将加快模式创新。

第三方支付规模占比超九成

"非金融机构加入了金融服务提供者的行列"是数字金融的五大特点之一，第三方支付服务机构便是其中之一。报告中显示，截至 2014 年底，中国的数字金融规模已经突破 10 万亿元，其中第三方支付的规模占据绝对优势，达到了 9.22 万亿元。从各第三方支付平台的市场份额来看，支付宝占据了 50% 的市场份额，其次是财富通与银联商务，分别占据了 20% 与 11%。

报告把当前市场上的第三方支付平台进行了三类划分：由互联网企业引导、由传统金融机构引导以及第三方支付公司成立的数字金融平台。以阿里巴巴、腾讯以及银联、汇付天下为代表的机构发起的前两种类型的第三方支付平台对于社会大众来说十分熟悉，然而对数字金融平台这一概念却稍显陌生。

数字金融平台，即以互联网思维和数字通信技术，把传统金融的支付以及结算，通过具体的行业运用和大数据运用，实现金融为实体经济、消费者以及公共事务服务的数字金融系统。

深圳的"华夏通宝"、成都的"天府通"都属于数字金融平台范畴。报告分析认为，大数据的运用可以强化执政的决策和执行效率，数字金融平台设立地会形成巨大的"资金洼地"，增强地方的金融话语权和金融力量，促使金融更好地为实体经济、政务活动以及消费者服务，此外还有利于人民币的国际化。

第三方支付作为与居民日常生活联系最为密切的一类数字金融模式，目前已拥有了稳定的平台以及广泛的受众群。然而报告中也强调，在第三方支付迅速发展的同时，其存在的网络安全、制度建设、非法交易、电子支付规范标准缺失以及服务平台同质化等问题仍待进一步解决。

为数字金融发展建言献策

面对快速发展并且已形成一定规模的数字金融企业，金融行业现在越来越重视辨别与规避数字金融中所蕴藏的风险。

报告归纳认为，数字金融存在的风险主要为流动性风险、投资者风险、市场风险、政策风险、信息技术风险，与此同时，不法分子利用数字金融谋取利益的风险也不容忽视。

7 月中旬，由央行以及相关部委联合发布的《关于促进互联网金融健康发展的指导意见》无疑为包括 P2P、众筹、第三方支付等在内的数字金融业务确定了监管原则，指明了业务边界。

西南财经大学互联网金融研究中心卢勇表示："指导意见的出台具有五大积极意义：一是互联网金融第一次被正名；二是明确了区分监管；三是在全球范围内第一个把互联网金融定位于国家战略；四是指导意见里明确划出了业务红线；五是指导意见条款还有巨大的解释空间，为创新留下了更多可以想象的空间。"

报告建议，对数字金融的监管还应做到完善法律法规并强化执行；完善社会信用体系建设；加强网络信息安全保护；加强投资者教育。

为更好促进数字金融的发展，进一步推动数字金融的创新，报告还提出了五条政策建议：一是健全完善相关法律制度；二是积极探索建立跨监管部门的协调与合作；三是加强数字金融的市场准入；四是鼓励支持数字金融行业自律组织的建设；五是加强数字金融投资者权益保护。

资料来源：走入千家万户数字人民币持续探索更多可能性 ［EB/OL］. 中国金融新闻网，2015 - 08 - 08，https：//www. financialnews. com. cn/if/201508/t20150808_81696. html.

◎ **概念复习**

数字金融　互联网金融　金融科技

◎ **阅读资料**

［1］王定祥，胡小英. 数字金融研究进展：源起、影响、挑战与展望 ［J］. 西南大学学报（社会科学版），2023，49 （1）：101 - 110.

［2］张勋，万广华，吴海涛. 缩小数字鸿沟：中国特色数字金融发展 ［J］. 中国社会科学，2021 （8）：35 - 51，204 - 205.

◎ **课后思考题**

（1）简述数字金融的含义及其特点。

（2）简述数字金融与互联网金融、金融科技的区别与联系。

（3）简述数字金融的发展历程。

1.2　数字金融的发展模式

经过近十年的发展，国内数字金融基本上形成了五类经典模式，即银行类模式、电商类模式、运营商模式、社交类模式、搜索类模式；国外数字金融则形成了征信服务与借贷服务两类主要模式。

1.2.1　银行类数字金融模式

银行类数字金融模式是一种将数字金融与银行业、数字技术与金融数据相互结合的模式，典型代表是中国工商银行的 e-ICBC 战略。工商银行在近几年的数字金融发展大潮中，以大平台思维布局线上业务，成为金融机构发展数字金融的典范。e-ICBC 战略包括"三大平台三大产品线一中心","三大平台"是指电商平台"融e购"、即时通信平台"融e联"和网上银行"融e行"。"三大产品线"是指融资、支付及投资理财,"一中心"则是工行成立的网络融资中心。e-ICBC战略将数字金融与银行有机结合,构建出涵盖在线金融服务、电子商务以及社交生活的数字金融整体架构。

银行类数字金融模式的共同特点是利用数字技术和互联网实现金融服务的数字化、便捷化和个性化,为用户提供更多选择和更好的用户体验。随着技术的不断进步和用户需求的变化,银行类数字金融模式还将继续发展和演进。

1.2.2　电商类数字金融模式

电商类数字金融模式是指在电子商务运营过程中运用各种数字金融产品向客户提供结算、融资、保险等金融服务的模式,该模式充分利用了用户的消费数据。典型代表为蚂蚁科技集团股份有限公司(以下简称"蚂蚁金服")。蚂蚁金服是一家定位于普惠金融服务的科技企业,致力于借助自身的科技创新能力,搭建一个开放、共享的信用体系和金融服务平台,为全球消费者和小微企业提供安全、便捷的普惠金融服务。在蚂蚁金服的诸多数字金融产品中,芝麻信用、蚂蚁花呗和蚂蚁借呗最具代表性。蚂蚁花呗和蚂蚁借呗是蚂蚁金服为大众设计的互联网消费金融产品,用户可以根据个人芝麻信用分在蚂蚁花呗获取相应的消费贷款,而蚂蚁借呗可以直接提供现金贷款。

电商类数字金融模式的目标是提供更便捷、安全和个性化的金融服务,促进电商交易的发展和增长。它们将电子商务和金融服务结合起来,为消费者和卖家提供更多选择和增值服务。随着电子商务的不断发展和创新,电商类数字金融模式也将继续演化和扩展。

1.2.3　运营商数字金融模式

运营商数字金融模式是指电信运营商通过数字技术和金融服务提供多种金融产品和服务的模式。相较于银行及电商数据,运营商数字金融模式获取的通信数据实时性高并且可扩展性强,通过手机号可以实现多平台信息汇总。其中,典型代表为电信金融。电信开展的数字金融包括甜橙信用、橙分期、甜橙白条等。甜橙信用利用大数据及云计算技术从多个维度对用户信用进行量化并得出甜橙分,依据这一分数用户可以使用橙分期和甜橙白条等消费金融产品。

运营商数字金融模式的目标是通过结合电信基础设施和金融服务,为用户提供更便捷、高效和安全的金融体验。运营商利用其庞大的用户基础和技术优势,为用户提供增值服务,促进数字金融的发展和应用。同时,运营商数字金融模式也提供了更广泛的金融包容性,使更多人享受到金融服务的便利。

1.2.4　社交类数字金融模式

社交类数字金融模式相比前三类模式起步较晚，是一种依托社交平台的数字金融模式，典型代表是腾讯金融。腾讯依靠 QQ 和微信两大社交平台累积了海量社交数据，通过大数据、云计算等数字技术进行整合分析，开展数字金融产品，包括腾讯信用和微粒贷。腾讯信用主要采用机器学习算法，对与用户消费、财富、安全、守约以及社交维度相关的大数据进行分析，并以定性或定量形式呈现评分结果。微粒贷是腾讯微众银行面向手机 QQ 用户和微信用户推出的互联网信贷产品，其特征包括无须抵押担保、最快1 分钟放款以及提前还款无手续费等。

社交类数字金融模式通过将社交媒体和数字金融服务结合起来，提供了更加便捷、个性化和社交化的金融体验。用户可以在社交媒体平台上与朋友和其他用户进行互动、分享信息和获取金融服务，实现更多元化的金融需求。这些模式的发展也推动了社交媒体和数字金融领域的融合和创新。

1.2.5　搜索类数字金融模式

搜索类数字金融模式是一种将搜索引擎与数字金融结合的模式，实质上也是依靠平台长期积累的流量为客户提供更加全面、便捷、个性的金融服务。典型代表为百度金融。百度于 2015 年组建了百度金融服务事业群组（FSG），即百度金融，除支付业务、企业贷款业务、理财业务、保险业务外，百度金融通过百度有钱花、百度信用分以及百信银行大力开展数字金融实践。其中，百度有钱花是百度面向大众推出的消费金融产品，主要包括分期产品及现金贷，涉及教育、家装、租房、医美等领域。百度信用分是百度计划推出的个人信用评分产品。百信银行是百度与中信银行合作成立的以独立法人运作的直销银行。当前，百度在超大规模数据挖掘、规模化机器学习以及海量场景合作等方面优势显著。

搜索类数字金融模式通过结合搜索引擎和数字金融服务，为用户提供了更便捷、全面和个性化的金融信息和服务。用户可以通过搜索引擎获取所需的金融产品和知识，同时金融机构可以利用搜索引擎来推广和宣传自己的产品。这样的模式推动了数字技术和金融的融合，提升了用户金融体验和金融服务及产品的市场竞争力。

1.2.6　国外数字金融模式

目前国外的数字金融模式主要包括征信服务与借贷服务这两大类。与国内大型平台垄断格局不同，国外的数字金融机构更偏向于提供专业化、特色化产品服务。

征信服务类数字金融模式的典型代表是成立于 2008 年的"Credit Karma"，它是最早的金融科技公司之一。"Credit Karma"主要提供包括精简信用报告、信用评分、信用分析、信用监测以及信贷产品推荐在内的五种免费征信产品。其中，前四种产品主要为满足用户刚性征信需求，第五种产品则为满足用户潜在信贷需求。

借贷服务类数字金融模式的典型代表是德国的"Kreditech"公司。一方面，针对特定借款人，"Kreditech"采集约两万个动态数据点，运用算法对借款人行为进行匹配分析。另一方面，"Kreditech"应用科技手段提升服务效率。"Kreditech"拥有包括"Kredito24""K24""Flexinero"以及"Zaimo"等在内的多个网络借贷平台，提供24小时不间断贷款申请服务。与此同时，"Kreditech"基于大数据分析，采取纯线上贷款审批操作，提供包括小额分期贷款、个人财富管理、电子钱包、透支及支付等服务。

这些国外的数字金融模式基于创新技术的应用，旨在提供更便捷、安全和个性化的金融服务。这些模式的发展也在推动数字金融市场的发展和全球金融业务的变革。

1.2.7 国内外数字金融发展模式的差异

国外数字金融模式与国内数字金融模式在某些方面存在差异，主要体现在以下几个方面：

（1）发展速度：国外数字金融模式的发展比国内更早，且更加成熟。一些国外数字金融模式如P2P支付、数字钱包和全球汇款服务等已经普及且使用广泛，而在国内总体上数字金融还处于起步阶段。

（2）支付方式：国外数字金融模式更加多样化。在国内，移动支付如支付宝和微信支付占据主导地位；而国外数字金融模式中，除了移动支付，还涵盖了许多其他支付方式，如银行卡支付、数字钱包、加密货币等。

（3）监管环境：国内数字金融模式受到较为严格的监管环境影响。国内在支付、借贷、投资等领域都有特定的监管政策和法规，以保护用户权益和维护金融稳定。而国外相对较宽松的监管环境为创新数字金融模式的发展提供了更大的空间。

（4）用户习惯和接受程度：由于文化、市场和用户习惯的不同，国外和国内用户对数字金融模式的接受和使用程度也有所不同。例如，国内用户会更加便捷地采用移动支付，而在国外，银行卡支付仍然占据较大比例。

（5）金融生态环境：国内数字金融模式的发展受到互联网巨头的影响，如支付宝和微信支付等。这些公司在金融领域有着庞大的用户基础和丰富的金融产品线。而在国外，数字金融模式的发展更多由银行、金融科技公司和创业企业推动。

上述这些只是一些常见的差异，实际上国内和国外的数字金融模式还有许多其他方面的异同。随着技术和市场的不断演变，国内和国外的数字金融模式可能会相互借鉴和影响，形成更加多样化和具有区域特色的发展趋势。

数字金融发展模式都是基于数字技术的创新和应用，旨在提供更便捷、高效、个性化和安全的金融服务，推动整个金融行业的变革和发展。随着技术的进一步发展和用户需求的变化，数字金融的发展模式也将不断创新和演进。

扩展阅读 1-2

"晋江经验"在数字时代继续乘风破浪

——从峰会中看福建民企拥抱数字化的新趋势

2023 年 4 月 17 日，第六届数字中国建设峰会在福州开幕。26 日展馆区开馆首日，不少人发现，福建民营企业频频"出圈"，他们的身影出现在互联网企业、科技公司的展区里——或入驻平台，或引入平台企业的技术，或与科技企业联手改造生产线……当数实融合的时代浪潮扑面而来，福建民营企业勇立潮头，通过拥抱数字化来坚守"晋江经验"的初心：紧抓实体经济发展不放松，实实在在做实业守本分。

平台助力数字化为中小企业添动能

在数字中国建设峰会展馆区踊跃"出圈"的闽商中，不乏中小企业的身影。

晋江中小企业纷纷引入华为低成本、快部署、易运维的系统集成解决方案，节省了大量自研成本，直接将供应链搬上云端。

一批福建中小外贸企业借助蚂蚁万里汇提供的数字跨境金融服务，缩短跨境收款的周期，解决了跨境订单金额小、数量大、周期长的风险。

中小企业拥抱数字化的积极性被调动起来，彰显数实融合开始步入新的发展阶段。

"相比大企业，中小企业'钱少庙小'，对数字化的投入意愿和可接受的成本，都要低得多。想让中小企业接受数字化，最根本的，就是降低门槛，让数字化工具变得'好用不贵'。"峰会期间，蚂蚁集团有关负责人表示。

值得注意的是，已有闽商敏锐捕捉到中小微企业数字化的市场机会，一个新型商业群体由此崛起——SaaS（软件即服务）服务商。他们在平台和中小微企业之间扮演着"中间人"的角色，一头借力平台企业的基础技术产品基座，一头深耕餐饮、美业、宠物店、瑜伽馆等一个个垂直细分的服务业领域，为中小微企业提供量身定制，可"拎包入住"的轻量化数字工具。

福建本地 SaaS 服务商米客互联利用在支付宝上快速搭建的小程序，为上万个餐饮商家搭建了专属的数字化智慧经营管理大中台；福建银豹给超 3 000 家餐饮门店提供了安全快捷收款的解决方案。

作为平台方，支付宝也在持续加大对服务商的支持力度，带动服务商降本增效，进而缩小更多小微企业的成本。

2022 年，SaaS 服务商通过支付宝小程序快速搭建能力，实现了 5 分钟搭建一个简易小程序，为中小微企业提供的 SaaS 服务费最低降至几百元一年。2023 年

3月，支付宝投入现金及流量扶持等共计100亿元，升级生态服务商助力体系，助力服务商实现快速冷启动、精准获客和提高商业变现能力。

资料来源：林侃．"晋江经验"在数字时代继续乘风破浪［N］．福建日报，2023－04－27（4）．

◎ 概念复习
e-ICBC 战略

◎ 阅读资料
［1］滕磊，马德功．数字金融能够促进高质量发展吗？［J］．统计研究，2020，37（11）：80－92.

［2］郑美华．农村数字普惠金融：发展模式与典型案例［J］．农村经济，2019（3）：96－104.

［3］郑夕玉．互联网时代我国数字经济发展策略研究——基于美国和欧盟发展经验的启示［J］．西南金融，2019（12）：53－60.

◎ 课后思考题
（1）国内有哪些数字金融发展模式？请做简要陈述。
（2）国内外数字金融发展模式有哪些异同点？

1.3　数字金融的发展趋势

数字金融的发展是金融行业适应数字化时代的重要转型。它不仅推动金融服务向智能化、个性化发展，还能够提供更加便捷、高效的服务，满足用户多样化的金融需求。同时，数字金融的发展也带来了新的挑战，如数据安全、隐私保护等问题。因此，需要建立完善的法律法规和监管框架，保护消费者权益，确保金融安全。

1.3.1　数字金融的发展阶段

金融与科技的真正融合，使数字技术加速了金融数字化、云端化、智能化的发展，金融的创新实践、行业发展、监管模式随之发生了巨大变化，数字金融在国内实现了跨越式发展。发展数字金融，关键在于金融业。数字金融的发展大致经历了以下5个不同的发展阶段：

（1）电子金融阶段。

这是数字金融的起步阶段，主要依赖互联网和电子支付系统，以电子支付为核心。在这个阶段，传统的金融服务开始向线上转移，通过互联网和电子技术实现了金融活动的电子化和在线化，比如银行开始提供在线银行服务，并推出网银等网上支付工具。

在这个阶段出现的各类电子金融应用，包括网上银行、电子支付、电子钱包、在线金融服务、网络信用评级等，标志着金融服务开始向线上转变，从而为用户提供了更便捷、高效的金融服务体验。电子金融阶段的发展为后续的移动金融、互联网金融等更加复杂的数字金融模式奠定了基础。

（2）移动金融阶段。

数字金融的移动金融阶段是数字金融发展的重要阶段，主要以移动设备为载体，将金融服务延伸到移动平台上。随着智能手机的普及，移动金融开始兴起。通过移动设备，用户可以随时随地进行金融交易和查询，给金融服务带来了更大的便利性。移动支付、移动银行、移动理财、移动证券交易、移动保险和养老服务等成为主要应用。

移动金融的兴起使得用户可以随时随地进行金融交易和管理，让金融服务更加贴近用户的日常生活。移动金融的发展也推动了金融科技的创新，如人脸识别、指纹支付等技术的广泛应用，提升了移动金融的安全性和用户体验。

（3）互联网金融阶段。

随着互联网的普及，出现了一系列互联网金融产品和服务，数字金融发展进入了互联网金融阶段。数字金融的互联网金融阶段主要以互联网为基础，将金融服务与互联网相结合，实现线上金融交易和服务，包括在线银行服务、网络借贷平台、电子商务金融、众筹平台、金融信息服务等。互联网金融的出现将金融服务从传统的实体机构转移到了在线平台上，给用户带来了更多样化和便捷的金融选择。这一阶段的特点是通过互联网平台连接金融机构和用户，提供更灵活、便利的金融服务。

互联网金融的发展为用户提供了更加便捷、高效的金融服务，改变了传统金融的运营模式和用户体验。同时，互联网金融也带来了新的风险和挑战，监管机构需要加强监管力度，保护用户权益和金融安全。

（4）大数据金融阶段。

大数据金融阶段是数字金融发展的关键阶段。随着互联网的蓬勃发展，数字金融开始积累大量的用户数据。这一阶段主要利用大数据分析和人工智能技术，对海量的金融数据进行挖掘和分析，金融机构可以更好地了解客户需求，提供个性化的金融服务，为金融决策提供支持。此阶段的关键技术包括数据挖掘、机器学习和人工智能，产生了包括大数据挖掘、个性化金融服务、金融风险控制、欺诈检测、高频交易与算法交易等应用领域。

大数据金融的发展对金融行业带来了巨大的影响，加快了决策效率、提高了风险管理能力，同时也提出了数据隐私和安全的挑战，需要加强数据保护和隐私合规。随着技术的不断发展，大数据金融将在更多领域发挥作用，推动数字金融的进一步创新和发展。

（5）金融科技（FinTech）阶段。

数字金融的金融科技阶段是数字金融发展的前沿阶段，主要以技术创新和科技应用为驱动，革新传统金融的商业模式和服务方式。金融科技是指金融服务与科技的融合，以技术创新为基础，重新定义和改进金融服务的形式和方式。金融科技的出现使得金融与技术深度融合，为用户提供更便捷、高效、个性化的金融服务。

从核心技术演变来看，金融领域中应用较为广泛的前沿技术包括大数据、云计算、人工智能、区块链等，整体来看，这些技术经过了多次迭代，在金融行业的运用场景的深度和广度都在不断扩大，发展逐步走向成熟。金融科技的出现，在提升金融机构业务和产品创新能力的同时，还能降本增效，推进金融机构、行业或产业的数字化和智能化程度，为传统金融业务、技术、产品服务等带来了多种发展可能。

金融科技的兴起改变了传统金融的商业模式和服务方式，推动了金融行业的数字化转型和创新能力的提升。同时，也带来了新的挑战和风险，监管机构需要积极跟进和制定相应的政策和规范，以保护用户权益和维护金融稳定。金融科技将继续在金融行业发挥重要作用，为用户带来更智能化、个性化的金融服务体验。

上述的数字金融发展五个阶段虽然有一定的交叉和重叠，但总体上反映了数字金融在不同发展阶段的关键特点和技术应用。未来数字金融的发展将更加注重数据安全、隐私保护以及技术创新。

1.3.2　数字金融的发展趋势

数字经济时代，必然要求与之相适应的金融服务能力，抢占未来数字化实体经济发展先机，离不开先进的数字金融的支持。"十四五"规划和 2035 年远景目标纲要指出，"稳妥发展金融科技，加快金融机构数字化转型"。金融与科技融合的加速跑依然会持续、深入，在监管、机构创新、业务模式、数据安全、消费者保护等方面，数字金融的发展都会呈现出全新的图景。目前数字金融呈现出以下发展趋势：

（1）移动支付和电子钱包的普及：随着智能手机的普及和移动互联网的发展，移动支付和电子钱包领域将进一步发展壮大。人们越来越依赖于手机进行支付和转账，传统的纸币和硬币支付方式将逐渐被取代。

（2）区块链技术的应用扩展：区块链技术具有去中心化、安全性高等特点，将被广泛应用于数字金融领域。除了虚拟货币，区块链在身份验证、智能合约、供应链金融等方面的应用将会进一步发展，提供更安全、高效的金融解决方案。

（3）人工智能与大数据的融合：人工智能和大数据分析技术在数字金融中的应用

将更加深入。机器学习和数据分析将帮助金融机构更好地理解客户需求和行为模式，提供个性化的金融产品和服务，并改善风险管理和欺诈检测等方面。

（4）金融科技的崛起：金融科技公司将继续在数字金融领域崭露头角。这些公司利用创新技术和业务模式，打破传统金融机构的垄断，提供更加灵活、高效且创新的金融服务。

（5）个人金融管理的增强：数字金融将提供更多的个人金融管理工具，帮助人们进行理财、预算、投资等方面的决策。智能投顾和个人财务管理应用程序将成为趋势，帮助人们更好地管理自己的财务状况。

（6）金融监管和安全加强：随着数字金融的快速发展，金融监管和安全问题也变得尤为重要。监管机构将积极跟进，制定更完善的政策和法规，保障数字金融的安全性和合规性。

总的来说，数字金融将在移动支付、区块链、人工智能、金融科技等方面持续创新和发展。这些趋势将改变人们的金融习惯和行为，为金融行业带来更大的变革和机遇。

1.3.3　数字金融带来的挑战

数字金融的发展给金融行业甚至整个经济社会带来的不仅有机遇，更有挑战。由于数字金融的发展尚处于起步阶段，可借鉴的国际经验极少，加之其独特的业务模式、技术属性和风险特征，我国的数字金融在发展中面临着如下主要问题：

（1）金融欺诈频发，用户信息安全受到威胁。

根植于数字技术的金融业务快速发展，加之传统金融行业不断向线上转移，由此引发的金融欺诈形式不断更新、纷繁复杂，数字金融欺诈逐渐呈现出专业化、产业化、隐蔽化、场景化的特征。

专业化体现在数字金融欺诈手段由过去的盗号、盗刷演变为现在的借助大数据等前沿技术，从撒网式向精准化转变，并叠加传销、兼职、金融理财、虚拟货币等更为复杂多样的手法。

同传统的诈骗相比，数字金融诈骗往往是有组织、成规模的，他们分工明确、合作紧密、协同作案，形成一条完整的犯罪产业链，体现出数字金融欺诈的产业化。

互联网等技术的虚拟特性导致欺诈更为隐蔽，主要体现在三个方面：一是异地作案，金融欺诈逐渐呈现出移动化趋势，数字金融诈骗不受空间限制，甚至同一诈骗团伙的犯罪分子都来自全国各地；二是小额多发，由于数字金融具有普惠性，服务客户下沉，单笔诈骗造成的损失多数都在万元以下；三是取证困难，数字金融诈骗多存在盗号盗刷、冒用身份问题，仅仅依靠传统手段很难取证。

多数数字金融业务依托特定的场景开展，相应的金融欺诈也呈现出场景化特征。以网购场景为例，数字金融机构依托网购这一场景可以开展消费金融、供应链金融、退运险等多种金融业务，如果买卖双方勾结，虚构交易行为，则可能出现同一场景下的多种欺诈行为。商户卖家客户获得虚增交易量，获取供应链金融更高额度的授信；买家可能通过虚假购买行为，利用消费金融套现；此外，双方还能通过退货骗取运费险赔付。

（2）征信体系不健全，信息难以有效整合。

尽管数字金融带来了许多便利和创新，但相对较新的数字金融平台和服务使得征信系统面临了一些挑战和困难，导致信息整合的难题。征信体制的不健全，对 P2P 借贷、互联网理财平台的用户信用评估和风险管理工作产生了制约。人们的相关信用信息无法得到有效的整合，甚至不能进行查询，基于这种情况，相关金融服务机构只能利用线下的信息调查来进行用户信用信息的测评工作，增加了金融服务的人工成本和工作量。征信体制的不健全是工作的难点，用户的信用信息能够公开和查询的范围较小，加大了相关金融服务机构的工作难度。对于用户的信息调查不全面准确，也会增加金融服务机构的贷款风险。

隐私与数据安全同样存在问题。数字金融涉及大量用户个人和财务数据的收集、存储和处理。隐私和数据安全问题是数字金融征信面临的首要挑战之一。监管机构对数据安全和用户隐私的保护要求提高，这可能对数据整合和共享提出了限制。

为解决这些问题，需要加强政府监管和行业合作，推动相关机构之间的数据共享与整合。制定统一的数据标准和安全框架，建立可靠的数据交换机制，提高征信信息的准确性和完整性。同时，加强用户个人数据权益保护，确保征信信息的合法获取和使用。这样能够建立更健全和有效的数字金融征信体系，促进数字金融行业的可持续发展。

（3）监管政策待完善，无证执业现象明显。

我国数字金融发展迅速，包含的金融业务也十分广泛。相对于行业发展的高速，相关监管手段和制度更新的速度不够，制度较为落后，所以对于市场的监管也无法有效展开。数字金融由于其依附于互联网的特性，提供金融服务的地域范围增大、类型增多，也为相关监管工作的展开增加了难度。即使各种监管政策和制度相继出台，相关监管工作也依旧存在着许多漏洞。

数字金融带来的监管挑战要求当局加强监管政策的制定和更新，与行业保持紧密的沟通和合作。监管机构应加强对数字金融机构和从业人员的准入许可和执业监管，严格规范市场秩序，减少无证执业的现象。跨境业务监管需要加强跨部门和国际合作，建立有效的信息共享和协调机制。同时，监管机构还应提升对新兴技术的理解和监管能力，不断提升监管水平与业务发展的同步性。

有效的数字金融监管政策能够保护用户利益、推动市场健康发展，同时也为数字金融行业提供更加稳定和可持续的发展环境。

1.3.4 如何正确对待数字金融

正确对待数字金融有助于保护个人利益和提高金融安全，对此我们应综合考虑其优势和风险，以实现个人和社会的长期利益。以下是一些对待数字金融的建议：

（1）加强数字安全意识。了解和学习数字安全的基本知识和技巧，包括如何保护个人信息、如何设置强密码、如何防范网络欺诈等。牢记保护个人隐私和资金安全的重要性，避免在不信任的平台上泄露个人信息或进行不安全的交易。

（2）选择正规金融机构和平台。选择知名、信誉良好的金融机构和平台进行数字金融交易和投资。在做出决策之前，仔细研究和评估机构或平台的背景、业务模式、监管机构等，并确保其合法、安全和稳定。

（3）保持谨慎和理性。在进行数字金融交易时保持谨慎和理性，不盲目追求高收益或跟风投资。深入了解产品和风险，审查相关合同和条款，确保充分了解投资风险和预期回报。

（4）定期监测和管理账户。对数字金融账户进行定期监测和管理。及时检查账户余额、交易记录和个人信息等，确保账户安全。如果发现任何异常，请及时联系相关金融机构或平台解决问题。

（5）关注个人数据隐私保护。注意个人信息的隐私保护，在提供个人信息时慎重选择和授权。了解平台的隐私政策和数据使用方式，选择合规、注重信息安全的平台，避免个人信息被滥用。

（6）持续学习和更新知识。了解数字金融行业的发展趋势和新兴技术，不断学习和更新相关知识。保持对金融市场和投资品种的了解，以做出明智的投资决策。

对待数字金融应保持谨慎和理性，加强数字安全意识，选择正规机构和平台，并关注个人数据隐私保护。通过持续学习和更新知识，可以更好地利用数字金融的便利性和创新性，同时保护个人财产和提高金融安全。

扩展阅读 1 –3

中国数字金融的未来发展：待研究的问题

中国数字金融的未来将会面临许多的机遇和挑战。数字金融能否健康地成长为一个有生命力的新的业务形态，取决于业界同仁与监管部门的共同努力。学术研究可以帮助我们加深理解数字金融运行机制及其效率与风险。应该说，迄今为止我们对数字金融的了解还比较粗浅，这当然也因为这个行业是一个非常新的实践，可供学术研究使用的数据也非常少。未来，随着这个行业的快速发展、金融技术的逐步成熟以及可用数据的增加，对中国数字金融的研究一定也会很快繁荣起来。我们认为，对以下六个方面的深入研究，不仅有利于加深我们对数字金融的理解，可能也有助于促进这个行业的健康发展。

第一，数字金融与传统金融部门之间的关系。曾经有专家认为数字金融将彻底颠覆金融行业。目前看来，数字金融确实在一些领域造成了较大的冲击，比如支付。在其他一些领域则还只是一种补充，比如贷款。而在更多领域则体现为相互融合，比如保险。但在英国和美国等国家，金融科技更多的是为金融部门提供技术解决方案，而非新的独立的金融业态。未来中国的数字金融将会如何演变？是保持现在多样化发展的态势，还是逐步走向英国、美国那样"金融的归金融、科技的归科技"的模式？另外，数字金融的发展会如何影响传统金融部门包括商业银行的定价、资金配置以及风险？反过来，传统金融部门又怎样影响数字金融在这些方面的表现？

第二，数字金融与实体经济发展。目前已经有一些文献试图分析数字金融对实体经济的推动作用，但这方面的努力与证据还远远不够。比如，数字金融以及各业务形态是否能够真正改善金融与经济效率？这种改善主要体现在宏观层面的增长加速还是微观层面的局部福利提高？有的学者发现数字金融发展有利于创业并改善收入分配，其背后的作用机制是什么？主要是通过新增金融服务还是通过强化行业竞争？总之，对于数字金融如何影响、改变实体经济的各个方面，包括就业、创新、收入分配、地区发展、消费、通胀甚至国际收支等，我们还需要更多的理论与实证分析，尤其是宏观层面的证据。

第三，数字金融与金融风险。风控创新是数字金融的重要生命力之一。以基于大数据分析的风险评估支持贷款、投资和保险等金融决策，弥补了传统金融机构单纯地依靠财务数据和抵押资产进行风控的不足。但大数据风控也有其天然的不足，比如数据很难完整、噪声很难消除，同时大数据分析往往重相关关系、轻因果分析。那么，大数据风控包括机器学习、互联网征信的有效性如何评价？基于大数据分析的金融决策机制缓解了什么样的风险，又放大了什么样的风险？互联网平台的长尾特征是否意味着大型的数字金融机构都天然地具有系统重要性？数字货币交易是否会放大传统金融市场的不稳定性？

第四，数字金融与监管创新。在数字金融高速发展的背景下，监管创新就成为一个十分紧迫的任务。金融监管既要平衡金融创新与金融稳定之间的关系，又要随时做到与时俱进。但"监管沙盒""监管科技"如何设计、如何落地、如何评估？这些都是新课题。目前中国对数字金融监管还需要补课，一些业务已经发展起来了，但如何监管还不清楚，比如对网络贷款和互联网资管业务的监管政策刚刚建立，而对第三方支付账户以及货币基金账户如何监管，尚未形成成熟的思路。中国大部分规模比较大的数字金融公司基本上都是采取综合经营的模式，在目前中国实施的分业监管框架的条件下，如何设置互联网金融控股公司的监管体系、防范系统性金融风险，需要深入研究。

第五，数字金融、数字货币与货币政策框架。数字金融的发展，已经对货币政策的传导机制产生了重要影响。比如余额宝等互联网货币基金不仅改变了对货币供应量的度量，也大大降低了流动性偏好，但这些变化会加速还是放缓货币的流转速度？看起来，数量型货币政策的有效性会降低，但价格型货币政策的作用机制是否会发生变化？比如，已经有一些研究发现数字金融决策同样会对货币政策改变做出反应。但问题是，与传统金融机构相比，数字金融机构的反应系数是更大还是更小？而民间数字货币的诞生，可能再度冲击金融体系特别是支付体系的运行，在金融管制比较多的经济体，这种冲击就会更大。那么，货币政策的政策工具、中介目标甚至决策机制是否需要调整？

第六，数字金融的微观机制与商业模式。把握数字金融宏观影响的前提是准确理解其微观运行机制。基于市场发展与数据存在的原因，当前国内外关于数字金融的微观研究都是集中在网络贷款领域。即使在这个领域，研究还可以进一步深入，但未来我们迫切需要开拓并增强对其他一些领域的研究，比如互联网征信的最佳实践是什么？互联网征信与传统征信系统如何融合？智能投顾如何利用机器学习和大数据分析解决"投资者适当性"的问题？什么样的众筹模式和做法最有利于克服委托代理的问题？另外，我们还迫切需要加强对数字金融商业模式的研究，归根到底，数字金融有没有生命力，取决于具体的商业模式是否能够做到占领市场、控制风险并创造利润。

资料来源：黄益平，黄卓. 中国的数字金融发展：现在与未来［J］. 经济学（季刊），2018，17（4）：1489－1502.

扩展阅读 1－4

发展产业数字金融是服务实体经济的新要求

党的二十大报告提出建设现代化产业体系。建设现代化产业体系是我国激发经济活力、抢占未来发展制高点的关键所在，这为推动产融结合、产业数字金融赋能实体经济提供了广阔的发展空间。数字技术与金融服务在产业上的紧密结合，是金融科技的下一片蓝海，是金融服务实体经济的重要创新应用，需要政策引导、技术推动和完善监管等多措并举，打造合作共赢的产业数字金融生态圈。

（1）数字经济时代金融业经历大变革。

5月21日，在2023清华五道口全球金融论坛上，原中国保监会党委副书记、副主席周延礼表示，我们正处在一个以数字技术为驱动，以创新为引擎的新经济时代。过去几十年的信息化和数字化技术迭代带来的产业变革推动了我们生产方式和生活方式的深刻变化，也为我们带来了指数级增长的数据要素。在这个背景下，数字经济成为重组全球要素资源、重塑全球经济结构、改变全球竞争格局的关键力量。

党的二十大报告提出，加快发展数字经济，促进数字经济和实体经济深度融合。随着近年来人工智能、大数据、云计算、区块链的广泛应用，产业互联网飞速发展遇上金融行业深刻变革，产业数字金融应运而生，开辟了新的市场空间。在国家大力推动数字经济的大背景下，将实体经济引入数字金融生态，产业数字金融随后迎来发展机遇期。产业金融已由以银行对公业务为代表的"产业金融1.0"阶段、以供应链金融为代表的"产业金融2.0"阶段，发展至以产业数字金融为代表的全新的"产业金融3.0"阶段。

"数字经济时代，金融业正在经历一场前所未有的变革。大数据、云计算、人工智能、区块链等新技术的快速发展，为金融业带来了创新机遇。"周延礼进一步指出，一方面，传统金融机构在数字化转型的道路上积极拥抱创新，不断提升金融服务的质量和效率；另一方面，新兴的金融科技公司也在以灵活、高效的方式，为广大用户提供了全新的金融服务体验。数字金融产品和服务的普及，有力地提高了金融服务的普惠性与便捷性，让更多的人能够分享到金融科技带来的红利。

作为数字金融的两驾马车，产业数字金融和消费数字金融的发展有着很大差异。相比较而言，从服务对象来说，产业端相比消费端更为复杂。消费数字金融服务的重点是消费者，在产业数字金融兴起之前，数字金融主要为消费端客户提供线上场景化的移动支付、个人信贷、理财产品等服务；而产业数字金融面对的是基于行业供应链之上的核心企业、供应商、分销商群体，对金融服务要求更高，信贷需求额度更大，往往是中长期的大额授信。同时，因为经营风险大，风控要求更为严格。

（2）产业数字金融发展方兴未艾。

互联网经济重塑了消费生态，消费数字金融已然成为竞争"红海"，在各大型互联网公司的带动下发展迅猛，无论是获客、风控等都已经达到了较为成熟的水平。而产业数字金融作为金融产品创新，目前都是以供应链的方式触达产业，正处于风口之上。

近年来，产业数字金融服务实体经济取得了积极成效，特别是工业互联网成为促进经济增长的重要力量，为中国经济高质量发展提供了有力支撑。据测算，2021年我国工业互联网产业增加值规模突破4万亿元，达到4.10万亿元，名义增速达到14.53%。带动新增就业218.6万，同时带动制造业增加值1.75万亿元，名义增速达到17.78%，带动金融业增加值2 155亿元，名义增速达到9.07%。工业互联网赋能、赋值、赋智作用深入显现，为产业数字金融发展提供了良好基础条件。

服务经济高质量发展必须发展好产业数字金融。中国证监会原主席肖钢在2022中国（深圳）金融科技全球峰会上指出，我国数字经济发展较快，在数字经济中产业数字化占比在80%以上，对传统制造业数字化改造将是产业数字化的主赛道。对于金融行业来讲，怎么样适应生产方式的变革？他强调："由于数字化带来生产组织、商业模式的变革，很多企业都实行柔性生产，生产资料共享，金融服务的主体从过去一个一个法人转变为一个行业、一个产业链、一个集群，这就迫切要求银行重构整体的评估、整体的授信框架和能力，这实际上是产业数字化发展倒逼金融服务创新。"

（3）发展产业数字金融多措并举。

金融是实体经济的镜像，传统产业金融应当加速向产业数字金融转型，适应和推动产业生态圈在更高层次上融合发展。借助金融科技的手段，利用大数据的分析与风控，一方面，让产业链上的融资企业没有担保与抵（质）押的难题；另一方面，让金融机构通过数字化技术能够实时掌握融资企业的风险和需求。

对于如何大力发展好我国产业数字金融生态，重庆市原市长黄奇帆在明珠湾金融峰会上建议，一是国家出台政策鼓励企业开展自身数字化基础建设，可享受税费专项附加扣除政策；二是完善和提升"沙盒监管"制度，特别是加强对产业数字金融科技平台的创新支持；三是监管部门出台政策引导各类金融机构提高自身金融资产数字化的占比；四是设立科技创新扶持基金，支持从事产业数字金融相关科技的企业做大做强。

从技术推动来说，需要连通产业客户、政府、科技公司、金融机构等利益主体，打造产业数字金融科技平台，金融机构与科技公司跨界合作，形成合作共赢的生态圈。腾讯云副总裁胡利明认为，金融解决方案应抓住行业数字化核心趋势，金融机构应及时布局新型基础设施，混合分布式云、工业化数据湖平台与人工智能平台有望成为金融机构数字化转型的核心新基建。

肖钢认为，接下来发展产业数字金融还需要做到以下几点：一是完善顶层制度安排。深化产融合作，健全国家产融合作平台，总结推广国家产融合作试点城市经验，推动产融合作政策与实务研究，创新科技、产业、金融一体化模式。二是完善监管规则和指引。产业数字金融最重要的基础设施就是数字信用基础设施，如何确保数据真实可靠，数据融合、数据验证，金融机构产业互联网的技术对接标准明晰和规范，治理的权责划分清晰，这方面还有很多工作需要做。三是场景聚合与生态对接。选择适合的产业链、产业集群，先行先试，逐步推进金融机构、企业客户的产业数字化、线上化，从而实现"一站式"综合化金融服务。四是风控模式变革。对于金融机构来说，如何整体评估、授信、监测和管控风险，做到事前、事中、事后全生命周期的监管。最后构建产业数字金融能力的评价体系，衡量一个金融机构服务产业的能力。

资料来源：发展产业数字金融是服务实体经济的新要求［EB/OL］. 中国金融新闻网，2023－05－29，https：//www. financialnews. com. cn/ll/sx/202305/t20230529_271753. html.

◎ **概念复习**

区块链　人工智能　大数据　金融科技

◎ 阅读资料

［1］黄益平，黄卓. 中国的数字金融发展：现在与未来［J］. 经济学（季刊），2018，17（4）：1489 – 1502.

［2］钱海章，陶云清，曹松威，等. 中国数字金融发展与经济增长的理论与实证［J］. 数量经济技术经济研究，2020，37（6）：26 – 46.

［3］张勋，杨桐，汪晨，等. 数字金融发展与居民消费增长：理论与中国实践［J］. 管理世界，2020，36（11）：48 – 63.

◎ 课后思考题

（1）简述数字金融的发展阶段及未来发展趋势。

（2）简述数字金融带来的机遇与挑战。

（3）如何正确对待数字金融带来的挑战？

第 2 章
数字货币

学习目标

(1) 了解数字货币的产生及发展进程、掌握数字货币的概念和特点、私人数字货币与法定数字货币的区别。

(2) 了解数字货币的获取方式，掌握数字货币与法定货币获取方式的差异。

(3) 掌握数字货币的几种主要用途。

(4) 了解数字货币风险产生的原因，掌握数字货币风险的分类，以及应对各类风险的措施。

内容提要

　　货币是人类社会生活中不可或缺的交易媒介。在互联网技术广泛应用的今天，比特币、Libra、DCEP 等数字货币相继出现，货币迎来了新的变革。与此同时，数字货币的发展也给货币政策和金融监管带来了新的挑战。本章分析的主线如下，第一，了解数字货币发展脉络，学习研究数字货币的基本概念及其分类，厘清私人数字货币与法定数字货币的区别。第二，根据数字货币分类了解不同类型的数字货币获取方式，掌握数字货币与法定货币获取方式的差异。第三，通过学习数字货币的几种用途，我们可以发现数字货币以便利、交易成本低等优势，逐渐改变人们使用货币的方式。第四，尽管数字货币具有许多有益的优点，例如去中心化和匿名性等，但它们也存在一些潜在的风险，我们需要深入学习数字货币风险产生的原因、分类及解决措施。第五，数字货币在世界范围内蓬勃发展，通过学习数字货币在各国的发展情况，我们更加清楚未来数字货币的发展趋势和前景。

2.1　数字货币的内涵与分类

数字货币作为一种新兴的货币形式，其内涵和分类是多方面的。数字货币起源于传统货币的数字化转型，并随着技术的发展不断演变。其多种划分方式构成了数字货币种类的多样性。本节中应该着重了解数字货币的内涵、特点及分类方式。

2.1.1　数字货币的起源和发展

在 3 世纪的罗马，西弗勒斯·亚历山大大帝的首席法律顾问保卢斯用现代货币经济学家普遍熟悉的术语描述了政府发行货币的基本原理。他写道，货币是商品和服务定价的计量单位、一种价值存储的方法以及一种促进经济和金融交易的交换媒介。当时的保卢斯就已经认识到货币的效用取决于它的名义数量，而不是它的物质实体，并且其能否为公众所接受更取决于公众对政府管理货币体系的信心。因此，数字货币为政府管理货币体系提供的多种便利成为各国央行致力于法定数字货币研究和发行的重要因素之一。

数字货币的本质和通用货币并无区别，均具备三个基本功能：价值储藏载体、交易支付媒介和计价单位，但是数字货币是数字经济发展到一定阶段的必然结果。戈兹曼和罗文霍斯特合著的《价值起源》提到货币的创新会围绕三个基本要素来进行，即价值的跨时期转移、未来的偶然结果达成契约和价值可转让性。从农业社会到工业社会再向信息社会演进，数字金融是数字经济的血脉，明治维新时期日本近代启蒙思想家福泽谕吉曾在《西洋事情》中描述"繁盛金币之融通可为世间之便益"，即金融应是"金币之融通"的缩写，因此数字货币的融通是数字金融的本质。戴维·伯奇（David Birch）在《货币冷战》中指出，现存货币体系的运作方式，本质上是根据政治、经济和技术背景临时商定的制度安排。随着分布式网络技术的成熟及密码学理论的发展，数字货币的发明水到渠成，而国际金融规则的制定者们更加积极推动"无现金社会"以扩张金融霸权。相比纸币，数字货币能够更为精准快速地度量全球范围内的经济活动，甚至无须通过第三方金融机构。无论从政治还是经济角度，科技与金融的融合赋予数字货币更多的可能性，数字货币是数字经济发展的重要标志。

2.1.2　数字货币的概念及特点

数字货币（digital currency，以下简称 DIGICCY）是对货币进行数字化，在不同语境下，有着不同的内涵和外延。狭义上，数字货币是指以比特币为样本的虚拟"货币"，要求数字货币不依靠特定货币机构发行，依据数字加密算法通过大量的计算产生，同时交易过程需要分布式数据库认可。广义上，数字货币是以数字形式表示的资产，可以包含以数字方式表示价值的任何东西。

为了顺应全球数字经济与区块链技术发展浪潮，同时降低互联网巨头通过科技手段对主权货币所造成的冲击，2020 年以来，全球各国政府开始在中央银行数字货币（central bank digital currency，CBDC）这一领域集中发力。国际货币基金组织将 CBDC 定义为由中央银行或其他货币当局发行并由中央银行负债的数字化主权货币。这一定义表明，CBDC 与现行流通的法定货币具有相同的法律地位，是来自货币发行主体的一项负债。

目前，比较知名的央行数字货币有委内瑞拉的石油币、美联储的 Fedcoin、加拿大央行的 CADcoin、瑞典央行的 e-Krona 和中国央行的 DC/EP。

中国版 CBDC 被描述为数字人民币，是由人民银行发行，由指定运营机构参与运营并向公众兑换，以广义账户体系为基础，支持银行账户松耦合功能，与纸钞和硬币等价，并具有价值特征和法偿性的可控匿名支付工具。DC/EP 就是中国版的央行数字货币，译为"数字货币和电子支付工具"。数字人民币的概念有两个重点：一个是数字人民币是数字形式的法定货币；另一个是与纸钞和硬币等价，数字人民币主要定位为 M0，即流通中的现钞和硬币（中国现行货币制度将 M0 定义为流通中的货币）。在未来，数字人民币将与实物人民币长期并存，主要用于满足公众对数字形态现金的需求，助力普惠金融。

数字货币主要具有以下特点：

第一，数字货币的交易成本低。与传统的银行转账、汇款等方式相比，数字货币交易不需要向第三方支付费用，其交易成本更低，特别是相较于向支付服务供应商提供高额手续费的跨境支付。

第二，数字货币的交易速度快。数字货币所采用的区块链技术具有去中心化的特点，不需要任何类似清算中心的中心化机构来处理数据，交易处理速度更快捷。

第三，数字货币的高度匿名性。除了实物形式的货币能够实现无中介参与的点对点交易外，数字货币相比于其他电子支付方式的优势之一就在于支持远程的点对点支付，它不需要任何可信的第三方作为中介，交易双方可以在完全陌生的情况下完成交易，而无须彼此信任，因此具有更高的匿名性，能够保护交易者的隐私；但同时也给网络犯罪创造了便利，容易被洗钱和其他犯罪活动等所利用。

第四，数字货币的高度数字化。传统的投资品并不具备纯粹的数字属性。房产、股票、债券、商品和基金等，都需要有物理世界的实物或真实承诺作为价值基础；而数字货币本身不拥有任何物理实体，是纯粹的数字世界的产物，只要互联网存在一天，数字货币就能够存在，并且不断发展壮大。

第五，数字货币的去中心化。数字货币依托于区块链技术，天然是去中心化的货币。对于以往的中心化货币来讲，数字货币没有发行主体，因此没有任何人或机构能够控制它的发行，由于算法解的数量确定，所以数字货币的总量固定，这从根本上消除了虚拟货币滥发导致通货膨胀的可能。

第六，数字货币的高度全球化。纸质货币普遍具有国界限制和主权属性，但是数字货币自诞生起就在互联网上自由穿行，理论上可以在任何具有互联网的地方使用，因此天然地具有无国界和全球化的属性。数字货币全球化的意义在于被全球广泛认可的数字货币是可以自由穿梭流通的，任何主体有权利也有能力自主地选择其希望接受的数字货币。

第七，数字货币拥有高科技技术。数字货币本身是多学科融合的产物，其技术原理比较复杂，包含了金融学、密码学、分布式网络、共识算法、数字签名、智能合约等多种前沿学科和技术，数字货币的高科技特性为货币防伪提供了技术基础。

2.1.3　数字货币的基本类型

数字货币根据发行主体分类，可分为法定数字货币和私人数字货币。法定数字货币，是指由中央银行发行的，受到国家主权信用背书的数字货币，属于中央银行主权信用货币，它具有货币属性，且具有内在价值的稳定性，可以代替纸质货币及电子货币。私人数字货币也被称为民间数字货币，或者私营数字货币。它不存在集中发行方，不具备法偿性和强制性等货币属性，缺少监管，风险巨大，不具备法定货币的法律地位。

数字货币中常见的私人数字货币有比特币和 Libra。比特币是一种虚拟加密数字货币，不存在中心服务器，不依靠专门的货币机构发行，运用网络中许多节点组成的分布式数据库来确定以及记录交易的全部行为。Libra 又称天秤币，是由 Facebook 新推出，不追求对美元的汇率稳定，而追求实际购买力相对稳定的加密数字货币。为确保 Libra 的稳定性，该机构把储备金存入包括美元、英镑、欧元、日元等多种较为稳定的货币账户中，以提升 Libra 价值的稳定性。

数字货币根据应用方式分类，可分为支付型数字货币、应用型数字货币和资产型数字货币。支付型数字货币的典型代表是比特币，当特定人群接受某种数字货币用于支付对价、购买相应商品或者服务时，该种数字货币就实际上承担了交易媒介的功能，即此处所定义的支付型数字货币。应用型数字货币是由单一或特定的数字货币发行方发行，持有该类数字货币的用户可以使用或凭借这些数字货币享受数字货币发行方或其关联方提供的特定服务，即该种数字货币为用户提供的是对于产品或服务的访问权或使用权。资产型数字货币，也有人称其为证券型数字货币。由特定的发行方来发行，代表着发行人拥有的资产，包括但不限于股权、债券、房地产等资产。当持有者拥有资产型数字货币时，便相当于拥有了资产型数字货币所代表的发行人的权益或底层资产的权益。

数字货币根据是否加密分类，可分为加密数字货币和非加密数字货币。目前市面上的加密数字货币有很多种，其中最著名的是比特币。比特币的发行量有限，采用工作量证明的方式发行，具有去中心化和匿名性等特点，因此得到了广泛的关注和应用。此外，还有以太坊、莱特币、瑞波币等一系列加密数字货币。这些数字货币逐渐在各行业中应用，例如比特币被用作资产投资、支付方式、跨境转账等方面；以太坊则被广泛应用于智能合约、去中心化应用等领域。非加密货币是公司或私人自我固定发行的，可无限发行，不需要通过计算机的显卡 CPU 运算程序解答方程式获得，例如微信、支付宝等。加密货币与非加密货币有着明显的区别。首先，在发行机制方面，非加密数字货币由银行或第三方支付平台发行和管理，而加密数字货币则采用区块链技术实现去中心化发行和管理。其次，在交易过程中，非加密数字货币需要实名认证，由于信息公开透明，交易过程相对不太安全，而加密数字货币的交易则相对匿名和保密。此外，加密数字货币的发行总量通常是有限的，而非加密数字货币的数量可以随着需求不断增长。

数字货币根据是否使用区块链技术分类，可分为未使用区块链技术的数字货币和使用区块链技术的数字货币。未使用区块链技术的数字货币指是在 E-cash 系统基础上进行扩展的未使用区块链技术的数字货币。使用区块链技术的数字货币指的是使用区块链技术的分布式记账数字货币。

数字货币根据有无币值稳定机制分类，可分为无币值稳定机制数字货币和稳定币。无币值稳定机制数字货币的信任来源是公众的共识，其价格通常取决于市场流动性、投资者对其信心以及各国政府监管力度，促使比特币的价格波幅大。稳定币（stable coins）是一种旨在通过与法定货币等稳定资产挂钩来提高市场稳定性的加密货币。根据维持稳定的机制，稳定币可再大致分为法币抵押稳定币、加密抵押稳定币、算法稳定币以及商品支持的稳定币四大类。

扩展阅读 2-1

数字资产视角下货币法律概念的界定

以比特币为代表的数字资产是否属于货币，决定了其是否受到货币支付相关公私法律的约束。数字资产不依赖于法定货币体系、不限定使用范围、具备较强的去中心化特征，其更具独立的货币功能对货币概念界定带来了更大挑战。我国认定数字资产不是货币，未能遵循"相同业务、相同风险、相同监管"的原则，因而难以保护当事人的支付预期以及推进数字支付的进一步创新。

除了《人民银行法》《中华人民共和国人民币管理条例》规定人民币是法定货币之外，我国尚未有任何法律部门对货币概念进行明确界定，只有税法、会计准则等制度列举了"货币形式"或"货币性资产"的外延。虽然不同部门法、同一部门法内部对货币一词的表述不甚相同，如现金、资金、金钱等词同时出现，但除了拒收现金问题之外，这种概念性差异并没有引发法律实践中的争议。在以比特币为代表的数字资产出现之前，我国既有法律中的货币概念尚能满足实践需要。即便第三方支付等新型支付手段相继出现，由于其仍基于传统法定货币，司法实践均承认其清偿货币债务的有效性；而为了防控支付风险，我国央行等部委通过创设客户备付金、支付账户等新概念，秉持鼓励创新的开放态度对此类新型支付手段进行常态化监管，但未明确其是否属于货币。随着以比特币为代表的数字资产迅速发展，我国承继了早期监管网络游戏币时的理念，认定数字资产为"代币""代币票券"或证券等投资工具，否定其货币属性。但是，我国监管者和司法机关认定数字资产不是货币，不仅难以回应数字资产具有独立性较强的货币功能，更无视了当事人在协商一致的前提下使用数字资产作为支付手段的现实，并在一定程度上阻碍支付领域的创新。一方面，虽然目前大量数字资产被用作投资工具、实践中发生的纠纷多与买卖投资或委托理财相关，但这并不能完全排除数字资产被用于购买商品或服务的实际功能。特别是在稳定币迅速发展的背景下，大量锚定法定货币、价格波动较小的数字资产被广泛用作支付手段，其与不使用区块链技术的传统支付手段具有一定相似性。法律如果不对其货币属性进行判定、一概排除在货币法律概念之外，不仅没有遵循"相同业务、相同风险、相同监管"的原则，使类似业务的法律法规无法正常适用，而且可能会间接造成庞大的"影子支付系统"，为买卖双方的交易可预期性带来不利影响。通过界定货币概念分析数字资产的货币法律属性，并不会导致更多的"名为发行货币、实为非法集资"现象的出现，反而基于货币等属性建立数字资产监管体制，可促使数字资产更有序地流通。另一方面，数字资产可为法定数字货币的广泛流通提供便利，并刺激传统货币支付服务的创新；而充分发挥数字资产创新作用的前提，是通过货币法律概念的界定判断其是否具备合法性基础。例如，数字资产可以为各国法定数字货币的发行和流通提供信息存储等基础设施服务（BaaS 服务），各国央行可以作为数字资产支付系统中的"超级节点"（super node），直接利用该系统的 BaaS 基础设施，以便于发行、流通和管理法定数字货币。

基于国家与市场在货币流通中的定位不清、不同法律部门存在立法目的差异等因素，经济学与社会学中的货币理论难以直接用于界定货币法律概念，而法学界创造的准货币论和货币认同论在适用范围、前置条件等方面亦存在诸多局限。现代货币支付体系已形成以法定货币作为基础、以法定货币计价的支付手段多样化发展、不以法定货币计价的支付手段共存的分层特征。在货币分层体系下，货币法律概念不具有同一性，更不能仅限于法定货币，而应将货币的法律内涵确定为用于清偿货币债务的、可以被普遍接受的"支付系统要素"，以区分于投资工具、货币载体、仅少数人或小区域内认可的支付手段。其中，可参考反垄断法中的相关市场和市场份额的理论内容，从子服务市场、使用权限、可替代的另一货币认定被普遍接受的市场范围，并通过币值稳定机制和接受货币的商家数量认定普遍接受的程度。另外，货币的法律外延包括在宪法、中央银行法中具有法定偿付效力的法定货币，以及在支付服务法、反洗钱法中具有支付监管效力，或在财产保护、行政费用征缴法律中具有货币财产效力的其他支付手段。

资料来源：柯达. 数字资产视角下货币法律概念的界定［J］. 重庆大学学报（社会科学版），2023（6）.

努力打造数字人民币应用的"福建样板"

——第六届数字中国建设峰会 2023 年数字人民币产业发展分论坛观察

数字人民币是数字时代的重要国家金融基础设施，是数字经济转型升级的重要内容。4 月 28 日，第六届数字中国建设峰会 2023 年数字人民币产业发展分论坛在福州举行。300 余名全国各地数字人民币相关企业、研究机构以及部分试点城市政府部门代表，围绕"携手产业共建生态助力数字中国建设"主题，共话数字人民币新生态，共享数字建设新机遇。

记者从论坛了解到，自去年 3 月福州（平潭）、厦门被国家列入数字人民币试点地区以来，福建省政银企多方联动，突出普惠便民、突出示范引领、突出产业发展，实现数字人民币应用扩面增量、场景持续创新、生态不断完善。

试点一年，交易金额超 2 000 亿元。

在海峡国际会展中心举行的数字中国建设成果展以及分论坛会场外围，各运营机构设置的数字人民币展示体验专区，吸引参会嘉宾及大批观众前来互动体验，进一步了解数字人民币。

本届数字中国建设峰会期间，福州市启动了"惠享数币福见峰会"系列数字人民币优惠活动，在三坊七巷、上下杭、烟台山等景区及东街口、世欧王庄等商圈设置丰富的数字人民币应用场景，发放数字人民币消费红包。近日开启的"惠聚榕城畅享福品"汽车促消费活动中，福州市还将投放 1 500 万元数字人民币购车补贴。"试点一年来，福州市突出因地制宜，探索搭建数字人民币多领域应用场景，数字人民币交易额突破千亿元大关，为数字经济发展增添强劲动能。"福州市政府党组成员兰文在论坛上交流经验时表示。

截至 2023 年 3 月末，福建省累计开立个人和对公钱包 561.19 万个，完成数字人民币交易 3 618.6 万笔，交易额 2 050.44 亿元，支持数字人民币支付的商户门店 22.86 万个。"衣、食、住、行、游、乐、购"全链条、全场景支付服务体系的构建，更好满足了市民多元化普惠性需求。其中，围绕"促消费、稳经济"主题开展的多场大型数字人民币促消费活动，累计拉动消费超亿元。福州市还搭载海青节活动推出台湾青年数字人民币体验活动，上线"数字人民币＋台胞服务"App 应用场景。

福建省还在数字福建建设、海洋经济、乡村振兴等应用场景寻求突破，落地全国首个数字人民币高速公路全场景应用、全国首笔数字人民币采购海洋渔业碳汇交易、全国首个彩票销售"数字人民币直连收款"项目，完成首笔"多边央行数字货币桥"中国—泰国的跨境交易业务等多个全国首创试点，努力打造数字人民币应用的"福建样板"。

资料来源：王永珍. 努力打造数字人民币应用的"福建样板"［N］. 福建日报，2023 - 04 - 30 (2).

扩展阅读 2 - 3

走入千家万户　数字人民币持续探索更多可能性

试点多地开花更多场景创新在路上。

截至 2023 年 4 月，人民银行先后选择了 17 个省（区市）的部分地区开展数字人民币试点，涵盖华北、华东、华南、华中、西南、西北、东北，数字人民币渐成蔚然之势，各地也在积极探索适宜的发展路径。《金融时报》记者注意到，2023 年以来，包括深圳、济南、江苏、浙江等多地发布数字人民币规划方案，推进应用场景创新建设。

业内人士认为，相关方案的密集推出，为各地因地制宜推广数字人民币提供了政策基础，有利于扩展数字人民币应用场景、提升交易规模，有望在拉动居民消费、助力降本提效、促进数字经济高质量发展等方面发挥更大作用。"多地发布的数字人民币规划呈现三方面特征。"苏筱芮对《金融时报》记者表示，一是关注数字人民币对公领域的应用以及对实体经济尤其是小微企业发挥的价值；二是关注数字人民币相关的前沿技术如智能合约；三是对数字人民币推广提出具体的工作方向及量化指标，体现出各地推动数字人民币稳步发展的信心和决心。尽管在消费者看来数字人民币可能还是一个较新的事物，但业内人士早已期待其更多的可能性。一位银行业人士列举了数字人民币的几大优点：支付成本低，目前数字人民币支付在 B 端、C 端均没有手续费；丰富的钱包矩阵和支付硬件形态，为无手机 App 支付习惯的用户或不便于使用电子支付的群体，提供丰富的产品选择；可搭载智能合约，从而大大提升专项补贴、定向资金的资金安全，防止被挪用。

2022 年 9 月中国人民银行数字货币研究所发布的数字人民币智能合约预付资金

管理产品"元管家"即是其中一例。这款产品是在数字人民币钱包上部署智能合约，在预付消费服务场景提供防范商户挪用资金、保障用户权益的解决方案。通过这一设计，当消费者向商户预付资金时，运营机构为每一位消费者创建一个加载了智能合约的数字钱包，一方面，将合同条款写入智能合约，商户不能随意划转消费者预付的资金；另一方面，在实际消费之前，预付资金仍然归消费者所有，即使商户破产清算，也能保护消费者的资金安全。

此外，利用数字人民币智能分账技术，确保农产品销售资金直达农户，提高智慧助农场景中的资金结算效率，以数字人民币形式发放的养老服务业补贴金，数字人民币供应链领域全流程应用，全国首笔"再贴现＋绿票贴现＋数字人民币"场景业务落地……"将数字人民币可编程、可追溯特性与智能合约结合起来，相关业务将焕发出新的生机。"苏筱芮认为。

当然，这些探索仍在起步阶段。"目前，各家金融机构相继推出了数字人民币普惠类贷款产品，但绝大部分都是某个地区、机构或行业应用的首次尝试，且更多停留在宣传意义层面，其业务规模与全国总体小微企业贷款需求相比微乎其微。"上海交通大学中国金融研究院研究分析师赵玲玲认为，监管部门、金融机构、地方政府、场景平台需要形成合力，以长效机制共同推动数字人民币普惠贷款规模上升到一定量级，才能取得全流程全方位的试验效果。这需要金融机构方面的技术和业务联动，也需要企业方面的支持和协作。

资料来源：走入千家万户数字人民币持续探索更多可能性 [EB/OL]. 中国金融新闻网，2023－04－26，https：//www. financialnews. com. cn/kj/pay/202304/t20230426_269777. html.

◎ 概念复习

数字货币　央行数字货币　Libra　数字人民币

◎ 阅读资料

[1] 郑彧. 论数字货币的信用传承与形态变革 [J]. 财经法学，2020（5）：149－160.

[2] 刘向民. 央行发行数字货币的法律问题 [J]. 中国金融，2016（17）：17－19.

[3] 贾丽平. 比特币的理论、实践与影响 [J]. 国际金融研究，2013（12）：14－25.

◎ 课后思考题

（1）简述一下数字货币的含义及其特点。

（2）数字货币可以分成哪几类，分别是什么？

（3）私人数字货币和法定数字货币的区别是什么？

（4）简述数字货币的发展历程。

2.2　数字货币的获取方式

根据不同的数字货币类型，其数字货币的获取方式各不相同。本节从数字金融资产的记账单位（计价）和发行部门两个维度出发，将数字货币分为电子货币（计价为法定货币，发行部门为中央银行之外的其他存款性公司）；虚拟货币（计价为非法定货币，发行部门为非金融公司）；法定数字货币（计价为法定货币，发行部门为中央银行）三大类，分析不同类型数字货币的获取方式。

2.2.1　电子货币的获取方式

电子货币是指以法定货币计价，以金融电子化网络为基础，以商用电子化工具和各类交易卡为媒介，以电子计算机技术和通信技术为手段，以电子数据（二进制数据）形式存储在银行的计算机系统中，并通过计算机网络系统以电子信息传递形式实现流通和支付功能的货币。因为电子货币的币材是电子数据，所以电子货币的数额与货币的数额必然恒等，即 100 元电子货币余额恒等于 100 元货币余额。并且其表现形式是以网络为基础的数基和以电子卡为基础的卡基。前者有时被称作电子钱包（electronic purse），如多用途预付卡，或者基于手机卡的移动电子钱包。后者基于数基产品，有时被称作数字现金（digital cash）。不论是数基还是卡基的电子货币，其本质都是电子数据，具有相同的获取方式，为消费者向发行者（中央银行之外的其他存款性公司）支付传统货币，交换获得相等价值的以电子形式存储在电子设备中的电子货币。以电子卡为基础的电子货币是各大银行网点或专门的发行公司发给消费者的支付凭证与信用凭证，通过消费者在各大银行网点开户获取，开通后即可进行储蓄与消费等经济行为。以网络为基础的电子货币通常需要与电子卡挂钩，将有关的应用软件安装到电子商务服务器上，利用电子钱包服务系统就可以把自己在电子金融卡上的数据输入进去，从而进行支付。

2.2.2　虚拟货币的获取方式

虚拟货币是指无须依赖可信任的第三方（如金融机构），便可以使得交易双方在完全陌生的情况下直接交易的数字交换媒介，通常由开发者发行和管理，被特定虚拟社区的成员所接受和使用。虚拟货币可区分为网络社区虚拟货币（如腾讯公司发行的 Q 币等）与加密货币（目前全球市场上影响力最大的加密货币为比特币）等。网络社区虚拟货币是通过真实货币购买得到，储存于网络社区特定计算机系统，只能用于购买该网络社区虚拟商品与服务的虚拟货币。加密货币的流通是通过其底层技术——区块链（block chain）实现的，可以通过开采、购买及交易三种方式获得。"开采"是指使用计算机依照算法进行大量的运算来"开采"加密货币。例如用户在"开采"比特币时，需要用电脑搜寻64位的数字，然后通过反复解密与其他淘金者相互竞争，为比特币网络提供所需的数字，如果用户的电脑成功地创造出一组数字，那么就将会获得25个比特币。"购买"是指在交易平台上（例如币安加密货币交易所）注册账号，即可用现金账户中的钱买卖加密货币。"交易"是类似电子邮件的电子现金的收发，以比特币为例，交易双方需要类似电子邮箱的"比特币钱包"和类似电邮地址的"比特币地址"，汇款方通过电脑或智能手机，按收款方地址将比特币直接付给对方。

2.2.3 法定数字货币的获取方式

法定数字货币是指由某个国家或政府的中央银行（或其授权的其他金融机构）发行，以数字化形式存在的法定货币，是在综合电子货币与虚拟货币的基础上构建的新型货币形态，不仅具有电子货币与虚拟货币的优点，还能弥补二者的缺点。

本节以数字人民币为例，分析数字人民币的获取方式。目前数字人民币仍处于试点阶段，由指定运营机构参与运营并向公众兑换获得，指定运营机构主要包括工商银行、农业银行、中国银行、建设银行、交通银行、邮储银行、招商银行、网商银行（支付宝）、微众银行（微信支付）九家主要的银行机构。具体获取方式如下：一是在数字人民币官方应用商店中下载数字人民币客户端，安装后进行注册和身份验证，即可获取数字人民币；二是通过银行或其他金融机构的数字人民币兑换服务获取数字人民币；三是使用数字人民币客户端接收数字人民币，或者使用数字人民币扫码功能扫描发送者的二维码。

扩展阅读 2-4

电子货币、虚拟货币与法定数字货币关联性分析

法定数字货币的发行与流通，给传统的国家主权货币特别是在国际社会处于主导地位的大国主导货币带来了挑战，其产生的替代效应对国际货币体系乃至国际金融治理体系都会产生深远的影响。

法定数字货币与电子货币，都以主权国家信用为货币发行与流通的基础，法定数字货币对电子货币具有显著的替代效应，二者之间也存在着某种分工合作关系。法定数字货币与电子货币的区别表现在五个方面：

一是法定数字货币以价值的数字化符号进行交易，法定数字货币的使用者通过

价值的数字化符号为媒介进行交易或者流通，而电子货币则是以硬币、钞票、活期存款、定期存款、债券、银行有价证券等为交易或者流通媒介。当然，电子货币也可以电子介质为媒介，例如，电子货币形式（如信用卡）进入交易与流通，但其仍然以传统主权货币账户为基础。

二是法定数字货币流通依托于现代高速互联网、区块链、大数据、云计算及人工能技术，突破了电子货币发行与流通的技术限制，能够克服传统地理空间、主权领土空间的物理限制，特别是区块链技术的发展为法定数字货币的开放式、共享型的账户系统设置与监管提供了技术支持，降低了法定数字货币发行与流通成本。电子货币的流通成本则相对较高。

三是法定数字货币发行通过主权国家货币当局设置的法定数字货币账户调控商业银行的数字货币信用规模，法定数字货币交易者则通过商业银行发行的法定数字货币钱包进行点对点的数字货币交易。电子货币则通过主权国家的货币当局（中央银行）设置的法定准备金率、再贴现率和公开市场业务调控商业银行的信用规模。

四是法定数字货币能够通过中央银行间设立的法定数字货币联盟进行跨境发行和跨境流通，区块链作为开放式、共享型的账户系统和数据库系统，具有分布式数据存储和分散化交易的比较优势，为跨国数字货币支付、数字货币结算、数字货币投资创造了良好的跨国金融基础设施条件。电子货币的跨国支付、跨国结算与跨国投资则受到各种政治经济及技术条件的限制，特别是传统国际储备货币大国（如美国）还会利用本国货币在国际社会中的主权信用优势限制和打压竞争对手国的货币跨国交易与流通。

五是与电子货币相比，法定数字货币发行与流通成本较低且流通速度更快，有利于提高交易效率并为资源配置优化提供新的货币交易条件。法定数字货币作为一个数字化的价值符号，其流通更容易突破地理限制、物理限制、规则和制度限制、文化与习俗限制，促进经济资源在更广泛的地理空间范围的优化配置，突破据此提高的市场跨时资源配置效率。

法定数字货币与虚拟货币具有共同特征，两种类型的数字货币都以区块链及高速互联网为技术基础，都是通过价值的数字化符号实现货币的支付、结算与投资功能。同时其差异性也非常显著，主要表现在六个方面：

一是法定数字货币以国家主权为主要信用来源和信用基础，但虚拟货币则以非主权信用（如个人信用、企业信用、市场信用及其他信用形式）为基础，主权信用具有稳定性和持久性，而非政府信用的稳定性和持久性则受多种因素的影响和制约，波动性与阶段性特点显著。

二是法定数字货币特别是大国法定数字货币的币值具有相对稳定性，因为国家主权信用特别是大国主权信用能够保持相对稳定，但虚拟货币容易受到市场波动和投机行为的影响而表现出显著的波动性。如比特币及其他非主数字货币由于受到投机炒作因素的影响表现出高频率、大幅度的波动性。

三是政府对法定数字货币的监管程度相对较高，法定数字货币以国家主权及政府信用为担保，为了维护主权国家及其政府的货币信用，政府必然会强化对法定数字货币发行与流通的监管活动，防止各种可能的不确定性风险特别是各种类型的投机风险。相对而言，虚拟货币因为没有政府信用作担保则很容易受到各种投机货币的影响而表现出较高的风险性，政府对其的监管活动也表现出时间差异性、空间差异性和手段差异性。

四是法定数字货币更容易成为全球跨境支付、结算与投资货币，作为全球跨境债权债务结算、支付和投资货币必须具有广泛的接受性、充分的流动性、价值的稳定性和增值性，虚拟货币因为没有主权国家作为信用担保，在国际社会的接受程度相对有限。因为容易受到投机冲击而表现出币值的波动性和不稳定性，各国政府为了维护金融市场稳定、打击地下经济活动会强化对虚拟货币的金融监管，这些都弱化了虚拟货币跨国结算、支付与投资的功能。

五是法定数字货币的发行国之间更容易形成法定数字货币联盟，各国具有推进法定数字货币国际合作和法定数字货币国际化的积极性，主权国家作为法定数字货币的发行者，能够充分利用主权国家之间的分工合作关系乃至政治、外交与军事关系达成跨国货币合作共识，推动法定数字货币合作，促进主权数字货币的国际化。

六是法定数字货币不仅受到主权国家的金融监管，还要面对相关国际组织跨国监管问题，由此必然影响到法定数字货币发行和流通的灵活性与效率，但也有利于维护主权数字货币的发行与流通的规范性和货币信用稳定性。

资料来源：保建云. 主权数字货币、金融科技创新与国际货币体系改革——兼论数字人民币发行、流通及国际化［J］. 学术前沿，2020（2）：24-35.

扩展阅读 2-5

数字人民币的功能特点

随着网络技术和数字经济蓬勃发展，社会公众对零售支付便捷性、安全性、普惠性、隐私性等方面的需求日益提高。中国人民银行（以下简称人民银行）积极探索法定货币的数字化形态，数字人民币正从理论走向现实，具有以下几种功能特点：

一、法定货币

数字人民币由中国人民银行发行，是有国家信用背书、有法偿能力的法定货币，具备货币的价值尺度、交易媒介、价值贮藏等基本功能，与实物人民币一样是法定货币。

二、双层运营体系

数字人民币采取了双层运营体系。中国人民银行不直接对公众发行和兑换央行数字货币，而是先把数字人民币兑换给指定的运营机构（如商业银行或者其他商业机构），再由这些机构兑换给公众。运营机构需要向人民银行缴纳100%准备金，这就是1:1的兑换过程。这种双层运营体系和纸钞发行基本一样，因此不会对现有金融体系产生大的影响，也不会对实体经济或者金融稳定产生大的影响。

三、以广义账户体系为基础

在现行数字货币体系下，任何能够形成个人身份唯一标识的东西都可以成为账户。比如说车牌号就可以成为数字人民币的一个子钱包，通过高速公路或者停车的时候进行支付。这就是广义账户体系的概念。银行账户体系是非常严格的体系，一般需要提交很多文件和个人信息才能开立银行账户。

四、支持银行账户松耦合

支持银行账户松耦合是指不需要银行账户就可以开立数字人民币钱包。对于一些农村地区或者边远山区群众、来华境外旅游者等，不能或者不便持有银行账户的，也可以通过数字钱包享受相应的金融服务，有助于实现普惠金融。

五、双离线支付

数字人民币实现双离线支付，即手机和支付终端都不联网也能支付，以保证在天灾、地震、网银瘫痪等极端情况下，数字人民币能和纸币一样使用。

六、更高安全性

数字人民币综合使用数字证书体系、数字签名、安全加密存储等技术，实现不可重复花费、不可非法复制伪造、交易不可篡改及抗抵赖等特性，并已初步建成多层次安全防护体系，保障数字人民币全生命周期安全和风险可控。

七、多终端选择

不愿意用或者没有能力用智能手机的人群，可以选择IC卡、功能机或者其他的硬件。

八、不同等级的钱包

指定运营机构根据客户身份识别强度对数字人民币钱包进行分类管理，根据实名强弱程度赋予各类钱包不同的单笔、单日交易及余额限额。

九、点对点支付

通过数字货币智能合约的方式，可以实现定点到人交付。对于民生资金，可以发放到群众的数字钱包上，从而杜绝虚报冒领、截留挪用的可能性。

十、高可追溯性

在严格依照程序出具相应法律文书的情况下，进行相应的数据验证和交叉比对，为打击违法犯罪提供信息支持。即使腐败分子通过"化整为零"等手段，也难以逃避监管。

资料来源：广州市地方金融监督管理局. 数字人民币科普系列：数字人民币功能特点［EB/OL］. 中国电子银行网，2023－07－26，https：//www.cebnet.com.cn/20230726/102896277.html.

"SIM 卡硬钱包"来了，解锁数字人民币新能力

2023 年 7 月 11 日，中国银行、中国电信、中国联通将在数字人民币 App 联合上线 SIM 卡硬钱包产品，实现金融与通信跨界又一创新成果落地，为数字人民币应用提供更加普适、便捷的支付方式和体验。该产品近期将在部分试点地区开展受邀用户体验，后续分阶段推广至其他试点地区。

SIM 卡硬钱包，指的是通过把数字人民币软钱包关联至运营商发行的超级 SIM 卡（5G 国密 NFCSIM 卡，以下简称"SIM 卡"），从而使 SIM 卡具备数字人民币支付功能。数字人民币用户只需在手机安装运营商发行的 SIM 卡，登录数字人民币 App，开通 SIM 卡硬钱包，利用手机 NFC 功能"碰一碰"即可完成数字人民币支付。

该产品以通信运营商发行的 SIM 卡为安全载体，加载数字人民币钱包应用，打造一卡多应用的融合应用场景，实现运营商渠道、用户、场景、服务、大数据等能力与数字人民币的紧密结合，实现差异化的数字人民币推广运营模式。产品的推出充分依托商业银行和运营商各自优势，使数字人民币金融基础设施与信息技术基础设施有机结合、相互赋能。

数字人民币 SIM 卡硬钱包，具备安全可靠、通用便利、无电支付、共享余额的核心特点。

安全可靠：SIM 卡管理规范、成熟，内置安全单元安全可控，在监管可控性、安全性、便利性等表现上非常突出，可以确保用户在钱包开立、使用中的信息与资金安全。

通用便利：SIM 卡是使用最广泛的安全硬件介质，具有极高的渗透率和接受度，并且没有时间、空间的限制，客户随时随地可以进行支付、交易等，降低了使用成本，增强了数字人民币使用的普适性。

无电支付：数字人民币 SIM 卡硬钱包支持无电支付，手机可在断网、无电关机等多种情况下，不打开支付软件，使用手机碰一碰即可完成支付。

共享余额：数字人民币 SIM 卡硬钱包在使用过程中，与所属的母钱包共享余额，无须单独进行充值，支付更方便。

前期，中国银行、中国电信、中国联通创新成果丰富，三方最早完成了硬钱包、双离线的设计实施，在同业中，第一个建立头部平台数字人民币支付对接模式，推出了一批面向 C 端、B 端、G 端的创新产品，为数字人民币应用推广贡献了三方智慧和力量。

未来，三方将继续深化协作、联合创新，以 SIM 卡硬钱包应用推广为契机，进一步探索在轨道交通、民生消费、校园园区、电子商务、公共缴费、商业零售、教

育培训等场景的应用，紧跟物联网大潮，为海量物联网设备赋予 SIM 卡硬钱包能力，助力扩展更广阔的新业态、新应用。

资料来源："SIM 卡硬钱包"来了，解锁数字人民币新能力［EB/OL］. 中国银行官网，2023 – 07 – 10，https：//wap. boc. cn/bif/bi1/202307/t20230710_23369110. html.

◎ **阅读资料**

［1］安德烈亚斯·安东诺普洛斯. 区块链：通往资产数字化之路［M］. 北京：中信出版社，2018.

［2］中国数字人民币的研发进展白皮书［EB/OL］. 中华人民共和国中央人民政府官网，2021 – 07 – 16，https：//www. gov. cn/xinwen/2021 – 07/16/content_5625569. htm.

◎ **概念复习**

电子货币　虚拟货币　法定数字货币

◎ **课后思考题**

（1）电子货币、虚拟货币与法定数字货币有什么不同？

（2）分别简述电子货币、虚拟货币与法定数字货币的获取方式。

2.3　数字货币的用途

随着数字经济蓬勃发展与数字金融服务需求不断增加，全球货币金融体系迈入数字化变革时代。数字货币以便利、交易成本低等优势，逐渐改变人们使用货币的方式。数字货币的用途具体归纳为以下三方面：首先，在实践中数字货币表现出更优于传统货币的经济功能潜质。其次，数字货币应用的便利性提升了支付行业的支付效率，推动了市场经济主体交易地位更加平等。最后，从管控角度来看，数字货币更有利于合规管理、反恐怖以及跟踪一些超大额期权交易。

2.3.1　数字货币在经济金融方面的用途

1. 数字货币利于货币全球化，便捷跨境支付

数字经济主导的新时代背景下，跨境支付清算体系已成为国际重要金融基础设施，

影响着世界经济的健康发展。然而，美国凭借在纽约清算所银行同业支付系统和环球银行金融电信协会中的全球金融霸权地位，动辄在地缘政治冲突中对冲突对手实施金融和经济制裁，传统跨境支付清算体系受到质疑，各国正在积极探索研发以数字货币为基础的跨境支付清算新方案。

随着电子信息技术发展，货币已注入大量信息内涵，货币功能也日益强大。依靠强大的5G通信网络及大数据优势，数字货币必将成为全人类认同的货币存在形式，带来全球货币的大洗牌。而在这一过程中，所有国家和货币有望站在同一起跑线上，凭借技术与理念优势颠覆既定的货币格局。只要各国自愿采用信息技术方法实现即时自由兑换，数字货币将成为国际交易货币，利于实现世界货币初步统一、商品交易公平。具体来讲，各国可以通过数字货币锚定各自国内多种通用商品价格，以确定各自数字货币汇率水平高低，形成合理的汇率计算公式。国际交易平台可以实现各自商品价格平均指数，这种公允算法不依赖任何一国来实现，而是通过云计算所结合的区块链技术来实现，从而可依据商品价格平均指数实现各自数字货币自由兑换。没有建立起来自己的电子货币的国家可以借助他国数字货币进行交易。数字货币针对各类商品交易具有即时性与国际公允性，主权货币通过加息及降息来打击他国经济将变得不可能，世界经济将步入良性增量发展时代；并且数字货币可通过拓展数字钱包系统、增加海外运营等方式，提高全球易获得性，实现数字货币的跨境支付与兑换。

2. 数字货币推动普惠金融发展，使群众共享科技创新收益

数字货币发行的主要用途之一是促进金融的包容性。无论是在发展中或是在发达经济体，普惠金融服务都作为经济增长和脱贫、减贫的关键先决条件。普惠金融意味着立足于机会平等和商业可持续性的原则，个人和企业能够以负责任和可持续的方式为有金融服务需求的社会各个阶层和群体提供适当、有效的金融产品和服务——交易、支付、储蓄、信贷和保险。能够访问交易账户是实现更广泛的金融包容性的第一步，因为交易账户允许人们存储资金，发送以及接收付款。数字支付通常是数字金融服务的入口点，并提供基础设施或"轨道"，通过这些基础设施或"轨道"可以开发其他产品和用途，例如信贷、保险、储蓄产品。因此，数字支付不仅为个人和企业提供了方便和负担得起的支付和被支付渠道，而且通过便利获取支付以外的其他金融服务，也有利于个人和企业的财务健康。数字货币对普惠金融的发展用途主要体现在如下两个方面：

（1）拓宽金融服务的广度，增加普惠金融的覆盖面。普惠金融所服务的主要对象——低收入人群与小微企业，由于其所在地基础设施落后、金融知识匮乏，一直被传统普惠金融排斥，普惠金融并不能真正惠及这些地区。数字货币凭借其数字形式的独特优势，可以通过网络、电脑等终端直接进行金融服务，从而摆脱了金融机构线下网点的束缚，可以直接进行远程交易，明显扩大普惠金融服务的覆盖面、提高其便捷性。同时，随着科技的快速发展以及手机、电脑的不断普及，即使是在农村、山区等偏远地区，居民也可以凭借手机等移动终端与无线网络，享受普惠金融所带来的便捷性。

（2）提升金融服务的深度，提高普惠金融的质量。首先，数字货币所具有的数字性特征，使得其支付体系下的普惠金融不依赖线下网点和人工服务，所需要的基础设施和人力资源成本较低，从而可以减少人力和物力的投入，能够以较低的资金完成更多的交易量，降低普惠金融服务的交易成本。除此之外，由于数字技术的特点，其交易成本会随着科技和数字技术的不断成熟而不断降低，这也能降低普惠金融的交易成本。其次，数字货币通过数字形式进行交易，可以直接在云端瞬间完成交易，其数据的传输速度远远快于传统的货币交易形式，能够减少交易时间，避免因为交易而产生的时间成本，提高交易效率，提升经济运行效率。最后，数字货币支付体系下的普惠金融具有交易数量多、单笔金额小的特点，因此，数字货币可以使得普惠金融服务不再仅限于富裕群体，而是真正下沉至普通群众，尤其是低收入群体和小微企业，拉近了金融与百姓之间的距离，提高金融服务的质量，在便民服务领域真正做到"普惠"的特点。

2.3.2　数字货币在支付方面的用途

1. 数字货币催生技术融合，提高交易效率

数字货币与时下迅速发展的数字技术、区块链技术云计算技术、人工智能技术、移动互联网技术融合以后，极大提高了数字货币的协调性和开放性，减少了交易成本，大幅提高了交易效率，使得商品交易市场高速运转。技术融合创新出现更多的支付工具和服务，为用户提供多元化的选择，提升用户支付体验感。例如，数字货币的不断发展，在生产端，大数据、云计算等技术帮助制造厂商优化运营流程、改造技术、实现供应链信息化，不断提高劳动生产率和市场竞争力；在销售端，兴起了电子商务、直播带货等新业态、新模式；在消费端，远程教育、远程医疗、共享经济、网络消费也方兴未艾。数字货币的用途体现在多技术融合下的生产、销售和消费上，使得交易效率提高。

相较于传统货币需要经过政府、银行等机构层层审核确认环节进行交易，数字货币则完全去除了这些中间环节，交易双方可以直接进行交易，不需要任何机构的审核和确认。这也是由于数字货币的信息流和资金流高度统一，发行方能够直接、实时地获取交易信息，可以省去商业银行后台清算、结算、对账等众多环节，避免了货币交易过程中的中介干扰，不会因为第三方原因而导致交易延迟和失败的问题，达到点对点支付即结算的效果，从而大大提高支付效率。

2. 数字货币推动支付行业转型，促使支付交易公平化、特色化

近年来，大数据、云计算、人工智能、区块链以及物联网等数字科技快速发展，数字经济模式与数字新业态层出不穷。数字经济的发展催生出新商品市场交易模式，对支付服务也提出了新要求，现有的支付工具已经无法全面满足支付市场需求，数字支付是伴随经济与科技的发展自然演变的结果。数字货币不仅推动了支付行业转型，也促使支付交易更加公平且具有特色。

数字货币推动支付行业转型体现在运用区块链等先进信息技术，是一种"去中心化"的可编程币，能够保证交易信息的可追溯，拥有可靠、系统的数据基础。数字货币运行的支付体系有利于提高市场资金流动效率，保证货币政策传导机制，为整个支付体系和环境带来新的活力。同时，在电子商务飞速发展和国际化进程日益加快的今天，跨境电子商务涉及外汇、物流、边检、网上交易等众多流程，其中支付困境是重要的制约因素，但是数字货币通过在全球构建一个巨型的支付数据库，突破时间和地域限制，利用共识机制，使得跨境支付的便捷化成为可能。数字货币的出现替代传统货币，助力形成新的业务模式。其可以充分挖掘和利用数字货币体系的优势，坚定以用户感受为目标导向，围绕技术和服务创新，紧密结合产业升级和变化，加快开发和拓展新的增值服务和数字货币应用。实现业务模式转变，拓展新业务和新市场。数字货币的综合性决定以后将有越来越多的商品经济体添加数字货币支付系统软件，使数字货币支付渗入社会发展的全部行业，也将推动市场经济主体交易地位的平等，摆脱原来交易支付行业几家独大的垄断布局。鼓励交易支付服务平台持续减少交易成本费，为构建最实惠的交易支付情境给予资源优势。

2.3.3 数字货币在监管方面的用途

1. 精确监管打压，合理抵制洗黑钱、非法融资和金融诈骗等犯罪行为

随着经济发展水平的不断提高以及信息科学技术的不断进步，犯罪活动规模越来越大，范围越来越广，而且大量犯罪活动向经济领域延伸，不仅出现了专门的洗钱服务机构，而且一些专业人士也参与到洗钱活动中，洗钱犯罪逐步发展为专业化、复杂化。传统货币具有完全匿名性且不可追踪，大量的犯罪者为了逃避监管会使用现金交易，现钞实物的转移和流通经常失去监控，在反洗钱、反恐怖、反假冒、反偷税漏税、反商业贿赂等方面存在诸多漏洞和隐患，也增加了金融监管的成本，因此大力推进记账清算和货币数字化已经成为未来各国货币发展的必然选择。

数字货币的推行有利于打击洗钱犯罪组织的不法行为。由于数字货币具有强大的信息功能，可以追溯其流通全过程的痕迹，以加强相关方面的监管，弥补原有的监管缺失问题，减少洗钱等违法犯罪行为。在数字货币广泛应用的前提下，反洗钱治理也将获得新机遇。对于反洗钱、反恐融资等金融安全问题，既有的全球治理安排效果不彰，因为非法资金可以跨境流动，当事国法律却无法出境，且不易快速追踪资金去向。而数字货币可以提高监管和追踪效率，追回或冻结数字资产。另外，数字货币可为敏感交易提供更多政策选项，如在反恐融资上，国际组织可以对潜在的风险交易专设新的数字货币，既能实现所需金融制裁，又能有效保护隐私。数字货币可以完整控制资金流向，加强对经济活动的监管、监察，实现金融大数据，实现经济活动高度透明，让逃税、洗钱等经济犯罪活动无处遁逃。

2. 数字货币合理运用，利于精准打击贪污受贿

打击腐败一直是社会治理的重要任务，传统纸币支付方式存在信息不对称和监管漏洞，容易被腐败分子利用。数字货币作为新型的货币流通方式与创新的金融工具，具备了成为打击腐败利器的潜力与优势，为反腐败作出了重要贡献。

数字货币的使用减少了现金支付所带来的腐败风险和漏洞。现金易于被转移、隐藏和操控，而数字货币是一种全新的货币形式，在流通中具备可追溯性与便利交易监管，数字货币可使用区块链技术进行交易记录的保存，这使得每一笔交易都具有可追溯性。监管机构可以准确了解资金的流向和使用情况，实时监控交易活动，发现和处置与腐败相关的异常情况。这样，反腐败部门就能根据数字货币的交易记录，追踪员工的资金流向，从而防止"暗箱操作"和腐败行为。反腐倡廉工作人员将通过对海量数据的分析，以业务过程和风险特点为依据，识别异常的交易，并发现腐败官员隐瞒收入的非法活动，为反腐败提供强有力的支撑。这种精细化的监管机制将有助于减少腐败行为的发生，阻止腐败分子非法资金的流通。其次是监管透明度与公正性，数字货币的发行将增强金融系统的监管透明度和公正性。最后，数字货币的交易记录具有不可篡改的特性，一旦发现腐败行为，相关证据将更加确凿。这将有助于加大执法机构对腐败分子的打击力度，使其面临更严厉的法律制裁。

扩展阅读 2 –7

多边央行数字货币桥或成新型跨境支付基础设施

2023 年 6 月 29 日，国际清算银行、香港金融管理局、泰国中央银行、阿联酋中央银行和中国人民银行数字货币研究所等多边央行数字货币桥项目发起方在北京举行系列会议，讨论最小化可行性产品研发及阶段落地有关工作。据悉，未来将形成央行数字货币跨境应用范例，推动多边央行数字货币桥成为新型国际跨境支付基础设施。

多边央行数字货币桥项目，致力于在国际组织和货币当局合作框架下，解决跨境支付的业务痛点，探索分布式账本技术和央行数字货币在跨境支付中的应用，并通过创新的治理架构、业务安排、共识算法和技术升级，实现不同司法辖区的本地化运行，增强多边互信、便利跨境监管。

"跨境支付存在成本高、效率低和不透明等问题。"国际货币基金组织（IMF）货币与资本市场部主任托比亚斯·阿德里安表示，当前跨境汇款的平均成本为 6.5%，汇款人每年支付给汇款服务供应商的费用支出约 450 亿美元。

国际清算银行报告显示，使用货币桥完成跨境支付交易可以节约近一半成本，与传统代理行模式相比实现了跨越式改进。

2022 年 8 月 15 日至 9 月 23 日，货币桥项目组织 20 家商业银行完成国际首例基于真实交易场景的试点测试，累计完成跨境支付和外汇同步交收 164 笔，结算金额折合人民币超过 1.5 亿元，其中，数字人民币交易笔数占比 46.6%，结算金额占比 15.5%。

交易情况显示，货币桥平台处理一笔支付业务最快可于 7 秒内完成。对比来看，目前通过代理行处理的跨境交易在支付和结算间有 3 ~5 天的延迟。

IMF 总裁克里斯塔利娜·格奥尔基耶娃表示，央行数字货币可以使跨境支付和汇款更快捷、更便宜。为了让支付交易更高效、费用更合理，也需要连接各国的央行数字货币系统，增强各国系统的互操作性。

全球央行数字货币研发正不断提速。欧盟委员会近期发布消息称，欧盟提议为数字欧元提供法律支持。欧洲央行称，有必要研发数字欧元，确保欧洲的货币体系能够跟上数字时代的步伐。数字欧元将通过鼓励竞争来降低消费者的支付成本。对于银行和其他支付服务提供商而言，数字欧元将为其带来发展新的泛欧支付和金融服务的机会，更有利于其与大型金融科技公司竞争。

欧洲央行表示，欧洲不能在推进央行数字货币研发中保持被动。如果其他央行数字货币被允许更广泛地用于跨境支付，欧元将面临吸引力下降的风险，可能会受到全球稳定币的挑战，最终可能危及货币主权和欧洲金融部门稳定。

资料来源：张琼斯. 多边央行数字货币桥或成新型跨境支付基础设施［N］. 上海证券报，2023 - 07 - 04（2）.

扩展阅读 2 - 8

数字人民币应用再"上新"

从发红包、发工资到贷款、缴费，从小额支付到土地出让金，随着应用场景持续扩大，数字人民币正加速融入人们的日常生活。

记者从人行福州中心支行获悉，自 2022 年 3 月福州、厦门两市加入数字人民币第三批试点以来，截至年底，福建省开通数字人民币支付商户门店 16.03 万个，开立钱包 486.18 万个，其中个人钱包 467.35 万个、对公钱包 18.83 万个，交易笔数 2 754.46 万笔，交易金额 1 544.06 亿元。

一、拓展使用场景

在福州华林路永辉超市，刚参加工作不久的傅君琳用数字人民币付款码支付所购物品钱款。面对记者采访，她点开"数字人民币"App"钱包快付管理"页面说，"目前'数字人民币'App 已经接入了 104 家商户平台，我开通了京东、美团、朴朴超市等 10 多家平台，是数字人民币的'铁粉'"。

去年 4 月，福建省率先在全国实现数字人民币高速全场景应用。在福州与厦门高速公路区间，通过"数字人民币"App 进行购物、加油和通行费的交易结算，全年实现数字人民币交易 2 572 笔、金额近 8 万元。

本土两大主流电商平台"朴朴超市""永辉生活"上线数字人民币钱包快付功能后，至 2022 年底实现钱包快付交易 245.81 万笔、金额超 1 亿元。

"福建已实现零售商超、民生缴费、交通出行、文旅医疗等通用类场景全覆盖，并呈现消费、对公、政务三大领域齐头并进的良好态势，大幅提升了数字人民币的使用规模及钱包活跃度。"福建省数字人民币试点工作领导小组办公室负责人表示。

有关部门联合数字人民币运营机构，瞄准政企端场景，打通了税费征缴、土地拍卖、企业供应链等大额支付领域的堵点和卡点。福建省 6 408 个企业使用数字人民币进行资金结算，全年交易额达 1 004.48 亿元。福、厦两地全年使用数字人民币缴交土地拍卖保证金和出让金共 75 笔，金额 291.80 亿元。

二、探索创新应用

近日，兴业银行上线数字人民币发放线上经营贷款业务，福州市鼓楼区洪山镇商户林丽斌成功办理兴业银行福州分行发放的首笔 5 万元贷款。

自去年 7 月成为第 10 家数字人民币运营机构以来，兴业银行充分发挥在数字金融领域的专业优势，已在福建落地全国首个港澳台同胞数字钱包、首笔海洋碳汇数字人民币交易款；落地数字人民币发放消费贷款，缴交土地出让金、社会保险金等应用场景，并支持企业以数字人民币缴交企业所得税、增值税等各项税款。

为突出福建特色亮点，有关部门和数字人民币运营机构积极探索创新应用，落地了农业碳汇、榕台融合消费、体育彩票销售等多个全国首创和特色场景，形成一大批涵盖线上线下、可复制可推广的应用模式，并加快创新突破。

去年 11 月，福建省设立第八期中小微企业纾困增产增效专项资金贷款，要求试点地区运营机构积极通过数字人民币发放纾困贷款，鼓励企业使用数字人民币支付利息、偿还本金。截至 2022 年末，通过数字人民币发放纾困贷款 1 289 万元。

上月，厦门自贸区台资和航运物流中小微企业融资增信基金设立，明确担保费补贴及风险补偿金优先以数字人民币支付，成为我国首个数字人民币增信基金。

福建省数字人民币试点工作领导小组办公室负责人表示，下阶段，试点工作将继续按照人民银行总行试点工作要求，坚持"人民性、市场化、法治化"原则，聚焦福建"四大经济"，重点在智能合约、供应链金融等领域精准发力，寻求突破，努力打造数字人民币应用的"福建样板"。

资料来源：王永珍，林宸宇．数字人民币应用再"上新"［N］．福建日报，2023－02－23，https：//fjrb.fjdaily.com/pad/col/202302/23/node_01.html.

海湾国家数字支付快速增长

沙特阿拉伯中央银行发布的调查显示，2021 年沙特国内使用数字支付的比例达到 57%，远超两年前的 36%。去年，沙特经由 POS 系统产生的银行卡交易达 55 亿笔，比两年前增长 243%，其中 95% 的交易是非接触式交易。

在海湾国家，数字支付正迅速增长。信用卡组织万事达的调查显示，2021 年 88% 的阿联酋民众使用过至少一种新兴支付方式。其中使用手机支付的人最多，其次是购物平台推出的 "先买后付" 等服务。大多数受访者表示，他们选择数字支付的首要原因是安全，其次是便捷。另据全球管理咨询公司麦肯锡发布的数据，2014 ~ 2019 年，阿联酋消费者的数字支付交易量，以每年超过 9% 的速度增长，高于欧洲 4% ~ 5% 的年平均增长率。该机构认为，阿联酋到 2030 年有望实现所有交易的无现金化。

阿曼从 2022 年 1 月起强制要求购物中心、餐厅、超市等场所必须接受数字支付；科威特 2021 年的电子支付量比上一年增长 46%；巴林是海湾国家中最早推出数字支付服务的国家，巴林央行的一份统计显示，2022 年 7 月巴林的数字支付同比增长 13.1%；卡塔尔中央银行在 2022 年 8 月 30 日向两家金融科技公司发放了首批数字支付营业牌照，允许其开展相关服务。

有分析认为，电子商务的蓬勃发展是海湾国家数字支付快速普及的重要推动力。海湾国家的互联网普及率和人均收入较高，加之电子商务起步较晚，未来发展潜力巨大。

海湾国家对数字支付普遍采取鼓励政策。万事达卡中东北非地区代表哈里勒表示，海湾国家对数字支付的热情令人振奋。沙特 2030 愿景将数字化转型作为重要目标，其中包括将数字支付比例提升到 70% 等内容。阿联酋迪拜专门成立了 "无现金迪拜工作组"，旨在将迪拜各行业现有的支付交易逐步转移到更为安全且便于使用的无现金交易平台。

海湾国家积极开展数字支付国际合作，沙特和阿联酋之间的共同数字货币项目 Aber、阿拉伯货币基金组织成员国之间支持多种货币交易的 Buna 支付平台、连接海湾国家实时总结算系统的 AFAQ 系统等，都支持国家间进行数字支付。

中国为推动海湾国家数字支付快速发展发挥了重要作用，双方数字合作不断加强。中国科技企业正积极参与海湾国家数字化建设，共建 "数字丝绸之路"。中国银行研究院副院长钟红对本报记者表示，数字支付提供安全、高效、低成本的交易环境，帮助更多人享受金融服务，增进了海湾国家民众福祉。同时，数字支付将发挥大数据、人工智能等技术优势，助力海湾国家数字化转型，为经济发展提供新的动力。

资料来源：管克江. 海湾国家数字支付快速增长［N］. 人民日报（海外版），2022－12－01，https：//m. chinanews. com/wap/detail/chs/zw/9906128. shtml.

◎ **概念复习**

普惠金融　交易账户　数字支付

◎ **阅读资料**

［1］姜雪晴，李婧. 数字货币的政治经济学思考：效率、公平与合法性［J］. 太平洋学报，2022，30（11）：54－67.

［2］丁翠娥. 数字货币对金融体系的影响和作用［J］. 财会月刊，2022（S1）：110－112.

［3］董柞壮. 数字货币、金融安全与全球金融治理［J］. 外交评论（外交学院学报），2022，39（4）：8，133－154.

［4］米晋宏，王乙成. 数字货币及其经济影响研究新进展［J］. 经济学动态，2022（5）：127－142.

◎ **课后思考题**

（1）数字货币与传统货币的用途有哪些不同？

（2）试述数字货币在不同领域的用途。

2.4　数字货币的风险

随着科技的迅猛发展，数字货币作为一种新兴的金融工具，正逐渐引起全球范围内的广泛关注与应用。数字货币市场虽然充满了各种机遇，但也伴随着多样化的风险。本部分着重探讨数字货币风险产生原因、数字货币风险分类，并且给出相应措施，有助于投资者和市场参与者更好地规避风险，实现更加稳健的投资回报。同时，也为政府和监管机构维护市场稳定、保护投资者权益提供可行方法。

2.4.1　数字货币风险产生的原因

随着互联网、云计算、区块链等技术的发展，数字货币已然成为一种新型的交易工具，对于提升交易的便捷性、突破空间性等发挥着较大作用，但是数字货币仍然存在较多的风险，其原因包含以下六个方面：

第一，市场不稳定性。数字货币市场具有较高的波动性和不确定性，价格受多种因素影响，如市场需求、供应和投资者情绪等。这种市场不稳定性使得数字货币容易出现剧烈价格波动，增加了投资风险。

第二，缺乏统一有序的监管体系。相对于传统金融市场，数字货币发展时间较短，市场的监管和规范相对薄弱。由于缺乏统一的监管标准和制度，违法者利用监管漏洞操纵市场，进行欺诈和非法活动，投资者的权益难以得到保护。

第三，技术风险。数字货币的底层技术，如区块链和智能合约，虽然具有创新性和潜力，但仍存在一些技术风险。例如，区块链网络的扩展性和性能问题，智能合约的漏洞和错误等。这些技术风险可能导致交易延迟、数据安全问题和资金损失。

第四，安全漏洞和网络攻击。数字货币交易和存储涉及网络和加密技术，存在安全漏洞和网络攻击的风险。黑客攻击、钓鱼欺诈、恶意软件等威胁可能导致数字货币被盗取或损失，个人信息和交易数据也容易被泄露和滥用。

第五，缺乏信息透明度。数字货币市场的信息透明度较低，投资者难以获得准确、全面和可信的信息。缺乏透明度使得投资者难以评估项目的真实价值和风险，容易受到虚假项目、市场操纵和不当宣传的误导。

第六，法律和监管环境的不确定性。数字货币市场的法律和监管环境在不同国家和地区存在差异，法律法规和政策变化的不确定性增加了投资风险。不同国家和地区的监管机构对数字货币的立场和政策也可能影响市场的发展和投资者的参与。

2.4.2　数字货币风险的类型

随着数字货币市场的不断发展，人们已经开始以一种新的方式进行交易。尽管数字货币具有许多有益的优点，例如去中心化的特性和匿名性等，但它们也存在一些潜在的风险，无论是从宏观金融监管，还是从微观投资者角度，数字货币的风险均不可忽视。

从宏观金融监管角度，数字货币存在以下风险：第一，风险传染。数字货币市场的波动性和风险传染性可能对整个金融系统产生影响。如果数字货币市场出现大规模的价格崩盘或其他系统性风险，可能引发金融市场的动荡，影响其他金融机构和资产。第二，金融稳定风险。数字货币的高波动性和潜在的价格崩盘可能对金融稳定性构成威胁。如果大量投资者在数字货币市场遭受损失，可能导致投资者信心下降，引发金融市场的不稳定性。第三，洗钱和恐怖主义融资风险。数字货币交易的匿名性和较低的监管程度可能使其成为洗钱和恐怖主义融资活动的渠道。这对于国际金融体系的稳定性和安全性构成潜在威胁，需要采取监管措施来预防和打击这些非法活动。第四，投资者保护风险。数字货币市场的不确定性和缺乏透明度可能使个人投资者容易受到市场操纵、欺诈和虚假项目的伤害。监管机构需要加强对数字货币市场的监管，确保投资者的合法权益得到保护。

从微观投资者角度，数字货币存在的风险有：第一，价格波动和市场流动性风险。数字货币市场价格波动大，价格剧烈波动可能导致投资者的资产价值快速下降，面临着资金损失的风险，此外，某些数字货币存在流动性不足的问题，这可能导致难以买入或卖出数字货币，并使数字货币的价格被人为操控。第二，技术安全风险。数字货币的交易及储存涉及网络和加密技术，存在安全风险，个人账户的被盗、黑客攻击、钓鱼欺诈等威胁可能导致数字货币被盗取或损失。个人投资者应采取强大的安全措施来保护自己的账户安全。第三，信息透明和可靠性风险。数字货币市场的信息透明度有限，投资者难以获取准确、全面和可靠的信息，缺乏可靠的信息可能导致投资决策的困难和错误，容易受到虚假项目和市场操纵的欺诈。第四，法律和监管风险。数字货币市场的法律和监管环境存在不确定性。政府的监管政策和立法可能对数字货币的合法性、交易所操作和用户权益产生影响，个人投资者需要了解相关法律和监管规定，再参与数字货币市场。

2.4.3　数字货币风险的应对措施

虽然数字货币是新兴交易工具，其技术和监管体系尚不成熟，存在较多的风险，但新事物道路和前景始终是光明的，目前各国政府都在积极开展合作，引导数字货币健康发展。

从金融监管角度，数字货币存在风险传染问题，金融监管部门应加强跨境合作和信息共享，提高对数字货币市场的监管协调性，减少系统性风险传染的可能性，建立有效的金融风险监测和评估机制，及时识别和应对数字货币市场的潜在风险。针对数字货币价格波幅大的风险，应加强对数字货币市场的监管，制定和实施合适的监管政策和措施，以防范数字货币市场的系统性风险，例如设置合理的杠杆和风险管理要求，提高金融市场稳定性。洗钱和恐怖主义融资为了规避监管，会绕过传统的法定货币，金融监管部门应强化反洗钱和反恐融资监管，同法定货币一样，制定相应法律条款，严格管理数字货币交易，促进数字货币市场与传统金融体系的合作，加强监测和报告可疑交易，以减少洗钱和恐怖主义融资风险。针对信息不透明和投资者保护风险，应完善数字货币市场的信息披露和透明度要求，确保投资者能够获取准确、全面和可信的信息，加强对数字货币市场的监管，确保投资者的权益得到保护。例如设立投诉处理机构和投资者教育机构，提供相关法律法规的指导和保护。

从投资者角度，由于数字货币市场价格波动大，投资者应建立合理的投资策略，如分散投资、定期定额投资等，以分散风险并降低投资损失。此外有些数字货币流动性差，投资者应充分研究所投资的数字货币相关项目的背景、团队、技术和市场前景，关注市场流动性，选择流动性好的数字货币交易所进行交易。虽然当前投资者个人信息保护相对较完善，但处于互联网时代，仍然无法完全避免网络诈骗、信息泄露等风险，投资者应采取强大的安全措施，如双重身份验证、冷存储等来保护个人数字货币账户的安全，选择安全可靠的数字货币交易所，并了解其安全措施和保障措施。

扩展阅读 2 – 10

数字人民币的潜在洗钱风险与监管研究

数字人民币是中国人民银行发行的数字形式的法定货币，由国家信用支撑，定位于流通中的现金（M0），具有价值性和法偿性的特征。自 2014 年中国人民银行启动央行数字货币研发工作以来，数字人民币发展如火如荼。至 2022 年上半年，数字人民币试点扩展到 15 个省市 23 个地区，累计交易笔数达 2.64 亿笔，交易结算金额超过 800 亿元人民币，支持数字人民币的商户门店数量达到 456.7 万个。随着数字人民币使用场景的进一步拓展，使用规模和频次的大幅增加，商品和货币流通更加便利，支付结算的安全和效率得到迅速提升。从全球来看，我国在推进数字人民币"可不可以支付"和助力普惠金融方面进展顺利，在全球央行数字货币试点人数和试点区域中排名首位。2020 年以来，对数字人民币的系统架构、运营机制、功能属性及其对实体经济影响的研究逐渐增多。数字人民币是从技术形态上对传统法币进行的变革，其发行和流通模式与传统法币和加密货币的区别，主要表现为底层技术和交易结构方面的差异。

一、数字人民币的底层技术和运营体系

（一）以分布式架构作为底层技术

《中国数字人民币的研发进展白皮书》指出，数字人民币系统采用分布式、平台化设计综合集中式与分布式架构特点，形成稳态与敏态双模共存、集中式与分布式融合发展的混合技术架构，进而增强系统韧性和可扩展性。数字人民币发行、兑换、流通等所有环节均记录到人民银行管理的中心化系统中，央行作为中心主体可借此监测、识别和追溯数字人民币的全生命周期流程，实现对数字人民币生态系统的闭环管理。经央行批准的数字人民币指定运营机构向社会公众提供数字人民币兑换和流通服务。同时，数字人民币的流转确权依托节点运营机构上报交易请求，由认证中心集中处理，央行作为中心节点掌握着数字人民币各运营机构和钱包之间的全局性信息。以中心化为核心的发行和结算方式，使数字人民币的支付结算相比纸币具有更快捷和安全的优势。相较传统法币，数字人民币前端匿名、后端实名的机制，更有利于对其进行追溯和监测，有助于提升金融系统的安全性。而与基于公有链发行的私人加密货币（包括锚定法币的稳定币）相比，数字人民币一个中心、多个节点的分布式技术底层，能充分保证系统架构的稳定性和安全性；其100%的准备金机制，可有效保证其币值稳定和无摩擦兑换有助于促进普惠金融发展和金融稳定。

（二）基于双层运营架构的发行和流通体系

数字人民币采用双层运营架构，由央行向指定运营机构发行法定数字货币，再由指定运营机构提供兑换和流通服务，以广义账户体系为基础，支持银行账户的松耦合功能，具有价值特征和法偿性。其中，人民银行负责数字货币的发行、注销、跨机构互联互通和钱包生态管理，同时审慎选择在技术和资本等方面具有一定条件的商业银行为指定运营机构；运营机构负责数字人民币的兑换、流通、销售等运营流程，辅助搭建数字钱包生态体系，监测数字人民币的安全稳定运行（中国人民银行数字人民币研发工作组，2021）。截至2022年7月，我国数字人民币的运营机构已扩展到十家，包括六大国有银行（工商银行、农业银行、中国银行、建设银行交通银行、邮储银行）、两家股份制银行（招商银行、兴业银行）以及两家民营银行（网商银微众银行）。

在第二层运营机构之外，还有作为2.5层的其他商业银行和商业机构等合作方。合作机构是推动数字人民币践行普惠金融、实现广泛可得的主体，部分场景下充当连接运营机构与公众的"桥梁"。当前处于2.5层的商业银行等合作方，其与运营机构合作代理接入数字人民币系统的模式主要包括直连模式和间连模式两种：前者主要是依托2.5层商业银行的自研渠道接入数字人民币系统；后者主要依托数字人民币App与运营机构连接，实现数字人民币绑卡、转账查询、兑出和兑回等功能。处于2.5层的商业银行和大型科技公司（BigTech）在市场中具有部分系统重要性（BIS，2022），能够促进数字人民币的便捷获得和流转、维系个人信息权益保护与利用的价值平衡，是维持数字人民币而实现"可控匿名""兼顾账户与价值"等功能的重要参与主体。此外，数字人民币钱包矩阵体系也是保障数字人民币使用过程中践行自主、透明、最小化信息收集原则的机制设计，是双层运营体系的重要组成部分。

二、数字人民币与传统货币的交易结构比较

基于人民银行数字货币研究所申请的数字货币技术专利，对数字人民币与传统货币体系的交易结构进行比较分析后可以发现，相比传统纸币和银行活期存款的流通方式，数字人民币的发行和流通的生命周期管理具有自身的显著特点。

一是交易结构更灵活。相比传统法币，数字人民币用户可在银行账户体系、钱包体系以及账户和钱包体系之间混合搭配使用，即"运营机构－银行账户/钱包－用户"。运营机构根据用户身份识别（Know Your customer，KYC）对钱包进行分类分级，实施不同限额；同时根据权限归属分为母钱包和子钱包，根据不同载体分为软钱包和硬钱包。二是松耦合的账户体系更复杂。数字人民币钱包基于账户和价值的属性弱化了传统由中央银行和商业银行主导的层级关系、权力模式和契约组织结构，运营机构在兑换和流通环节享有更大的权力。用户对数字人民币的使用方式、交易契约呈现出更多的灵活性。三是交易方式更安全。数字人民币网络转账、扫码支付、"碰一碰"支付、双离线支付等功能，需要运营机构的核心系统数据库、POS 机、支付二维码等基础设施进行技术性优化，这与传统业务流程及其反洗钱系统存在较大差异。四是客户信息了解程度更有限。相比传统支付方式，数字人民币在兑换流通过程中收集的用户个人信息有限，提升了运营机构对数字人民币的管理难度。

二是与具有竞争关系的私人加密货币（尤其是稳定币）相比，数字人民币生态系统对运营机构实行许可制，以加密字符串的现金数字化形式实现支付/结算，并由中心化的管理和控制节点通过直连、间连等渠道实现境内清算；而私人加密货币（如原生和治理代币）则基于区块链发行，是在区块链上实现价值转移的一体化模式。此外，数字人民币是法定货币，主要依赖传统账户和电子支付体系，实行前端匿名、后端实名的可控匿名机制，央行数据中心作为中心机构，管理数字人民币的全生命周期；而加密货币是商品或另类资产，投机属性较强，其匿名性（假名）导致用户身份和交易记录极其隐蔽，为洗钱犯罪提供了天然的土壤。两者相比，数字人民币能更有效地监测和防控洗钱风险，实现金融普惠和金融安全。

资料来源：张夏明，朱太辉，丁伟杰. 数字人民币的潜在洗钱风险与监管研究 [J]. 金融监管研究，2023（4）：80 - 96.

扩展阅读 2 - 11

海外主要经济体央行数字货币的研发和风险管理

国际清算银行（BIS）2022 年 5 月发布的《2021 全球央行数字货币调查》报告指出：全球央行数字货币开发进程正显著加速。受访的 81 家央行中，有 90% 表示正探索中央银行数字货币（central bank digital currency，CBDC），超过 50% 的央行已进入 CBDC 的开发或正进行具体试验 2/3 的央行表示考虑在可预见的未来发行 CBDC。全球各主要经济体对央行数字货币从观望犹疑转为积极研究与开发。主要有两个推动因素：一是与其他非法定货币的数字货币（例如稳定币和比特币等）或数字支付手段竞争。二是发挥法定货币的传统功能，即在本国结算和支付体系中不被其他货币取代、维持或扩大本国货币在国际支付结算中的地位、便利金融稳定和货币政策执行。数字技术和金融科技迅速发展，世界各主要经济体对央行数字货币从观望犹疑转向积极研究与开发。

一、数字美元项目

数字美元将由美联储发行，是美联储向公众提供的数字负债，无流动性风险和信用风险，兼顾零售型和批发型两种模式。2022年1月，美联储发布首份数字美元讨论文件，美联储肯定了数字美元的潜在收益，认为数字美元有望成为支付系统的新基础，有助于维护美元现有国际地位，为企业带来金融便利，有利于提升银行间市场以及跨境交易的结算效率等。但也表达了数字美元可能带来的潜在风险：如隐私泄露风险、冲击银行业和金融系统的风险、影响货币政策和网络安全风险等，因此，在获得国会的法律授权和政府明确支持前，美联储不计划发行数字美元。

2022年3月，美国总统签署题为"确保美国数字资产负责任发展"的行政令，要求财政部、司法部等联邦行政部门评估使用数字资产（包括央行数字货币和加密货币等）对消费者、投资者以及企业可能带来的潜在风险，要求行政部门在90天内从保护消费者和投资者权益、维持金融稳定、防范非法行为以及对生态环境的影响等方面提交评估报告。该行政令也鼓励美联储继续开展数字美元的研究、开发和评估工作，制定一项更广泛的美国政府行动计划。

二、数字欧元项目

2020年10月，欧洲中央银行发布《数字欧元报告》，系统阐述了数字欧元的布局，数字欧元将兼顾零售型和批发型两种模式，作为现金和中央银行存款的补充，不取代现金，单层与双层运营结构相结合。在单层运营结构中，数字欧元由央行直接发行给民众，第三方仅负责确认用户身份、提供技术支持；在双层运营结构中，数字欧元先发行给第三方，再由第三方发行给民众。数字欧元已完成前期试验，在隐私、反洗钱、流动限制、终端用户访问等方面不存在重大技术障碍。2022年1月，欧洲议会发布了《数字欧元：政策启示及前景》的研究报告，深入探讨了数字欧元的潜在收益与风险。该报告认为，数字欧元有利于消除现金的物理限制，有利于支付领域的创新和解决结算风险，可加载智能合约。但该研究报告也强调了发展数字欧元的潜在风险。主要包括三方面的风险：一是隐私问题。数字欧元的交易数据如果储存在欧盟之外将带来极大的隐私问题。需要依赖技术来保证CBDC的隐私，技术在确定和保护隐私方面可提供很大的灵活性，隐私性和匿名性可以根据操作级别进行区别管理。二是破坏现有商业银行稳定性问题。数字欧元的发行可能会影响金融中介和金融稳定，一旦公众通过CBDC可轻松接入央行资产负债表，商业银行吸收存款的活动将出现较大波动，这将破坏商业银行现有商业模式的稳定性。三是数字欧元的发行可能影响银行融资和发放信贷的能力，从而影响货币政策的传导机制。

三、数字英镑项目

英国对于CBDC的研究最早可追溯至2014年，英国央行在2015年启动数字英镑计划，联合其他六家央行（加拿大银行、日本央行、欧洲中央银行、美联储、瑞典中央银行和瑞士国家银行）和国际清算银行（BIS）共同商讨CBDC的设计。2020年3月，英格兰银行初步阐释了其零售型数字英镑的设计思路。数字英镑兼顾零售型和批发型两种模式，将作为现金和银行存款的补充，同时将采取与私营部门合作的双层运营模式。

2022 年 1 月，英国上议院经济事务委员会发表报告，表示 CBDC 的发行将会对家庭、企业和货币体系产生深远的影响。报告重点评估了央行提出的 CBDC 潜在收益，以及在调查中发现的政治及经济风险。该报告认为，CBDC 有利于支持央行维持货币和金融稳定、便利跨境支付，有利于支付领域的竞争和创新，满足数字经济中的支付需求。但该报告同样指出了发展 CBDC 的潜在重大风险：一是隐私问题如监控个人交易隐私的风险；二是造成银行"去中介化"并增加信贷成本；三是在经济紧张时加剧金融不稳定性的风险和影响央行的货币政策效果；四是央行数字货币成为犯罪分子和敌对国家网络攻击目标的风险。报告认为，CBDC 的设计将最终影响这些风险是否发生和风险程度的高低。

四、数字日元项目

日本启动 CBDC 的研发较晚，但得到政府大力支持后进展较快。日本自民党在 2020 年 2 月建议日本政府督促日本央行、财务省和金融厅合作推进日元数字化建设。日本央行 2020 年 10 月发布《央行数字货币报告》，该报告明确了数字日元的具体规划、设计和实施路线。数字日元将在第一阶段试验数字日元的基本功能。2022 年 4 月，该试验进入第二阶段，以确定数字日元的一些关键设计，并积极与企业和政府部门进行信息共享和意见交换。同时，日本银行积极与其他央行开展国际合作，数字日元设计原则、未来收益以及潜在风险评估等与数字美元基本趋同。

五、新加坡 Ubin 项目

各主要经济体目前致力于开发的项目以零售型 CBDC 为主，同时兼顾批发型 CBDC 功能但也有部分项目致力于探索批发型 CBDC，如新加坡的 Ubin 项目、加拿大的 Jasper 项目、欧洲中央银行与日本银行合作的 Stella 项目、中国香港的 Lion Rock 项目等。

2016 年 11 月，新加坡金融管理局（MAS）联合众多机构共同发起了 Ubin 项目，旨在推出基于区块链和分布式账本技术的批发型央行数字货币 SCD-on-Ledger（即 SGD－L），用于银行间结算和跨境交易支付等方面。2020 年 7 月，新加坡金融管理局与淡马锡公司发布报告《Ubin 项目第五阶段：实现广泛的生态系统机遇》，标志着 Ubin 项目已完成五个阶段的研究，将进一步促进广泛的生态系统合作，并投入商业运营当中。新加坡金融管理局（MAS）表示，由于新加坡银行账户和电子支付的运用已较为普遍，外国货币取代新加坡元的风险较低，现阶段不会发行零售型央行数字货币。该局将开展 Orchid 项目，建立发行数字新元的科技基础建设和技术能力，为未来做准备。

中国数字人民币已在现有法律框架下试点，研发设计由中国人民银行主导，成立下属的数字货币研究所，与地方机构、商业银行和其他商业机构合作开发，设计时风险考虑主要关注了潜在的金融脱媒效应，采取了双层运营、不计付利息、定位国内零售支付体系等措施予以应对。但目前对用户隐私、数据权限和新的监管风险讨论相对较少。主要海外经济体各中央银行对 CBDC 相对审慎。还处于研究讨论阶段，已针对相关技术路线以及潜在的收益与风险影响进行深入研究，但均未发布明确的发行路线，对用户隐私、政策风险讨论较多，参与机构除了中央银行，立法部门和财政部等综合经济管理部门也参与其中。

资料来源：黄燕飞，杨紫维. 世界主要经济体央行数字货币研发进展及其风险管理启示 [J]. 财政科学，2022（8）：135 - 142.

扩展阅读 2 - 12

数字货币监管的各国实践

数字货币作为技术创新催生的新业态，或将成为新一代金融基础设施，它的出现是对传统金融制度和金融安全的挑战。对所有国家而言，数字货币是新生事物，如何对其实施有效监管、如何平衡数字安全与隐私保护、如何在金融创新和风险防范之间寻求平衡，都是各国政府在制定监管政策时需要考虑和解决的问题。

数字货币监管已成为全球性难题，根据代币网统计，全球 257 个国家或地区中，132 个国家对数字货币发行、交易、流通没有限制，其余国家将数字货币纳入本国监管体系，制定相应监管政策。各国根据国情和金融市场发展情况，对数字货币监管态度不尽相同，但监管内容和监管框架有一定的相似之处，主要包括数字货币的定位、发行、交易、税收等方面。其中，美国、英国、中国、日本、新加坡等国家的监管政策具有一定的代表性。具体情况如下：

第一，美国。美国对数字货币的监管实行联邦和州合作的监管模式，采取鼓励发展与监管并举的策略。在联邦层面，监管机构从金融创新角度规制数字货币及其衍生品，例如，金融犯罪执法网络（FinCEN）将比特币定义为"可转化的虚拟货币"，规定比特币的"传递业务"要接受《银行安全法》监管，美国证券交易委员会（SEC）称私人数字货币是一种证券产品，比特币的"挖矿"合同属于"投资合同"等。在州层面，各州制定自己的数字货币监管规则，政策独立多样，尚未形成统一。比如，纽约州率先推出牌照制度，对数字货币从业者实行监管，怀俄明州免除加密数字货币的财产税，亚利桑那州和佐治亚州允许居民使用加密数字货币支付税费等。随着数字货币市场广度和深度的开拓，美国构建灵活的监管体系，SEC 在数字货币监管过程中发挥核心作用。SEC 要求 ICO 公司必须在证券交易所注册，发布了"数字资产"投资者合同框架，把数字货币定性为证券。2019 年 2 月，美国参众两院提交了"区块链促进"法案，明确区块链的产业政策，提出对数字货币加强监管。Libra 白皮书发布后，参众两院举办两轮听证会，从 Libra 的运作机制、治理结构、属性等方面，对其带来的监管问题进行严厉"问询"2019 年底，美国国会一共提出 21 个与区块链和加密数字货币有关的法案，其中，参议院提出的《加密币 2020 法案》将加密币分为三大类——加密商品、加密货币、加密证券，并由期货交易委员会、金融执法网络和证券交易委员会分别予以监管。2020 年以来，在新冠疫情冲击、多国央行及私人数字货币竞相布局的背景下，美国收紧对数字货币的监管，美联储、美国货币监理署（OCC）和联邦存款保险公司（FDIC）考虑成立"跨部门冲刺小组"，创建统一的数字货币监管框架。

第二，英国。英国对数字货币持开放态度，实施"监管沙盒"。英国财政部、英格兰银行和金融行为管理局（FCA）成立数字货币工作组，管控数字货币风险。2015 年，英国财政部发布《数字货币政府号召信息反馈》报告，指出英国政府采取"反洗钱法"监管数字货币，同时联合数字货币标准协会及数字货币行业共同制定一个监管框架。同年，FCA 提出"监管沙盒"模式，数字货币交易平台可申请进入"监管沙盒"，申请通过后的数字货币交易所在英国合法存在。英国对 ICO 活动的监管态度不像其他国家那样敏感，未出台具体的监管方案，只发布 ICO 风险提示，提醒投资者注意 ICO 活动风险，ICO 也不在 FCA 监管之列。2018 年，英国央行表示对数字货币交易所采取与证券交易所相当的管理标准，严厉打击数字货币的金融犯罪。正如英国央行行长安德鲁·贝利在达沃斯论坛演讲中指出"数字货币的监管关键在于打击金融犯罪"。英国税务及海关总署（HMRC）将数字货币视为一种资产，数字货币交易需缴纳资本利得税，从事"挖矿"工作也需要按英国相关法规纳税。2019 年，FCA 发布《加密货币资产指引》文件。拟定数字货币市场的监管框架，并指出交易性代币暂时不受监管。由于比特币等加密数字货币的波动性过高，2021 年，FCA 禁止向零售型消费者出售加密数字货币资产的衍生品，以保护消费者利益。

第三，中国。中国对数字货币实施严厉的监管政策。2013 年，比特币价格升，中国人民银行等五部委联合发布《关于防范比特币风险的通知》，定位比特币为不具法偿性的虚拟商品，不是真正意义上的货币，不应作为货币在市场上流通。2017 年，比特币价格再次暴涨，ICO 活动风靡全球，央行联合其他部门发布《关于防范代币发行融资风险的公告》，明确指出代币发行是非法融资行为，禁止 ICO，由 ICO 延伸出来的 STO、IFO、IEO、IMO 等均被认定为非法金融活动，并对数字货币交易平台进行集中整治，关闭国内所有数字货币交易平台。2018 年，银保监会发布《关于防范以"虚拟货币""区块链"名义进行非法集资的风险提示》，提醒广大人民群众警惕虚拟货币的炒作，明文禁止金融机构不得开展数字货币相关业务。2021 年 6 月以来，中国政府开始全面关停比特币等虚拟货币的"挖矿"，并要求银行与支付机构全面排查识别虚拟货币交易所及场外交易商的资金账户，及时切断交易资金支付链路，数字货币在中国的合法空间十分有限。相对而言，中国香港地区对数字货币监管较为审慎，数字货币的法律地位较为明确，监管框架相对完善。中国香港证监会先后发布《有关首次代币发行的声明》《有关针对虚拟资产组合的投资管理公司及交易平台运营者的监管框架的声明》等文件，明确监管内容和监管范围。

第四，日本。日本积极支持数字货币发展。日本拥有全球第二大数字资产交易市场，是全球第一个将数字货币交易合法化并推出交易牌照的国家。日本内阁在2016年签署《资金结算法》修正案，将数字货币纳入法律体系，规定比特币等数字货币可以用于支付。日本金融服务局（FSA）全方位监管数字货币交易所，制定了数字货币交易商监管条例，明确数字货币交易商的运营规则。FSA为全球各大数字货币交易商、区块链技术商办理营运牌照。FSA不断完善数字货币监管机制和法律体系，2019年颁布《新币发售规则及其指导意见》，加强数字货币的规范监管，使数字货币业务透明化和合规化。鉴于数字货币的跨境交易支付特征，日本监管机构通过经验分享、举办加密资产圆桌论坛等方式，加强与海外监管机构的合作，实施协同监管，在数字货币国际监管和协作治理中发挥主导作用。此外，日本国税厅（FAQ）正在讨论数字货币的税收问题，拟颁布《虚拟货币的收益及其他所得》，实施对数字货币的税收监管。

第五，新加坡。新加坡对数字货币较为包容。新加坡金融管理局（MSA）实施"沙盒监管"，旨在为金融科技企业创造良好的制度环境。2017年，MSA发布《数字货币通证指南》，将数字货币划分为证券类、应用类和支付类。MSA在推进"沙盒监管"的过程中不排斥ICO项目，新加坡成为全球尤其是亚洲各国区块链企业规避本国政策、赴海外代币发行的聚集地，成为全球第三大ICO融资市场。MSA从风控和合规两方面，对数字货币交易所和场外交易等平台进行监管，主要包括洗钱及恐怖融资、平台合规运营、网络和技术风险等内容，并按照《支付服务法案》实行"牌照制度"。新加坡当局也很注重数字货币的税收监管，新加坡税务局（IRAS）发布的《数字货币所得税课税指南》规定，使用比特币等数字货币买卖商品或服务的企业，缴纳7%的商品增值税，数字货币交易所获得利润需缴纳17%的所得税。

综上所述，世界主要经济体的中央银行或监管部门开展了一系列的数字货币监管工作，各国基于不同的制度环境，强调数字货币满足本国监管部门的要求。综合国内外监管机构对数字货币的监管政策，在监管理念、监管标准、监管法规、监管方式、监管协作等方面亟须改进和完善。然而，由于国家间政策差异、市场差异、技术条件限制，各国对数字货币的看法和态度难以达成共识，监管效果甚微，监管难题层出不穷。在技术创新的推动下，数字货币在结构和功能上呈现出鲜明的类别特征，国家独立的监管已无法适应数字货币在全球范围内的井喷式发展，必须从国家监管上升到全球治理，建立一个全球性的治理体系，制定全性规则，将数字货币纳入公平合法、安全可控的发展轨道。

资料来源：陈伟光，明元鹏. 数字货币：从国家监管到全球治理［J］. 社会科学，2021（9）：13－27.

数字货币立法

数字货币在过去几年中逐渐成为全球关注的焦点，而其法律地位也同样备受关注。尽管数字货币在许多国家和地区已经开始得到认可并推出相关立法，但仍有些国家将其视为非法或未被认可的资产。对于数字货币是否具有合法性问题，一方面需要考虑合规、安全和保护消费者的角度；另一方面需要权衡创新发展与监管风险之间的协调。在加强监管、维护金融稳定和支持创新发展三个目标之间寻求平衡是数字货币立法较好的实践方式，进而使得数字货币更好地服务人们的日常生活。

在数字货币立法方面，各国政府正逐渐开始制定相关法律法规以保障市场健康有序发展。同时，对于交易所等数字货币服务商也提出更高要求，如 KYC/AML 等身份验证及反洗钱措施等。在加密技术和匿名性方面还需要进行更加深入的研究与改进，以确保用户权益得到保障和风险可控。只有通过有效监管、完善合规机制才能够让数字货币行业走向良性发展之路。

数字货币市场不仅涉及金融领域，同时也牵涉到了加密技术和数字资产管理方面的问题。与传统金融交易相比，数字货币所采用的分布式账本（DLT）以及加密算法等技术保证了其具有更高安全性和匿名性，但这也给监管部门提出了新挑战。

在实现数字资产管理过程中，我们需要确保其安全可靠。对于企业或个人用户来说，首先要注意密码强度、防范欺骗等方面；而对于监管机构来说，则需要加强立法并落实相关规定，制定行之有效的国家标准，并建设专业化团队与基础设施，在掌握严格合规处理能力前提下规范市场交易秩序。

因此，在推动数字货币发展进程时必须重视加密技术背后的数字资产管理问题，坚持"风险共担、合作共赢"的理念，在政府、企业、投资者之间寻求最优平衡点，促进区块链科技创新服务社会经济健康发展。

在金融业数字化转型中，数字货币趋势渐成明朗。除此之外，在全球范围内也不断出现相关政策和措施来支持并促进区块链技术与数字资产领域的发展。例如美国、日本等多个国家已经针对虚拟资产领域出台良好的政策环境，鼓励企业借助区块链进行创新应用。

随着消费者逐渐接受并采用这种新型支付形式，以及各地政府陆续出台包容性政策环境和监管框架下，未来几年里可以预见到，在金融业数字化转型中，数字货币将提供更加全面和便捷的金融服务，并成为重要的支付手段之一。

此外，2 月 15 日美国通过《数码钱包法案》，海外的数字货币立法为中国在推进数字货币领域提供了重要的参考和启示。在海外的数字货币立法中可以看到，政府已经意识到了加强监管、防范风险等问题。例如美国《数码钱包法案》就明确规定交易平台必须进行KYC（知客治理）并报告可疑活动，并将其中涉及洗钱等罪行与现金等同列入非常控制资产名单，从而减少政治风险和安全隐患。比如欧盟近期已公布计划成立区块链投资基金；新加坡金管局亦批准多项有关审慎管理及监管机制方面建议来表态支持本地区块链业者发展；维密岛则放宽电子商务公司申请虚拟资产服务牌照的规定。这些政策支持对于数字货币在本国经济中的发展具有重要意义。

海外数字货币立法为中国现代化金融体系的建设提供了借鉴和参考，在全球范围推动数字货币领域健康、可持续发展至关重要。同时，我们还需要认识到，逐步完善中国自身相关法律条款和监管制度以应对不断涌现出来的风险也是实践过程中必然面临的一大挑战。

资料来源：陈伟光，明元鹏. 数字货币：从国家监管到全球治理 [J]. 社会科学，2021 (9)：13 – 27.

◎ 概念复习

央行数字货币　技术风险　流动性风险

◎ 阅读资料

[1] 何阳阳. 数字人民币背景下金融犯罪的刑法应对 [C] //2021年世界人工智能大会组委会.《上海法学研究》集刊（2021年第5卷总第53卷）[A].2021：188 – 195.

[2] 邓建鹏. 网络虚拟货币的风险、法律规制及域外经验 [C] //中国银行法学研究会. 金融法学家（第八辑）[A]. 北京：中国政法大学出版社，2016：184 – 198.

[3] 陈玲. 加密货币的犯罪应用及其法律应对 [C].《上海法学研究》集刊，2021 (53)：172 – 178.

[4] 刘磊. 数字货币与法 [M]. 北京：法律出版社，2022.

[5] 张夏明，朱太辉，丁伟杰. 数字人民币的潜在洗钱风险与监管研究 [J]. 金融监管研究，2023 (4)：80 – 96.

[6] 黄燕飞，杨紫维. 世界主要经济体央行数字货币研发进展及其风险管理启示 [J]. 财政科学，2022 (8)：135 – 142.

[7] 陈伟光，明元鹏. 数字货币：从国家监管到全球治理 [J]. 社会科学，2021 (9)：13 – 27.

◎ 课后思考题

（1）简述数字货币风险产生的原因。

（2）简述数字货币风险的分类。

（3）简述数字货币风险的应对措施。

（4）请回答金融监管部门和个人投资在应对数字货币风险时有何区别？

2.5 数字货币的发展趋势和前景

越来越多的国家正在积极探索和推进数字货币的发展，数字货币的发展呈现出多样化的趋势和特点，同时也预示着未来发展的巨大潜力。央行数字货币的推出、数字资产的多元化以及技术的持续创新，数字货币将引领金融领域的变革，为全球金融体系的发展带来新的机遇和挑战。本部分将探讨数字货币的发展现状，并且展望未来的发展趋势。

2.5.1 数字货币的发展现状

随着以区块链技术为代表的金融科技手段的飞速进步，数字货币作为技术进步的主要载体逐渐走进人们的视线，成为新兴金融领域创新的标志物。以私人数字货币和政府发行的法定数字货币为主要形式的数字货币，能够在诸多特定领域以其自身优势帮助甚至取代传统货币发挥货币的各种职能，因此，各国政府都开始重视对数字货币的研究，希望通过设计合理有效的法定数字货币，利用其优势为社会经济服务。因此，数字货币在全球范围内呈现出蓬勃发展的态势。

1. 全球数字货币不断发展，促使市场规模不断扩大

截至 2024 年 6 月，全球数字货币的总市值已经超过了 2.5 万亿美元，并且在不断增长。数字货币的发展现状在不同国家和地区有所不同。其中，比特币、以太坊、瑞波币等数字货币是市场上的领头羊，占据着大部分市场份额。在一些国家，数字货币已经获得了法律承认并被广泛使用；而在另一些国家，数字货币的发展仍处于初级阶段。各国央行对法定数字货币也进行了相关探索，丹麦、挪威、瑞士等国考虑了多种选择，仍在理论探索阶段。欧盟、加拿大、日本、南非、泰国、新加坡等国家和地区正处于试验性阶段，其主要研究的是批发混合类的 CBDC。2019 年时任英国央行行长马克·卡尼（Mark Carney）就提出，全球央行应联合起来创建多极化的储备货币系统，可以用一种全球数字货币来结束美元主导。

2. 全球数字货币市场的发展呈现出趋于规范和合法化的趋势

随着越来越多的国家和地区开始关注数字货币的发展与应用，一些国家已经开始对数字货币进行监管和立法。例如美国、欧盟、中国等国家和地区已经出台了相关的监管政策和法规，以规范数字货币市场的发展。各国认识到 CBDC 治理的关键在于制度和实施效果，要建立明确的法律框架，加强对平台的规制，特别指出各国在制度上的合作是关键所在。特别值得关注的是 BIS 支付与市场基础设施委员会（CPMI）、创新中心与国际货币基金组织（IMF）、世界银行于 2021 年 7 月联合发布了《用于跨境支付的央行数字货币（CBDC）》，于 2022 年 7 月向 G20 提交了《央行数字货币跨境支付的接入及互操作性选择》联合报告，代表了国际法层面在数字货币监管与规制上的最新进展。该联合报告强调各国央行在设计 CBDC 时，在确保与当前系统的共存和互操作性以及在遵守现有法律和监管框架下，建立足够灵活的 CBDC 生态系统，以适应不同形式的互操作性、共存以及普惠和可接入性需求。

3. 全球数字货币市场的应用场景日益丰富

在支付领域，数字货币已经成为许多人的首选支付方式。在投资领域，数字货币也逐渐成为投资者的重要选择，越来越多的机构和个人开始涉足数字货币投资。在社交领域，一些商家已经开始接受数字货币作为支付方式，且一些社交平台也开始尝试发行自己的数字货币来增强用户粘性和活跃度。在应用场景中，不断探索完善数字货币生态系统。金融机构不断扩展基于数字货币衍生的金融业务和应用场景，以全方位的数字货币生态链吸引客户资源，抢占市场份额。完善的数字生态环境才是数字货币流通、繁荣的沃土，而非强制的政策命令。例如我国推行的央行数字人民币，不但可以减少发行成本，还可以增加发行的便利性，更重要的是，也可以让偏远山区那些因银行资源匮乏而不具备享受金融服务的民众通过数字货币来实现商品的买卖交易，并且还能够进行水电费缴纳等。数字货币应用场景随着市场热度会不断提升，资源也会随之涌入，数字货币生态系统应用场景的覆盖广度将不断扩大并惠及数字货币持有者。

2.5.2　数字货币的发展前景

数字货币作为新型交易工具，未来数字货币的发展方向和前景是多样且充满潜力的，越来越多的国家和中央银行开始研究和探索发行中央银行数字货币。CBDC 作为央行发行的数字形式货币，具有更高的安全性、可追溯性和可编程性，可能在未来改变货币发行和支付系统的格局。

第一，去中心化金融（DeFi）应用将继续发展。通过智能合约和区块链技术提供金融服务，如借贷、存款、保险和交易，无须传统金融机构的中介。DeFi 的发展可能促进金融创新、金融包容性和资本市场的变革。

第二，数字资产和证券化的发展将进一步扩大数字货币的应用范围。通过区块链技术，传统资产（如房地产、艺术品）可以被数字化，并作为加密资产进行交易，这很大程度上提高了资产的流动性，并且数字证券的发行和交易也有望增加，为投资者提供多样化和便捷的投资选择。

第三，跨链互操作性越来越重要。当前，不同的区块链网络之间缺乏互操作性，限制了数字资产的流动性和交互性，未来数字货币的发展将注重解决这一问题，使得不同区块链网络能够实现互联互通，促进数字资产的流动和交易。

第四，隐私和安全性的改进一直是数字货币发展的重要关注点。如何协调好金融监管信息披露和个人隐私保护的问题将成为未来数字货币的关注点，既要提高交易的隐私保护和网络的安全性，以满足用户对安全和隐私的需求，也要确保金融监管的透明度。

第五，跨境支付和金融包容性将进一步提升。数字货币可以提供快速、便捷和低成本的跨境支付解决方案。未来的发展将继续促进跨境支付和金融包容性，为那些无法访问传统金融服务的人提供更广泛的金融服务。

第六，更加注重社会和环境责任。数字货币行业将越来越关注社会和环境责任，例如当前可持续性和绿色发展已然成为数字货币的重要议题，推动绿色能源和环境项目的发展将成为未来数字货币的融资和投资方向。

数字货币领域仍然处于快速发展和变化之中，存在风险和不确定性。未来的发展取决于技术创新、市场需求、政策环境和监管框架的演变。因此，对于数字货币的发展前景，需要继续观察和评估，同时保持理性和谨慎的态度。

扩展阅读 2 - 14

数字人民币使用场景持续丰富

截至 2023 年 7 月，人力资源和社会保障部印发《数字人社建设行动实施方案》，其中要求提升社会保障卡（以下简称"社保卡"）社银联动服务水平，探索推进社会保障卡加载数字人民币支付功能。在业内人士看来，社保卡具有发行量大、使用频次高等特点，在社保卡上加载数字人民币支付功能，不仅能实现社保卡应用进一步拓展，还能够加快推进数字人民币的普及，产生双赢的倍增效应。

记者注意到，2023 年全国各地正陆续开展第三代社保卡换发工作，第三代社保卡具有身份凭证、信息记录、自助查询、就医结算、缴费和待遇领取、金融支付、城市交通等功能，是持卡人享受人力资源社会保障和其他公共服务权益的重要载体。

随着未来各地社保卡加载数字人民币支付功能，社保卡庞大的用户基数将大大加速数字人民币的普及，让更多公众有机会了解到数字人民币。人力资源和社会保障部此前公布的数据显示，截至 2023 年 3 月末，全国社保卡持卡人数已达 13.7 亿人，覆盖 97% 的人口。

　　"社保卡加载数字人民币支付功能,有助于加快数字人民币推广进度,提升用户规模与数字钱包开立数量。对社保卡来说,数字人民币能够提供更为丰富的支付选择,可追溯、可控匿名等特征也能为安全高效使用社保卡保驾护航。"易观分析金融行业高级咨询顾问苏筱芮认为,社保卡与数字人民币硬件钱包结合,将为特定人群提供更多支付便利。

　　值得一提的是,已有商业银行在"社保卡+数字人民币"领域开始布局探索。例如,中国银行设计了第三代社保卡加载数字人民币硬件钱包的方案,以进一步探索提升基于个人社保数字身份的城市公共服务载体的应用推广表现形式,给予群众更多便捷实惠。

　　据中国银行数字货币办公室首席业务经理李欣介绍,中行设计的第三代社保卡加载数字人民币硬件钱包的表现形式将不仅停留在物理卡片形式上,还会策划推出适合各种新场景、各类人群使用的新形态,诸如手环、随身标签等,将使用场景扩大至民生消费场景、养老场景、缴费领域场景、交通出行场景及待遇领取场景,将服务更为广阔的社会群体。

　　"数字人民币作为供给侧金融创新工具,其高效便捷、稳定安全、广泛适用的特性与覆盖全民、统筹城乡、公平统一、安全规范、可持续、多层次的社会保障体系的新要求具有天然的契合性,数字人民币与社会保障深度融合,符合数字经济发展的趋势与方向。"李欣表示。

　　专家认为,在社保卡上加载数字人民币支付功能,二者各取所长,是走好中国特色金融发展道路的新实践,有利于提升普惠金融水平和人民群众获得感。

　　2023年以来,数字人民币在试点地区持续探索应用新场景,从数字人民币红包发放,到工资代发,再到可用于购买基金等。目前,数字人民币试点场景兼顾线上线下,涵盖批发零售、餐饮文旅、教育医疗、公共交通、政务缴费、税收征缴、补贴发放等领域。国家税务总局近日透露,试点数字人民币缴纳税费功能,2023年共缴纳税费1.2万笔259亿元。

　　"对数字货币和支付工具而言,场景丰富程度往往影响用户选择和使用体验。"招联首席研究员董希淼表示,围绕数字人民币的推广,前期试点地区的地方政府已经开展了很多工作,为数字人民币试点稳步推进创造了很好的应用环境。本次探索推进社保卡加载数字人民币支付功能,将发挥数字人民币"支付即结算"等特性,提高社会保障领域数字化水平和服务效率。

　　中金公司研究报告指出,2023年以来,多地陆续推出数字人民币试点工作方案,进一步明确了未来推进数字人民币试点的主要目标、推进步骤及保障机制。伴随各地进一步明确数字人民币试点工作推进目标,数字人民币"飞轮效应"或正在形成,未来三年有望迎来快速发展期。

　　"下一步,应进一步加强数字人民币应用场景建设,通过完善的生态体系、丰富的应用场景,吸引更多公众和机构使用,提高使用频率和用户体验。同时,可探索更好发挥数字人民币在公共服务等方面的功能，助力实现政府数字化和智能化治理。"董希淼说。

资料来源：马春阳. 数字人民币使用场景持续丰富［N］. 经济日报，2023 - 07 - 05，https：//proapi. jingjiribao. cn/detail. html？id = 465610.

扩展阅读 2 - 15

欧盟推进数字欧元意愿强烈

2023 年 6 月 28 日欧盟委员会如期公布数字欧元立法提案，希望减少欧洲零售支付市场的碎片化，同时促进竞争，这预示着数字欧元时代即将到来。欧洲央行表示欢迎欧委会的相关提案，期待与其他欧盟组织继续合作开发数字欧元，以确保欧盟跟上数字时代步伐。包括数字欧元在内的数字经济发展，可能给世界带来意想不到的新变化，不过也可能出现诸多难以预料的难题。但不管怎样，全球众多中央银行已进入开发数字货币的不同阶段，未来将共同开启数字经济的新时代。

近日，欧盟委员会如期公布数字欧元立法提案，预示着数字欧元时代即将到来。欧委会此举迎合了全球数字货币潮流，不仅提供了新的支付解决方案，还有助于提升欧元的国际地位。

该提案有两项内容：一是公布数字欧元计划，维护现金欧元的作用与地位；二是设定立法框架，以便授权欧洲央行在未来可发行数字欧元。按照规划进程，欧洲央行将在今年秋季推出具体执行方案，并在 2026 年正式发行数字欧元。

欧委会希望所有欧洲人都能使用数字欧元，因此要通过立法程序给予数字欧元与纸币同等的法定货币地位。可以想象，未来的数字欧元将走入寻常百姓家，民众可随时随地利用数字欧元进行支付。由于数字欧元将与现有的信用卡或程序支付共存，因而有可能成为线上支付的重要一环。同时，欧委会还希望通过发行数字货币加强金融普惠和数字支付领域的竞争，为全球化的跨境支付制定标准。

不过，也有一些金融界人士表示，发行数字欧元完全没有必要。关于是否发行数字欧元的争议颇多，但欧委会和欧洲央行却不为所动，主要原因有两个方面：

一方面，加密货币的出现带来革命性变化，特别是比特币提供了私人发行和管理的支付方式。正是新的数字支付技术发展倒逼各国央行积极应对，加快推行模拟加密货币技术特征的公共货币的数字等价物，即数字货币，以便维持金融系统稳定。

另一方面，抢占全球跨境支付的制高点。数字货币在全球范围提供了更广泛的金融包容性，提高支付系统的覆盖范围和效率。欧洲央行最看重跨境支付，通过发行数字欧元，欧盟旨在为国际支付创建一个既高效又被普遍接受的全球标准，可能颠覆现有的以美元为基础的支付结算方式。

欧委会推行数字欧元计划也是顺潮流而动。欧委会在公告中提到，该提案目标之一是希望"减少欧洲零售支付市场的碎片化，同时促进竞争"，以及"鼓励金融行业主动提供泛欧支付服务"。为此，欧委会认为在欧元区推行数字欧元，对于适应当代数字支付技术发展是非常必要的。提案要求所有提供支付账户服务的信贷机构都必须根据客户的要求提供基本的数字欧元支付服务。当然，防范金融风险也是重中之重。欧委会在提案中寻求确保数字欧元广泛使用与保护金融稳定和信贷供应之间的平衡。但要真正做到平衡并不容易，需要各国央行提供更多金融技术的创新。

那么，欧洲央行对此又是怎样的态度呢？在一份声明中，欧洲央行表示欢迎欧委会的相关提案。欧洲央行行长拉加德更是明确表示，欧元是欧洲共同体最具体的象征，深受广大民众的重视与信赖，欧洲央行期待与其他欧盟组织继续合作开发数字欧元，以确保欧盟跟上数字时代步伐。据悉，欧洲央行将在10月底的行长会议上正式决定发行数字欧元。事实上，欧洲央行早在2021年便启动了数字欧元项目（digital euro project），2023年10月将结束调查研究阶段，并拿出总体构想和具体实施方案，预计未来3年将进入开发与测试阶段。

欧洲央行主要担心金融越来越数字化有可能损害央行维持货币和金融稳定的能力。未来，作为任何金融体系支柱的实物现金极有可能被数字货币取代，尤其是加密私人货币将变得流行，这两者都将冲击主权货币的垄断地位，并削弱央行的货币政策影响力。这也是世界各地央行所要面临的难题，因此，数字欧元若想为未来制定新的货币政策奠定基础，就急需找到相关的技术解决方案。

需要注意的是，新的数字跨境支付将是未来发展重中之重。当任何两家央行之间可以轻松进行跨境交易结算时，目前需要3～5天的交易将在不到10秒内完成。如今以美元为中心的使用代理银行的结算体系将彻底改变。这也是美国和欧洲极其关注的前景，不得不从地缘政治和全球经济地位角度仔细权衡，关系重大。对欧洲央行来说，在全球范围内创建数字支付体系具有极大的吸引力，如何设计和使用跨境数字支付全球标准，是一个重大技术难题，因为它需要法律制度的相互承认以及就经济和技术设计标准问题达成一致。如果成功了，欧盟就有可能引领这场革命性的金融创新。

包括数字欧元在内的数字经济发展，可能给世界带来意想不到的新变化，不过也可能出现诸多难以预料的难题。但不管怎样，目前全球已有114家中央银行处于开发数字货币的某个阶段，可以说是百舸争流，未来将共同开启数字经济的新时代。

资料来源：欧盟推进数字欧元意愿强烈［N］.经济日报，2023－07－10，https：//m. chinanews. com/wap/detail/chs/zw/10039771. shtml.

数字经济背景下数字货币发展情况与前景探析

一、加快数字技术创新保持服务的前瞻性

在数字技术的发展中，数字货币是一个非常关键的内容，而在这个领域中，强化对数字技术的创新发展将具有必要性。在面对高速发展的数字科技所产生的不稳定因素的影响下，我们需要在发展电子货币时，不断增强对各种新技术的判断力和决策力。同时还需要进一步加强科技支持制度建设，保证科技创新的先进性。首先要加强基础理论的研发和创新，使国家在5G、区块链、人工智能、大数据、物联网等新兴技术的理论前沿，占据创新制高点，取得产业新优势。其次，要建立数字化金融技术创新系统，加速跨界技术的整合；推进区块链技术与人工智能技术、大数据技术和物联网技术的深度结合，以达到综合创新的目的。鉴于个人数字货币的局限，加速发展法定数字货币，对增强国家经济调控能力，发挥国家经济发展的正面效应有着十分重大的现实意义。在开发法定的数字货币时，要注重激发市场的热情，而不是预先设定技术路径。期间还需要利用市场的公平性，激励各种技术企业进行研究和开发，提高其研究开发的效率和效益。

二、加快拓展应用场景实现服务的普惠性

缺乏应用场景是困扰数字货币发展的核心问题之一，要加速技术的革新，就需要健全其运作的生态。首先，要与金融机构、互联网平台、企事业单位、消费者等各方共同努力，对支持数字货币的基础设施、终端硬件、软件和各种业务进行优化。在此进程中，应充分利用网络技术企业在第三方支付、数据资源积累、技术人才储备和国际化发展等方面的作用，积极引导和支持高技术企业积极投入到数字货币系统和服务系统的构建之中。其次，要深入推进数字货币与数字经济的深度结合，完善多种应用，增强金融产品的普及率。例如，在中小企业服务上，要充分利用区块链等技术优势，通过"区块链＋金融"等方式，解决中小企业贷款难、银行风控难、部门监管难等问题。

三、加快完善监管制度增强服务的安全性

与常规的流通方式不同，数字货币在发行、流通、结算等方面都呈现出新的特征，而提供的服务对象也逐渐优化丰富。只有通过健全的体制保证，数字货币的优势才会得到最大程度的体现。在技术上，应强化对关键技术如区块链等技术的指导与规范，对各种技术的安全性和危险性进行深入的调查与分析，并紧密关注其发展趋势，主动探索其发展规律。要研究如何构建适合数字货币运行的安全监督机制，对现行的相关法律、法规进行修订，并对数字货币开发者和经营者进行行业自律，落实安全责任。英国和新加坡等国都采取"监管沙盒"的方式，以促进技术的发展

和风险的管理。通过这种模式，金融企业可以在金融产品、服务、商业模式、市场推广等方面进行"安全性"的检验。而美国纽约州的金融业处，在市场准入、资金转移、反洗钱和消费者权利保障等几个层面上，为货币提供一个标准的框架。为此，可以参考英国和美国等金融科技创新和数字货币监管的成功经验，引进先进监管思想，并结合中国实际，探讨数字货币监管的发展方向。同时，要充分利用新一代的信息化技术，如大数据、云计算、人工智能等，不断提升监控的智能化程度。

四、加快深化国际合作提升服务的开放性

货币正在改变个人、企业和国家之间的付款和结算。就拿个人的跨国转移来说，以前要跨越支付机构、银行和国际的支付系统，全流程因串行操作而造成效率不高，但随着区块链等技术的引入，机构之间的数据流可以通过串行数据进行平行处理，从而完成多部门之间的数据协作。"去中心化"的交易方式提高交易的透明度和开放度，减少交易风险，提高交易效率。面对这种大的发展态势，建立一个全新的国际清算体系已是各国和各组织的共同目标。目前，世界上 24 个国家已经投资和建立分布式会计体系，90 多个跨国公司也参与这一领域。欧盟、日本、俄罗斯和其他国家都在考虑建立一个类似 SWIFT 的国际密码金融支付系统，以替代 SWIFT。以数字货币为基础的跨界结算网络，将使目前由发达国家主导的高度集中的金融体制向更多发展中国家自由参与、相对平等的中央金融体制迈进，这给发展中国家带来很好的发展机会。另外，在金融安全方面，货币涉及黑客攻击、非法集资、诈骗、洗钱、非法交易、敲诈勒索犯罪等问题，甚至在国内市场上的交易所被取缔后，仍然有不法分子在管制较差的地方进行洗钱。要想真正起作用，就需要在世界范围内进行合作。加强国际视野，构建多边监管机制，促进数字货币的发展，促进世界经济体系的持续发展。

随着数字经济的发展，为数字货币的应用和技术支撑。数字货币是数字经济发展的关键，它可以强化宏观调控，实现普惠共享，强化金融监管，促进数字经济中资产流通，推动数字经济新的货币制度建设。但是目前发展数字货币的技术还不完善，在初期推广和推广方面遇到一些问题。本文提出加强数字货币技术研发投入，完善数字货币的发行管理制度，完善数字货币监管体系，完善数字货币法律法规，加强国际数字货币的交流与合作等方面建议，以期更好地推动数字货币朝着可持续性的方向发展。

资料来源：徐梦周，杨大鹏．数字经济背景下数字货币发展动向与前景展望［J］．浙江学刊，2020（1）：111－117．

◎ 阅读资料

［1］傅朝昱，彭廷. 数字货币的现状与前景研究［J］. 特区经济，2022（10）：60 - 63.

［2］冯兴元，庄希威. 数字货币正成为大国竞逐场［J］. 中国经济报，2022（4）：60 - 64.

［3］张明潇. 数字经济背景下数字货币发展情况与前景探析［J］. 商场现代化，2022（19）：106 - 108.

［4］俞懿春，邹松，郑彬，等. 全球央行数字货币发展提速［N］. 人民日报，2022 - 07 - 29（017）.

◎ 课后思考题

（1）简述数字货币发展现状。

（2）梳理各国数字货币发展进程。

（3）简述数字货币未来发展趋势。

第 3 章
数字银行

学习目标

(1) 掌握数字银行的内涵与形态、了解数字银行的发展进程。

(2) 掌握数字营销的内涵与内容、了解数字营销的发展现状。

(3) 掌握数字信贷的特点、了解数字信贷的发展现状与挑战。

(4) 掌握数字风险管理的特征、了解数字营销的发展现状。

(5) 了解数字银行的发展趋势与前景。

内容提要

技术进步给社会经济带来质的飞跃，以大数据、人工智能、区块链等为代表的新一代信息技术的数字化浪潮已经深深烙印在经济社会的各个部分，数字化俨然成为现代化社会的突出特征，数字经济已经是中国特色社会主义高质量发展的新标签。金融是现代经济的最主要驱动力，商业银行是金融业的主体，并且商业银行与数字息息相关，数字银行已成为数字经济发展过程中不可或缺的一部分。研究数字银行的发展规律和趋势，探索建立数字银行的有效监管模式，对于加快我国银行业的数字化转型、创新数字金融新模式、提高数字时代的金融监管水平，巩固和提升我国在国际数字金融领域的先发优势等具有不可替代的重要作用。本章首先介绍数字银行的发展脉络，并探讨数字银行的内涵与形态，同时梳理我国数字银行的发展进程。其次，我们会深入学习银行体系中数字营销、数字信贷以及数字风险管理等方面的内容。最后，我们将重点关注数字银行的发展趋势和前景，进一步了解未来数字银行的发展。

3.1　数字银行的内涵与形态

数字银行是一种依托金融科技，通过线上渠道提供存、贷、汇等核心银行服务的新型金融机构。它们利用大数据、云计算、人工智能等前沿技术，改善客户体验，推动普惠金融的发展。数字银行的内涵在于其业务模式和运营方式的数字化转型，不再依赖于实体分行网络，而是以数字网络为核心，提供定制化和互动化的服务。

3.1.1　数字银行的内涵

易毅（2017）[①]认为，数字银行的雏形是直销银行，直销银行进一步发展后就成为数字银行。数字银行运用物联网、大数据等新一代信息技术对商业银行的原有流程进行改造，实现了真正意义上的流程改造。数字银行与传统银行在金融功能上发生了质的变更，主要体现在由过去的信用中介过渡到信息中介，从银行信息过渡到市场信用。数字银行的最大优势在于服务长尾客户、普惠金融、个人及家庭金融，改变了传统银行的"二八"定律[②]，其最突出特征是科技驱动和数据驱动，以数字逻辑统合业务发展，在经营管理、底层技术、产品理念和用户体验等方面都将形成与传统银行完全不同的新模式和新特点。

数字银行还可以从以下几个方面来理解：

（1）无纸化与电子化：数字银行主要以无纸化和电子化为特点，其客户可以通过互联网银行、移动应用程序等电子平台进行开户、账户查询、转账、支付等操作，从而取代传统的纸质渠道。

（2）跨时空的便利性：数字银行在互联网和移动设备的普及下，打破了时间和空间的限制，客户可以随时随地进行银行服务操作，无须到实体银行网点，便可获得更便捷的金融服务体验。

（3）个性化和定制化：数字银行通过数据分析和人工智能技术，能够更好地了解和满足客户的个性化需求。通过对客户的消费习惯、偏好和风险特征等进行分析，数字银行可以提供更加个性化的金融产品和服务。

（4）开放平台与合作共赢：数字银行倡导开放式平台，与其他金融机构、科技公

---

① 易毅. 数字银行未来发展构想 [J]. 银行家，2017（3）：121 – 123.
② 二八定律又叫巴莱多定律，银行业的二八定律是指80%的银行利润来自20%的重要客户，其余20%的利润则来自80%的普通客户。

司以及第三方合作伙伴形成生态圈。这种开放和合作的模式可以为客户提供更多种类的金融产品和服务选择，并且促进数字银行的创新和竞争力的提高。

（5）强调用户体验和用户界面设计：数字银行注重用户体验和用户界面设计，致力于提供简洁、直观且易于操作的界面。通过友好的用户界面和交互体验，使客户能够方便地使用不同的金融服务，并提供个性化的使用建议和推荐。

总的来说，数字银行以数字技术为基础，具有无纸化、便捷性、个性化和开放式合作等特点，能为客户提供更便利、高效和个性化的金融服务。数字银行的兴起正在改变传统银行业务模式，推动整个金融行业向数字化转型。

3.1.2　数字银行的形态

根据业务模式和组织结构的不同划分，数字银行包括以下几种形态：

（1）虚拟银行：虚拟银行是指完全基于互联网和移动设备提供金融服务的银行。与传统银行不同，虚拟银行没有实体网点，客户通过手机应用程序或网页平台进行开户、转账、支付等操作。虚拟银行通常由初创科技企业、互联网巨头或与传统银行合作的非银行机构创建。

虚拟银行的优势包括便捷性、灵活性和低成本。客户可以随时随地通过手机或电脑进行银行业务，不再需要亲自到实体银行排队办理业务。虚拟银行的运营成本较低，这意味着它们可以提供更具竞争力的利率和费用，同时也能够提供更多创新的金融产品和服务。值得注意的是，虚拟银行的服务和安全性与传统银行一样重要。选择虚拟银行时，需要确保其具有合法执照并受到金融监管机构的监督和保护。此外，使用虚拟银行时应注意个人隐私和信息安全，例如采用强密码、使用双重认证等措施来确保账户的安全。

（2）网络银行：网络银行是传统银行在互联网上设立的分支机构，为客户提供全面的线上金融服务。网络银行与传统银行有着紧密的关联，客户可以通过传统银行账户在网络银行进行账户管理、资金转账、购买理财产品、贷款等活动。网络银行通常由传统银行设立并独立运营，拥有数字渠道和在线交易功能。

网络银行的优势在于方便快捷、24 小时在线、节省时间和资源等。客户可以随时随地通过互联网进行银行业务操作，不再受限于实体银行的营业时间和地点。

（3）移动银行：移动银行是通过移动设备（如智能手机、平板电脑）提供金融服务的形态。客户通过下载银行的手机应用程序或通过手机浏览器访问银行网站，在移动设备上进行银行业务操作。移动银行结合了虚拟银行和网络银行的特点，提供了更方便的金融服务体验。客户使用移动银行可以随时随地方便地进行银行业务操作，无论是在家中、办公室还是旅途中都可以轻松完成。移动银行还可以提供更多的个性化服务和实时信息推送，如金融市场变动、利率调整等。

（4）开放银行：开放银行是指银行将其金融服务和数据开放给第三方机构，并提供接口和标准，以促进创新、合作和竞争。开放银行是一种基于开放式 API 的金融服务模式，允许不同金融机构之间共享数据和服务。开放银行提供统一的数据接口和标准，使不同的金融机构可以进行合作，并为客户提供更广泛的金融产品和服务选择。开放银行的核心理念是促进合作共赢和创新，其目标是通过与其他金融机构、科技公司和创新型企业的合作，提供更广泛、灵活和个性化的金融产品和服务。

在开放银行模式下，银行向第三方开放其应用程序接口（API），使第三方可以使用银行的数据和服务来开发新的金融应用程序和服务。这些第三方可以是其他银行、支付机构、科技公司、创业企业等。开放银行带来了创新的金融产品和服务、更好的客户体验，促进了竞争，降低了成本，并支持了金融包容性。

3.1.3 我国数字银行的发展

我国银行的数字化转型发展可分为两类：一是以国有大行、股份制银行、区域性银行为代表的传统商业银行的数字化转型。此类转型基于已有的物理网点和线下业务，立足于满足网上银行不断增长的需求。二是以部分民营银行为代表的互联网银行（也称网络银行），这类转型则利用已经掌握的渠道优势和丰厚的客户资源，运用大数据、云计算和人工智能等前沿金融科技手段，为用户提供纯线上、操作便捷的银行服务。

互联网银行是目前我国银行业探索发展数字银行的阶段性成果，民营互联网银行与传统银行错位发展，以普惠金融作为主要战略方向，积极推动金融创新。国内外的数字银行种类繁多，包括中国内地的"互联网银行"、中国香港地区的"虚拟银行"、新加坡的"数码银行"、日本的"新形态银行"和韩国的"数字银行"等，还有美国、欧洲多国、印度尼西亚、巴西等国家和地区也呈现快速增长势头，但是目前这些银行大都只具有数字银行的部分特征，与完全意义上的数字银行还有差距，仍处在前期探索发展的过程中。

区别于传统商业银行，互联网银行具有以下几个特点：

（1）高科技属性是互联网银行的突出特征。

作为原生数字企业，互联网银行具有与传统银行不同的基因，它们是金融机构，同时具备科技企业基因、思维方式、体系构架，人员配置和运营方式上接近科技公司，在多个运营环节上用技术取代了人工。金融是互联网银行的基本属性，但科技属性是互联网银行的基础、路径，其运行的过程、方法、工具、模式涵盖了科技属性的各个方面，金融科技创新的目的是依靠高技术驱动更好地开展金融服务，是互联网银行区别于传统银行的最突出特征。技术是互联网银行的核心驱动力，随着金融科技的不断创新，互联网银行在技术上、模式上、服务的广度深度上将快速迭代，突破金融领域的发展瓶颈，开辟更广阔的应用空间。

（2）金融科技实力和创新能力是互联网银行破解普惠金融难题和有效服务中小企业的最大优势。

与传统银行相比，互联网银行的优势在于技术。得益于金融科技的飞速发展，金融服务能够超越时空的物理限制，不断拓展深度和广度，同时，金融科技的边际成本递减效应，大大降低了银行的运营成本和客户的融资成本。互联网银行借助金融科技手段，在产品、业务和模式等方面大胆创新、快速迭代，缓解了传统模式下普惠金融领域长期存在的信息不对称以及由此导致的高风险、高成本等痛点、难点，不断在普惠金融领域开拓新路。

（3）数字化、智能化的动态风险防控体系使互联网银行能够及时有效地防范化解各种风险。

互联网银行充分发挥其在量化模型、授信策略、反欺诈、数据指标和算力等方面的领先优势，应用大数据、人工智能、物联网、云计算等前沿技术，解决传统风控方式存在的信息不对称、数据获取维度窄、人工采集成本高、效率低等问题，在提高贷款需求可获得性的基础上，通过打造数字化、智能化的动态风险防控体系，变"人治"为"数治"，使风险防范更加及时有效，让小额、分散的普惠金融具备商业可持续性。

着眼未来，随着技术的不断迭代升级、大数据不断积累更新、模型算法不断完善提高，互联网银行前景广阔，在我国银行业中最有可能率先实现全面数字化，成长为数字银行。未来数字银行的最终形态将不再依赖于实体分行网络，而是以数字网络作为银行的核心，借助前沿技术为客户提供在线金融服务，服务趋向定制化和互动化，银行结构趋向扁平化。

扩展阅读 3－1

银行业数字化转型"各显神通"

在数字经济快速发展的背景下，数字化能力已成为银行业发展的核心竞争力。在多家银行披露的 2022 年中期业绩报告中，"金融科技""数字化转型""云服务"成为高频出现的关键词。

从半年报来看，各家银行的"金融科技"基因全面觉醒，并逐渐成为银行业转型升级的战略手段。当前，数字技术的应用为银行塑造了更加立体式、多层次的金融服务，不仅推动了中间业务的转型发展，还为客户创造出更大的价值。

在开放、融合的数字经济大背景下，各家银行在科技战略、科技人才等方面的布局呈现出怎样的特点？银行业又该如何将科技能力深度赋能金融业务，打造出高质量发展的新引擎？

强化科技引领，加快数字化战略布局

从半年报来看，无论是国有大型银行还是股份制银行，都将金融科技提升到战略引领的层面，不断完善并强化金融科技在全行的战略布局。

　　"数字化是潮流，也是工商银行转型的重要抓手。"工商银行副行长郑国雨表示，"今年上半年，工行深入实施数字化转型，推出了'数字工行（D–ICBC）'集团品牌，围绕'数字生态、数字资产、数字技术、数字基建、数字基因'五维布局，扎实推进'数字工行'建设。"

　　建设银行以《数字建行建设规划（2022～2025）》引领全行的数字化转型。作为最早从组织体系上布局数字化转型的大型银行，近年来，建设银行通过调整组织架构，不断适配数字银行发展规划。

　　邮储银行则以"十四五"IT规划、大数据五年规划、网络安全专题规划等为引领，通过科技赋能，强化转型动能，加大"业技"协同联动，助力全行数字化转型。

　　同时，股份制银行也在加速推进金融科技发展，但转型目标却略有不同。"国有大行在金融科技战略上比较综合完整，希望通过数字化赋能全行的管理和业务模式变革。"于百程认为，股份制银行的目标感更强，更加突出零售和财富管理数字化，通过科技赋能业务重心的转型。

　　半年报显示，招商银行以金融科技为依托，全方位对接数字社会和数字经济，围绕"线上化、数据化、智能化、平台化、生态化"，全面打造数字银行。

　　今年上半年，平安银行充分发挥综合金融和科技赋能优势，全面推动"开放银行、AI银行、远程银行、线下银行、综合化银行"有机融合的"五位一体"新模式落地，打造"有温度"的金融服务。

资料来源：银行业数字化转型"各显神通"［EB/OL］. 中国金融新闻网，2022 – 09 – 20，https：//www. financialnews. com. cn/yh/shd/202209/t20220920_255835. html.

◎ **概念复习**

数字银行　虚拟银行　网络银行　移动银行　开放银行　互联网银行

◎ **阅读资料**

［1］乔海曙，许可. 互联网银行理论研究的最新进展［J］. 金融论坛，2015，20（6）：71 – 80.

［2］易毅. 数字银行未来发展构想［J］. 银行家，2017（3）：121 – 123.

◎ **课后思考题**

（1）简述数字银行的内涵。

（2）简述数字银行的形态。

（3）简述我国数字银行的发展过程。

（4）互联网银行与传统银行的不同之处有哪些？

3.2 数字营销

2021 年中国银保监会发布《商业银行监管评级办法》以来，金融机构受到的监管越来越严格，"不合规结构性存款""靠档计息存款""异地存款"等纷纷被叫停。对银行而言，更加严格的监管措施要求其重塑新营销模式、构建新运营体系，数字化背景下产生的数字营销为解决这一问题提供了思路。

3.2.1 数字营销的内涵

数字营销是指企业利用数字信息技术管理有价值的客户关系，以高效率为客户服务，在获得收益、建立长期稳定关系的同时，也为客户带来更大的价值。银行与数字营销相结合就是利用大数据、人工智能、区块链等数字技术和互联网平台，通过多种数字渠道和工具，以实现市场推广、品牌宣传和客户转化为目标的营销活动。银行进行数字营销的内涵包括以下几个方面：

（1）网上银行和移动银行推广：银行通过互联网和移动设备推广自己的网上银行和移动银行服务。通过在线注册、下载移动应用程序等方式，向客户提供便捷的渠道，使客户可以随时随地进行银行服务操作。

（2）社交媒体营销：银行利用社交媒体平台，如微信、微博、LinkedIn 等，与目标客户进行互动和沟通，传递品牌信息，提供金融知识和服务。通过有趣的内容、互动的设计和个性化的推荐，吸引用户关注和参与。

（3）搜索引擎优化（SEO）和搜索引擎营销（SEM）：银行通过优化网站、关键词投放等方式，提高在搜索引擎上的排名和曝光量。通过搜索引擎广告投放和竞价排名，将银行的广告展示给潜在客户，吸引他们点击进入银行的网站或应用程序。

（4）电子邮件营销：银行通过发送电子邮件，向客户提供最新的金融产品和服务信息，如优惠活动、利率调整、投资建议等。通过精心设计的营销邮件，提高客户的注意度和参与度，促进转化和销售。

（5）数据分析和个性化推荐：银行根据客户的个人信息和行为数据，通过数据分析和人工智能技术，为客户提供个性化的营销内容和推荐服务。通过个性化的营销，银行能够更好地满足客户的需求，提高客户参与度和满意度。

（6）互动和参与性：银行通过在线社区、客户留言板、在线客服等方式，与客户进行互动和沟通。客户可以提出问题、反馈意见，并得到及时的回应和解决。银行还可以组织在线活动、调查问卷等，增强客户与银行之间的互动和参与。

通过数字渠道和工具，银行数字营销可以实现更广泛的市场传播和精准定位，提高品牌知名度和影响力，促进客户参与和转化。同时，数据分析和个性化推荐等技术手段，使银行能够更好地了解客户需求，提供个性化的金融产品和服务。银行数字营销的目标是满足客户需求，建立长期稳定的客户关系，并实现业务增长和确立市场竞争优势。换句话而言，营销数字化转型代表着商业银行普惠金融业务发展的新契机、新趋势，想要在日益激烈的竞争中抢占市场先机，重构用户的产品认知和体验是需要探索的发展方向。

3.2.2　数字营销的现状

银行数字营销的现状随着科技的快速发展和数字化转型的推进，呈现出以下几个主要的特点和趋势：

（1）多渠道整合：越来越多的银行将线下和线上渠道进行整合，实现多渠道的一体化营销。银行在互联网银行、移动银行、社交媒体等数字渠道上展开市场推广，并与传统渠道如实体网点、电话银行等进行衔接，为客户提供一致的品牌体验和服务。

（2）数据驱动营销：银行通过数据分析和人工智能技术，利用大数据和用户行为数据进行精准定位和个性化推荐。通过了解客户的需求和喜好，银行可以提供定制化的产品和服务，并进行精确的市场定位和目标客户群体的营销。

（3）强调客户体验：银行数字营销越来越注重提升客户体验。银行通过简化用户界面、优化网站和应用程序的设计，提供更便捷、流畅和个性化的服务体验。同时，通过即时响应、个性化服务和在线互动等方式，增强客户的参与感和满意度。

（4）社交媒体和内容营销：银行积极利用社交媒体平台和内容营销策略，通过发布有价值的金融知识、专业观点和品牌故事，吸引用户关注和互动。银行通过社交媒体平台与客户建立更直接、更亲密的关系，并通过内容推广提升品牌知名度和影响力。

（5）网络安全和隐私保护：随着数字银行的兴起，网络安全和隐私保护成为银行数字营销面临的重要挑战。银行需要加强网络安全防护，保护客户的个人信息和资金安全，建立客户信任和品牌形象。

银行数字营销正迅速发展，成为银行与客户之间重要的沟通和交互方式。借助数字化渠道，银行能够更全面地了解客户需求，提供个性化的产品和服务，提高客户参与度和满意度。随着技术的不断进步和客户期望的提升，银行数字营销将继续发展和创新，以适应日益变化的市场环境和客户需求。

3.2.3　数字营销的内容

数字营销实质上也是互联网营销，在这一领域中核心竞争是对流量的竞争。银行想在这种竞争中脱颖而出，只能将自身的优势与互联网营销模式相结合。银行天然具备两大优势：一是从线下到线上端对端闭环的对客服务优势；二是相较于信任度较低的互联网，银行具有其高信任度和品牌优势。将这两大优势与互联网的数据运营、流量经营、获客能力相结合形成互补，是商业银行在互联网数字营销转型的核心发展思路。

数字营销体现为五个阶段：一是与客户建立业务关系，通过银行的渠道，如小程序、公众号、App，或者网点理财经理、销售人员等，尽可能与客户建立关系；二是刻画客户的数字身份，通过关系获取客户的社交行为数据从而绘出客户画像，进而执行"了解您的客户"（know-your-customer，KYC）的流程；三是营销流程数字化，通过自动化、数字化的营销服务支持互联网海量、高并发、全时段的营销需求；四是具有针对性的营销策划，对客户的个性化需求进行有针对性的策划，实行数字化精准营销；五是营销数据分析的闭环，通过快速迭代实现经营数据的沉淀，积累越来越多的用户，持续获得服务改进。

以下将以建设银行的"惠省钱"为例，分析银行数字营销的创新实践案例。

（1）建设银行"惠省钱"。

"惠省钱"快捷支付客户运营体系（以下简称"惠省钱"体系）是建设银行数字化转型的一项重要探索和实践成果。建设银行一直坚持以人民为中心，持续创新产品、优化支付体验，不断提高支付服务可得性和普惠性；以支付业务为重要抓手，深度助力数字经济，以网络支付服务夯实数字经济基础设施，激发消费活力；同时，通过提供优惠让利等一揽子措施，激发消费活力，增强国内大循环内生动力，切实做到支付惠民、支付便民、支付利民。"惠省钱"体系以"客户绑卡—交易活跃—提现回流"为目标，在银行同业率先推出"省钱卡"营销工具，向数据要红利，依托手机银行、微信银行、支付宝、美团等内外流量平台，开展支付用户全生命周期数字化运营。

（2）创新模式及应用。

快捷支付业务是指客户将银行账户与支付机构（如微信、支付宝）的账户进行绑定，在一定限额内实现快速支付。银行提供安全、稳定的支付通道，是当前万亿级数字经济的重要金融基础设施。"惠省钱"体系以线上为主阵地，开展用户全生命周期数字化运营，融合场景、活动、权益，基于用户运营、活动运营、产品运营、数据运营、内容运营、场景运营、平台运营、线下运营八大运营模块，实现获客、活客、留客，以及用户价值提升与裂变传播。具体表现在：

①搭建营销平台，强化营销能力建设。

一是搭建覆盖手机银行、微信小程序及 H5 页面等多渠道的活动平台，丰富权益种类和营销玩法，同时推出用户成长体系，实现快捷支付全生命周期运营；二是打造丰富的营销工具库，同时将现有工具及流程能力化，支持总分行复用。探索用户流量经营新模式，助力全行业务经营发展。

②培养用户心智，打造裂变营销新玩法。

一是在银行同业中首家推出"省钱卡"营销玩法，客户抽取优惠价格购买包含多张立减金的权益组合；二是借助建设银行"神笔秀"数字内容服务平台，创新裂变营销玩法，实现用户自增长。有效强化建行卡作为客户支付主账户的地位，加快提升数字经济时代的客户深度经营能力。

③开展大数据精准营销，实现策略化运营。

一是基于企业级应用平台及大数据工作平台，开展快捷支付客户模型研发；二是基于快捷支付客户模型，依托多样化客户权益资源，实现"3A3R"策略化运营；三是引入运营商数据服务，提升一键绑卡成功率，数据驱动优化客户体验。基于数据驱动理念，实现快捷支付客户全生命周期策略化运营。

④联动数字人民币业务发展，助力乡村振兴。

一是依托建设银行快捷支付业务亿级客户规模，引导客户用数字人民币钱包支付购买省钱卡，联动数字人民币业务发展，实现交叉引流，积极推动数字人民币试点工作开展；二是将"善融商务"立减金纳入省钱卡权益包，打造建设银行"善融商务/省钱卡专区"，引导客户选购乡村地区优质特产，助力乡村振兴。

扩展阅读 3 – 2

数字化营销：转型的一块重要"拼图"

现代营销学之父菲利普·科特勒提出，数字化是营销的未来。我国银行业在数字化转型初期，往往偏重产品和服务数字化。而随着数字化转型不断深化，数字化营销逐渐成为商业银行数字化转型的重要内容。在数字化转型进程中，商业银行应努力把握数字化营销新趋势、新特点，努力做到"五个结合"，构建科学、高效、规范的数字化营销体系。

一是数字化营销与发展战略有机结合。在存量竞争时代，营销对银行业而言至关重要，而数字化正在为营销插上翅膀。数字化营销并不是孤立地存在，而是应服从和服务于银行数字化转型战略。总体而言，银行应基于自身发展愿景、资源禀赋和市场定位，按照金融科技发展规划和数字化转型的指导意见，制定企业级数字化转型战略，在战略中明确数字化营销的规划和计划，包括数字化营销体系组成、数字化营销平台建设、数字化运营团队配备、财务资源投入以及重点营销活动计划等。同时，全面开展数据治理工作，完善用户基础信息，整合行内外数据，为数字化营销创造必要的条件。

需要强调的是，银行数字化营销体系不应是千篇一律的。对大型银行而言，应构建全覆盖、立体式的数字化营销体系。而中小银行数字化营销，应基于业务发展重点、核心用户特点，体现差异化与针对性。如以零售银行业务为重点的银行，重在打造零售客户数字化营销平台；而主要用户群体为农村用户的银行，数字化营销应重在对县域市场的渗透和挖掘。

二是数字化营销与经营理念有机结合。在实践中，银行数字化营销受制于基础数据质量及大数据分析局限性等因素，往往不够精准，可能会降低用户满意度。而菲利普·科特勒发现，数字化下营销发展的基本趋势是水平、包容、社会性，他认为，互联网时代的用户在选择品牌时更倾向于听取"F因素"——朋友、家人、粉丝以及关注者所提供的经验和意见，因为这些相较于精准的广告宣传而言，更具有可信度和影响力。

因此，银行要在提高数据质量和大数据分析能力的基础上，提高营销的精准性和人性化。但更重要的是，要在数字化营销全过程融入"以客户为中心"的理念，从用户需求出发，更全面地分析用户的现实和潜在需求，真正为用户提供定制化、个性化的金融产品和服务。平时，通过与用户的持续交互，了解用户期望获得的服务以及收益，如提供财经资讯、开展投资指导、聆听产品建议等，努力将用户留在银行的生态体系之内。同时，通过持续的品牌内容营销和互动营销，为用户及家庭、朋友带来更多参与感，构建数字化的社会用户关系管理。

三是数字化营销与线下渠道有机结合。部分银行对数字化营销的理解过于简单和片面，认为数字化营销就是纯线上、零接触开展，忽视了线上线下协同；部分银行营销活动基于"部门银行"思维定式，未实现跨部门、跨层级联动，事倍功半。在数字化时代，物理网点和一线员工仍然具有独特价值，一线员工如客户经理、大堂经理，在营销活动执行、客户关系管理等方面的优势不可替代。因此，数字化营销体系建设应从银行实际出发，实现全渠道交互融合、多层级协同联动，最大限度提高营销效能。

具体而言，可以从三个方面持续努力：强化科技应用，打破"部门墙"，打通手机银行、网上银行、微信银行、柜面终端等渠道，构建全渠道协同营销模式；建设数字营销平台，通过向网点推送营销商机、价值分析、流失预警等信息，线上线下协同，加大对网点的营销支持；支持客户经理在手机银行App开立"云工作室"等，或为大堂经理、客户经理提供智能营销终端，为一线员工赋能。当然，一线员工要努力提高业务能力，适应数字化营销新要求。

四是数字化营销与场景建设有机结合。将金融服务融入各类场景，以场景为依托向用户提供触手可及的金融服务，这是金融科技时代银行服务的一场深刻变革。数字化营销活动如果与场景建设紧密结合，主动融入各类场景，做到润物细无声，不但可能降低成本、提高效率，还更容易为用户所接受。

场景主要包括C端、B端、G端三个领域。C端方面，银行应从用户的生活角度捕捉非金融场景，结合区域经济、商户资源和用户消费特点，找到差异化服务渠道和方式，为客户提供各类消费金融服务。B 端和 G 端方面，发力智慧政务、智慧社区、智慧医疗、智慧交通、智慧教育等场景建设，通过非金融场景建设带来新的机会。要以手机银行作为自身场景建设的主阵地，持续整合升级手机银行 App，不断延伸和拓宽获客渠道。要加强资源投入，探索线上经营新模式，激发体制机制活力，以"流程银行"的理念来运营好场景平台。同时，推出定制化、组合化、安全性的产品，加大具有竞争力的拳头产品供给，无缝衔接到各类场景中去。

五是数字化营销与法律政策有机结合。数字化营销的基础是收集和分析用户数据，虽然极大地提高了营销效率，但也容易产生用户隐私、信息安全等问题。这要求银行在实施数字化营销的全过程，无论是自主开展还是与合作机构联合开展，都应该提高用户信息数据保护意识，增强用户信息获取的合规性和数据应用的安全性，以最严格的标准保障用户隐私和信息安全。这既是法律法规的明确要求，也是科技伦理治理的应有之义。

近年来，部分银行为提高营销活动吸引力，在互联网平台开展直播等网络营销。但少数机构邀请明星为金融产品代言，出现误导甚至欺骗消费者等现象。2022 年 1 月，人民银行等发布《金融产品网络营销管理办法（征求意见稿）》。应以该征求意见稿提出的原则为指导，不得通过短视频等平台，片面夸大宣传甚至虚假宣传。在数字化营销活动中，银行不能借用专业人士和演艺明星的名义或者形象对金融产品进行推荐、证明；自主通过直播等方式开展营销活动的，营销人员应当为金融机构从业人员并具备相关专业资质。

可以预见，在数字金融时代，构建更加完善的数字化营销体系，是商业银行数字化转型的重要内容，将进一步推动银行增强发展能力、提升服务质效。

资料来源：数字化营销：转型的一块重要"拼图" ［EB/OL］. 中国金融新闻网，https：//www. financialnews. com. cn/pl/zj/202305/t20230522_271280. html.

◎ 概念复习

数字营销　多渠道整合　社交媒体和内容营销　互联网营销

◎ 阅读资料

［1］姚曦，秦雪冰. 技术与生存：数字营销的本质 ［J］. 新闻大学，2013（6）：58 – 63，33.

［2］本刊通讯员. 浦发银行"微小宝"授信余额超过 60 亿 ［J］. 财务与会计，2013（11）：81.

◎ **课后思考题**

（1）简述数字营销的内涵。

（2）银行数字营销的现状呈现出哪些主要的特点和趋势？

（3）简述银行进行数字营销的发展思路。

（4）数字营销发展经历了哪些阶段？

3.3　数字信贷

数字信贷是指利用互联网、移动互联网、大数据等技术手段，通过线上申请、审批和放款等流程，提供个人和企业贷款服务的一种金融模式。它的出现和发展源于金融科技的进步和信息技术的广泛应用。传统信贷往往需要借款人亲自到银行或其他金融机构进行面对面申请，并填写大量纸质文件，整个流程通常较为复杂且耗时；而数字信贷借助互联网、移动应用和大数据分析等技术，实现了在线申请、自动化审批和快速放款等便利的服务。

3.3.1　数字信贷的特点

数字信贷的特点包括以下几个方面：

（1）提供更为快速便捷的服务。

传统银行贷款通常需要填写烦琐的纸质申请表格，并等待较长时间进行审批和放款。而数字信贷通过在线申请和自动化审批流程，能够实现快速、便捷的贷款服务，借款人无须进行烦琐的纸质资料准备和面对面的沟通。

（2）处理贷款审批更加高效。

数字信贷机构通常借助大数据和人工智能技术，能够对借款人的信用状况进行快速评估和风险控制，从而提高贷款审批的效率和准确性。借款人能够在较短的时间内得到贷款审批结果，并且能够快速获得放款。

（3）实现资金流转与资源共享。

为了提供贷款服务，数字信贷机构通常与传统银行进行合作，进行资金存管和放款操作。借助数字银行的支付结算体系，数字信贷机构可以实现资金的快速流转和结算，同时能够共享传统银行的风险管理和监管资源。

（4）精细化风控。

数字信贷机构通过大数据分析和风险模型构建，能够对借款人的信用状况进行精准评估，减少信贷风险。同时，数字信贷机构还可以通过实时监测借款人的行为数据，对贷款过程进行有效管理和风险控制。

（5）创新产品。

数字信贷机构常常基于技术创新，推出个性化和差异化的贷款产品。例如，小额分散贷款、消费分期贷款、专项借款等，满足了不同人群和企业的贷款需求。数字信贷的发展使得借款人能够更加方便地获取贷款，同时也为金融机构提供了更高效和风控能力的借贷服务。然而，借款人在使用数字信贷时也需要谨慎，确保选择正规可靠的平台，并合理使用借贷功能，避免超出自身的承受能力。

3.3.2　数字信贷现状

数字信贷在过去几年迅速发展，并在许多国家取得了显著的成就。以下是目前数字信贷的一些主要现状：

（1）信贷市场规模扩大。

数字信贷市场规模不断扩大，各类数字信贷机构和平台在全球范围内涌现。国际清算银行研究报告显示，全球数字信贷在 2013 年仅为 180 亿美元，而到了 2019 年已达到 7 955 亿美元，年均复合增长 88.0%。其中中国数字信贷规模年均复合增长 125.1%，其中 2019 年中国数字信贷规模达到 6 267 亿美元，占全球数字信贷总量的 78.8%[①]。未来，随着技术的不断进步和政策的持续支持，数字信贷市场有望继续保持快速增长的态势。

（2）科技创新引领发展。

数字信贷的发展离不开科技的支持和创新。人工智能、大数据、机器学习等技术被广泛应用于数字信贷机构的风控、信用评估和决策过程中，提高了贷款审批的效率和准确性。科技创新也进一步为我国数字信贷注入新动力，蚂蚁金服利用大数据分析为亿万用户提供信用评分；招商银行通过人工智能技术实现贷款的快速审批；区块链技术在微众银行的应用提升了交易的透明度和安全性；京东金融推出的"京东白条"服务，通过移动应用简化了消费者的借贷体验。科技创新在数字信贷领域的应用不仅优化了服务流程，还拓宽了金融服务的覆盖范围。

（3）金融科技公司主导。

众多金融科技公司（Fintech）进入数字信贷市场，推动了数字信贷的发展。这些公司通常利用互联网和移动互联网渠道，提供快速、便捷的贷款服务，满足了客户迅速获取资金的需求。金融科技企业通过进一步加强市场联系，能实现推动金融机构构建适应科技型企业轻资产特点的信贷产品，通过打造科创资本和特色金融服务，为科技创新提

---

① 第 53 次《中国互联网络发展状况统计报告》［EB/OL］. 中国互联网络信息中心，2024 – 03 – 22，https：//www. cnnic. net. cn/n4/2024/0322/c88 – 10964. html.

供多元、高效、灵活的融资服务，精准增强科技型企业融资的可得性，有益于实现"科技—产业—金融"的良性循环。

（4）数据分析驱动风控。

数字信贷机构通过大数据分析和风控模型构建，能够更好地评估借款人的信用状况和还款能力。在风险事件发生前，金融机构利用大数据风控模型，通过整合海量数据资源，借用先进的算法模型，从更全面的角度进行客户画像和风险评估，能够精准识别潜在风险，有效防止欺诈和信用违约事件，提升金融风险技防能力。在风险事件后，中国人民银行发布的《金融科技（FinTech）发展规划（2022～2025年）》指出，通过数字化手段实施自动化交易拦截、账户冻结、漏洞补救等应对措施，可以实现持续迭代优化风控模型和风险控制策略。

（5）市场合规与监管升级。

随着数字信贷市场的发展，监管部门对于数字信贷机构的合规要求和监管措施也在加强。中国在数字信贷合规方面采取了综合性的监管措施，包括对互联网贷款业务的严格监管、推动金融机构数字化转型，以及强化风险控制和合规管理。2021年，中国银保监会发布了《关于进一步规范商业银行互联网贷款业务的通知》，细化了审慎监管要求，旨在规范金融科技和平台经济的发展，防范金融风险。

（6）普惠小微服务深化。

数字信贷主要服务个人和小微企业，填补了传统银行贷款难度较大的空白。数字信贷机构通过快速审批和放款流程，满足了个人消费、教育、医疗等需求，同时也为小微企业提供了资金支持。截至2023年末，普惠小微贷款余额29.4万亿元，余额同比增长23.5%，增速比上年末低0.3个百分点，全年增加5.61万亿元，同比多增1.03万亿元。① 便捷的数字信贷为小微企业提供更高效的融资解决方案。

（7）全球化竞争加剧。

数字信贷市场不再局限于单一国家或地区，各类数字信贷机构和平台正在全球范围内展开竞争。一些数字信贷机构已经跨境拓展业务，为更多地区的借款人提供服务。例如，汇丰银行已推出了基于大数据的跨境电商金融服务计划，成为首家以数据赋能跨境电商中小企业境内外融资需求的银行。通过与跨境电商数字科技公司合作，汇丰在内地和香港同时提供基于数据模型支持的跨境电商融资服务，满足跨境电商中小企业的在岸和离岸融资需求。数字信贷市场跨越国界，全球化竞争态势日益激烈。

总体而言，数字信贷的特点是快速、方便、个性化和数据驱动。通过数字化的信贷服务，客户能够更方便地获取资金支持，同时也能够享受更高效和个性化的信贷体验。然而，需要注意的是，在使用数字信贷服务时，客户仍需谨慎了解相关政策和风险，确

---

① 2023年金融机构贷款投向统计报告［EB/OL］.中国人民银行，2024－01－26，http：//www.pbc.gov.cn/goutongjiaoliu/113456/113469/5221508/index.html.

保选择可靠和合规的数字信贷平台。随着技术的进一步创新和监管的完善，数字信贷有望继续推动金融服务的数字化和普惠化发展。

3.3.3　数字信贷面临的挑战

数字信贷虽然带来了许多便利和创新，但也面临一些挑战。

（1）数据隐私和安全：数字信贷平台需要处理大量的客户数据，包括个人身份信息、财务数据和信用记录等。因此，保护客户的数据隐私和确保数据安全成为一个重要的挑战。平台必须采取严格的安全措施，以防止数据泄露、黑客攻击和不当使用。

（2）数据质量和准确性：数字信贷依赖大数据和机器学习技术，而这些技术需要高质量、准确和完整的数据才能得出可靠的决策和风险评估。然而，数据的质量和准确性问题可能存在于客户自身提供的数据，或者来自第三方数据源的质量问题。因此，数字信贷平台需要建立有效的数据验证和纠错机制。

（3）不完整或不充分的客户数据：有些客户可能缺乏传统的信用记录，或者提供的数据不足以进行准确的信用评估。这使得数字信贷平台在对这些客户进行信用决策时面临挑战。平台需要探索其他替代数据源，如社交媒体数据或移动支付数据，以填补数据的不完整性。

（4）风险管理和合规性：数字信贷平台需要建立有效的风险管理框架，以确保贷款的风险控制和合规性。这需要合理的信用评估模型、监控机制和风险管理方法，以应对潜在的违约风险和借款人逃避还款的风险。

（5）不平等和不公平对待：数字信贷依赖于客户提供的个人数据和信用信息，而这些信息可能导致偏见和不公平的风险评估。例如，某些群体可能因为没有传统的信用记录或受到地区、种族等因素的影响而不利于获得贷款。数字信贷平台需要确保风险评估的公正性和客观性，并采取适当的对策，减少不平等对待的风险。

数字信贷在快速和便利的同时，也面临着数据隐私、数据质量、风险管理和不公平对待等挑战。平台需要通过合规的运作、有效的风险管理和创新的技术手段来应对这些挑战，确保数字信贷的可持续发展和客户的利益保护。

扩展阅读 3-3

促进数字消费信贷健康发展的思考与建议

突如其来的新冠疫情让我国经济社会经历了一场严峻的考验。在抗击疫情的特殊时期，数字技术在疫情防控、生产生活保障方面得到更加广泛的应用。在金融服务领域，以数字化平台为依托的互联网银行和互联网公司作用显现，有效补充了传统金融机构服务的不足。例如，互联网银行运用"无接触服务""非接触贷款"等模式，通过在线申请、无须人工接触的数字贷款为更多的居民、小微企业和个体工商户提供贷款。互联网银行、互联网公司等发放的消费信贷凭借平台经济、数字技术优势，创新产品和服务模式，快速调配其自身特有的信息流、商品流和资金流，在缓解居民消费的流动性约束、支持小微企业和个体工商户复工复产过程中发挥了积极作用，成为稳消费、稳信心和稳就业的重要支持力量。

数字消费信贷的内涵

消费信贷是指以消费者为主体并为其提供消费贷款的现代服务方式。数字消费信贷是"数字科技"和"消费信贷"的新型结合，在传统消费信贷的基础上，融入了先进的数字技术，实现了申请、审批、放款、还款等步骤的数字化、网络化和信息化。云计算、大数据、区块链和人工智能等新兴数字科技赋予了消费信贷新的内涵。与传统的消费信贷相比，数字消费信贷实现了金融场景数字化。一方面，数字科技的普及使线下消费活动移至线上，且消费场景众多，满足的消费人群更加广泛，新的消费场景也在不断推进；另一方面，数字消费信贷实现了产品数字化、支付及服务方式数字化，在客户体验和服务普惠性方面更有优势，更加方便灵活，也极大地提升了传统消费信贷的业务效率。

数字消费信贷不是传统消费信贷的替代品或竞品，而是商业银行和科技企业为了扩大金融服务普惠性而进行的共同探索。数据是数字时代的资产，并参与要素市场分配。依托数字化平台，借助客户、场景和技术等优势，数字消费信贷实现了信息收集、授信决策过程、提供产品与服务的数字化，而以信用卡为代表的传统消费信贷决策主要参考客户收入、抵押物资产等信息，其主要体现出的是工业时代的资产形式。从这个意义上看，数字消费信贷是数字时代产物，而传统消费信贷是工业时代产物。

数字消费信贷的积极价值

第一，数字消费信贷的适度发展有助于社会稳定。

自改革开放以来，中国经济稳健快速增长，1978～2019年，中国的人均国内生产总值（GDP）按不变价格计算的平均增长率超过了8%。经济的快速增长带来了居民物质生活水平的显著提高，但与之不匹配的是中国人均消费水平偏低，增长缓慢。新时期，数字消费信贷的出现，更加健全和完善的风控体系、更低的获客成本和更广的覆盖范围，有助于进一步发挥消费信贷在风险分担中的作用，降低异质性冲击对居民消费和社会福利的影响，提升消费在国民经济发展中的地位，保持中国经济健康持续发展。

第二，数字消费信贷提升金融普惠性。

消费信贷可以通过平滑消费来提高居民的效用，同时可以通过刺激内需推动消费增长，在国内经济转型升级的过程中具有重要作用。现阶段，我国的消费信贷覆盖率还有巨大提升空间，信贷资源配置还需更加优化均衡。与传统金融机构的消费信贷相比，数字消费信贷可以运用数字技术，实现更加有效的贷后监测和更强的债务执行，将消费信贷服务有效输送到相对下沉市场，促进消费信贷市场稳步发展，更好地服务实体经济发展。

第三，数字消费信贷有效控制信贷风险。

数字消费信贷是数字化时代下科技深化的信贷产物，相较于工业化时代下的传统消费信贷，其不良率显著低于同业水平并安全可控。通过不同数据源与人工智能算法的风控模式更加有效，算力模型可有效识别多头借贷并控制共债风险，基于真实消费场景可避免过度消费与资金空转等，总体而言数字消费信贷可以提升信贷行业的风险控制能力。

第四，数字消费信贷激发金融市场活力。

数字消费信贷不仅是将传统消费信贷网络化，将业务流程简单地由线下转移到线上，与传统消费信贷相比，数字消费信贷的外部性作用更加明显。首先，数字消费信贷在一定程度上改变了消费信贷业务的开展模式。以数据收集与分析模型为例，数字消费信贷在传统财务、抵押等信贷信息外，还能结合客户消费、交易等数据，通过模型分析拥有比传统消费信贷更为有效的风险控制能力。其次，数字消费信贷与数字经济发展密切相关。例如，通过数字金融基础设施建设，能够起到推动消费信贷市场、资本市场乃至社会的数字化转型发展的作用。最后，数字消费信贷与金融科技的创新发展，使得我国金融业发展在传统金融领域之外有了"弯道超车"的可能，有助于提高我国资本市场的国际竞争力。

第五，数字消费信贷推动信贷分工和信用资本化。

作为数字经济时代的新型金融业务模式，数字消费信贷受到了金融科技和商业银行的广泛青睐，业务规模稳定增长。数字消费信贷不仅是金融科技公司和互联网平台涉足信贷业务的重要途径，也成为许多传统商业银行的重点业务开拓方向。数字消费信贷在某种意义上弥合了商业银行和金融科技公司，使得二者拥有了现实可操作的合作基础，在这个过程中，信贷分工更加明确、各自优势更加明显，能够弥补这些机构在资金规模和成本、金融功能完备性等方面的短板，有助于数字消费信贷在数字化转型时代下发挥更大的作用和效益。

促进数字消费信贷健康发展的建议

第一，充分发挥数字消费信贷对促进经济高质量发展的作用；

第二，加强金融科技的深化应用，促进数字消费信贷的科技发展；

第三，充分运用科学技术做好整体风险防控；

第四，鼓励传统消费信贷数字化转型，促进数字与传统消费信贷的合作；

第五，搭建适应数字化的监管新框架，完善法律规范等制度建设。

资料来源：促进数字消费信贷健康发展的思考与建议［EB/OL］. 中国金融新闻网，2021－12－27，https：//www.financialnews.com.cn/ll/sx/202112/t20211227_236191.html.

◎ **概念复习**

数字信贷　精细化风控

◎ **阅读资料**

董艳，谭苏航，董梦瑶，等. 数字信贷对传统商业银行的影响［J］. 数量经济技术经济研究，2023，40（2）：69 – 89.

◎ **课后思考题**

（1）简述数字信贷的特点。

（2）简述数字信贷的现状。

（3）现今数字信贷面临了哪些挑战？应如何应对？

3.4　数字风险管理

国民经济和社会发展"十四五"规划要求加快金融机构数字化转型，监管机构先后发布《金融科技发展规划（2022～2025年）》《关于银行业保险业数字化转型的指导意见》（以下简称《意见》）、《关于开展深化金融科技应用推进金融数字化转型提升工程的通知》，标志着商业银行的数字化转型正式从自发行为转变为监管要求。数字化转型在助力商业银行落实金融工作三大任务的同时，也为金融业态带来新型风险。

《意见》明确列出了金融机构数字化转型过程中应加强对各类风险的防范，包括加强战略风险管理、加强创新业务的合规性管理、加强数字化环境下的流动性风险管理、加强操作风险及外包风险管理、防范模型和算法风险、强化网络安全防护、加强数据安全和隐私防护。这些风险类型可归入战略、合规、流动性、操作和信息科技等商业银行已有的风险类别，但这些风险的内涵、外延、管理复杂度和专业化水平已经远超传统风险类别的管理范畴，必须使用新的治理体系和措施才能有效应对。

3.4.1　数字风险的特征

从国内外金融实践和学术研究来看，数字风险呈现以下不同于传统风险类别的特征：

（1）数字风险是持续进化的，具有较大的变数。

监管机构对数字风险的称谓先后从信息系统风险、信息科技风险，到金融科技风险和数字化转型风险，最后才是数字风险，这类称谓变化反映出风险进化的过程。近年来，数据和网络安全等边缘风险已经成为商业银行面临的重要风险，同时模型和算法风险等新风险不断涌现。随着商业银行数字化转型的深入，防范数字风险将愈加重要。一方面，金融机构对新型风险的认知会越来越具体，感受到的风险会越来越突出；另一方面，数字风险始终在进化，要求商业银行风险管理边界不断拓宽。

（2）数字风险是多种风险的组合。

与信用风险、市场风险等传统风险类别相比，数字风险通常是多类风险的交叉组合，且各类风险之间边界模糊。每当从业者提起数字化转型风险，通常也会多项风险并举。比如，数字化转型过程中，科技风险、数据风险、欺诈风险、模型风险、网络安全等各类新型风险已经不容忽视，同时各类风险交叉扩散方式更加多样、快速和隐蔽，不同风险间的叠加共振更加明显，甚至牵一发而动全身，这会给企业商誉和社会造成巨大而深远的影响。

（3）数字风险复杂度高，要求跨学科跨部门的专业化知识应对。

虽然各类数字风险都源于传统风险类别，但这些新型风险的复杂程度远高于传统风险。十年前，与 IT 相关的风险相对容易管理，如今，这一风险类别的专业化和管理协同正在发挥越来越重要的作用。只要数字服务和软硬件不断进化，数字风险的复杂度就会持续增加，管理知识和技能需要不断更新，特别需要金融科技和风险管理的深度融合。例如，在管理模型风险时，十年前只需要统计学方面的知识就可应对，而今天还需要更多人工智能算法方面的知识储备。

（4）数字风险对商业银行影响更广，冲击更大。

传统风险事件多给银行机构带来单笔、单户或单一机构的损失，但在全面数字化背景下，一旦发生系统故障可能导致业务大面积停滞，甚至造成银行整体关门。近年来国内银行曾发生多起因系统升级、主机监控软件存在缺陷、主干专线入户接入设备故障、核心网络设备故障等导致全行中断营业数小时的案例。国际上相关风险事件也时有发生。

3.4.2 数字风险管理现状

目前，商业银行数字风险管理仍未受到足够重视，基本停留在信息科技风险管理范畴，治理体系、组织架构、管理流程、系统工具等尚未成型。

（1）重视数字化转型，忽视数字风险管理。

国内 19 家系统重要性银行均将数字化转型作为主要战略之一，并专门制定转型规划和风险。比如工农中建交邮储 6 家大行分别提出"数字工行""iABC""数字中银""最懂金融的科技集团、最懂科技的金融集团""数字化新交行""数字生态银行"的目标。另外，银行数字化转型资源投入不断加大，人才队伍不断壮大。据各上市银行2022 年年报数据，中国工商银行、中国建设银行、中国农业银行、中国银行、中国交通银行和中国邮政储蓄银行 6 家银行的科技投入均超 100 亿元，金融科技人员数量合计超过 8 万人，表明 2022 年多家银行金融科技投入金额增加，人才占比进一步提升。除此之外，数字化转型已经深入银行经营的方方面面。比如，中国银行提出"全面数字化转型战略，推动集团营销、产品、渠道、经营、服务、风控、管理等领域重塑再造"。与此形成鲜明对比的是，各家银行年报中"数字风险"或"金融科技风险"出现较少，没有相关的关键风险指标。由此可见，当前阶段银行机构存在重数字化转型投入与发展、轻数字风险和安全的问题。

（2）商业银行尚未构建针对数字风险的管理体系。

主要表现在以下五方面内容：一是未将其作为单独的风险类别进行管理。各银行全面风险管理体系通常包括 8～13 个风险类别，除新资本协议提出的 8 类风险外，还包括气候风险等新的风险类型，但数字风险未被单列。二是未明确管理主责部门，在管理实践中出现职责交叉和管理真空。数字风险与传统信息科技风险的交集部分通常由第一道防线的信息科技部门或第二道防线的风险合规部门负责，但传统信息科技风险未涵盖的数字化转型战略风险、模型和算法风险、数字化环境下的流动性风险等内容，或无人管理，或多部门涉及但未完整覆盖。三是数字化风险管理体系尚未健全。银行对数字风险的认知和理解呈现明显重传统风险、轻新型风险，重已知风险、轻未知风险的特点。比如，模型风险管理已经开始覆盖数理统计类传统风险计量模型，但业务决策类模型风险管理还未明确主责部门，一二道防线部门职责尚未厘清，人工智能模型风险管理刚刚启动。四是与传统风险类别相比，数字风险管理的基础设施还不完备。既缺乏人才、技能、知识储备等管理"软件"，也缺乏规章制度、管理程序、计量工具、操作系统等管理"硬件"。五是未对数字风险带来的损失预备资本缓冲。在开展内部资本充足评估（ICAAP）时，并未将数字化转型风险纳入评估范围，未对该类风险预备资本。

3.4.3　数字风险管理的建议

数字化转型使风险的展现方式和业态变得更加复杂多变，这对商业银行如何构建全面智能化、现代化的风险管理体系提出了更高要求。为提升数字风险管理质效，商业银行应从以下几个方面入手：

（1）深入研究数字风险的内涵和特点，明确管理范围。

当前数字风险管理的难点在于无法认清风险全貌，各银行应加大专题研究力度。一是根据各国监管机构对该类风险的界定，梳理行内风险管理责任落实情况。二是要深入分析业界已有风险案例，举一反三，总结规律性特征。三是加强对数字技术与金融业务相结合的研究，充分做好新技术应用的风险评估，建立健全试错、容错机制，把好安全关口，防范技术风险向金融领域蔓延。

（2）将信息科技风险拓展为数字风险，完善数字风险治理体系。

数字风险本质仍属于信息科技风险和操作风险范畴，商业银行从以下几方面完善治理体系：一是拓展信息科技风险管理范围，将其升级为数字风险或金融科技风险加强管理，把数字化转型战略风险、新业务合规风险等一并纳入管理视野；二是参照其他风险类型，建立自上而下的数字风险治理体系，并由董事会对该类风险最终负责。明确数字风险管理主责部门，厘清一二三道防线各部门职责，压实各相关部门和条线管理职责；三是将数字风险纳入全面风险管理体系；四是主动适应数字化转型，对组织架构、管理流程做出变革；五是加快风险管理数字化转型，强化数字化风控能力，以数字化手段应对数字化风险；六是强化数字风险信息披露。

（3）针对不同类型的风险特点，做好分类管理。

一是守住信息科技风险"基本盘"。数字风险与传统信息科技风险交集部分，管理成熟度相对较高，商业银行应依托现有治理体系稳住"基本盘"，以安全运维为基础，突出业务连续性和科技外包风险管理工作，强化信息安全事件管控，完善灾备体系，确保信息科技风险总体可控。二是强化科技引领下的业技融合，有效管控交叉风险。针对数字化转型战略风险、新业务合规风险、数字化环境下流动性风险等交叉风险，科技部门应主动承担风险管理主责任，并加强与业务部门协同，有效发挥三道防线治理合力，避免管理真空和职责重叠。三是针对模型和算法风险、金融科技伦理风险等新型风险，商业银行应加快管理基础设施建设，比如搭建面向全行的统一模型管理平台，实现跨平台模型的全生命周期管理；探索设立金融科技伦理委员会，建立金融科技伦理审查、信息披露等常态化工作机制。四是保持对未知风险的敬畏和警醒，加强对数字化转型中未知风险的探究和预防，强化对同业案例的反思学习和预案转化能力，为防范未知风险建立防火墙。

（4）有效应对数字风险带来的非预期损失。

银行在应对数字风险带来的非预期损失，可以采取一些有力措施进行预防与补救。

①建立健全的安全体系：银行应建立健全的网络安全体系，包括防火墙、入侵检测系统、数据加密、访问控制等安全措施。定期进行安全漏洞扫描和渗透测试，及时修补和解决发现的漏洞。

②加强员工培训和意识：银行应定期进行员工培训，加强他们对数字风险和网络安全的认识和意识。提供针对性的培训和教育，让员工了解各类网络攻击、社交工程和诈骗手段，提高他们的防范能力和辨识能力。

③完善身份验证机制：银行应采用多层次、多因素的身份验证机制，确保只有合法的用户能够访问敏感信息和执行关键交易。例如使用双因素认证、指纹识别、面部识别等技术来加强身份验证的安全性。

④监测和风险评估：银行应建立实时的监测系统，对网络活动和数据流量进行持续

监测和分析，以发现异常行为和潜在威胁。定期进行风险评估，识别和评估潜在的数字风险，并制定相应的防范和控制措施。

⑤建立紧急响应机制：银行应建立紧急响应机制，以迅速应对数字风险事件的发生。这包括建立紧急响应团队、明确责任分工、制订应急预案和恢复计划等，以确保能够及时、有效地应对和解决数字风险带来的非预期损失。

⑥加强合规和监管：银行应密切关注法规和监管要求，确保数字营销和信息安全符合适用的规定。建立合规监测和报告机制，及时发现和纠正违规行为，与监管机构密切合作，确保合规操作。

通过采取这些措施，银行可以有效应对数字风险并降低非预期损失的概率和影响。另外，银行还应与其他行业的相关机构和合作伙伴合作，共享信息和经验，共同防范数字风险的威胁。

（5）加大数字化转型风险管理人才的招聘和培养力度。

培养好金融科技、经营发展和风险管理多领域复合型人才，加强金融科技与金融业务的深度融合，为数字化转型行稳致远保驾护航。对此，银行可以采取以下措施：

①优化招聘策略：银行应在招聘策略中明确数字化转型风险管理的需求，并制定相应的职位描述和要求。招聘团队需要了解这一领域的专业知识和技能，并将其作为岗位条件之一。可以通过定期与学院、大学进行合作，吸引相关专业的毕业生加入银行。

②建立人才培养计划：银行可以建立数字化转型风险管理的人才培养计划，包括内部培训和外部合作。内部培训可以通过组织专业课程、工作坊和培训项目，提升现有员工的数字化转型风险管理技能。外部合作可以与高校、研究机构和专业培训机构合作，共同开设培训课程和项目，为人才提供系统化的培训。

③建立导师制度：银行可以建立导师制度，让经验丰富的数字化转型风险管理专业人士指导和培养新人。导师可以提供实际项目经验和指导，帮助新人更好地理解和应对数字化转型风险。这种知识传承和经验分享的机制有助于加快新人的成长和提升。

④多元化招聘渠道：银行应在招聘中使用多元化的渠道，包括线上招聘平台、社交媒体、专业协会、招聘会等，以吸引更多的数字化转型风险管理人才。此外，与相关的高校和教育机构建立联系，开展校园招聘和宣讲活动，吸引年轻人才入行。

⑤提供职业发展机会：银行应为数字化转型风险管理人才提供职业发展机会和晋升通道。通过制定明确的职业晋升路径、岗位轮岗计划、培训补贴和奖励机制等方式，激发人才的积极性和主动性。

⑥组建专业团队：银行可以组建专业的数字化转型风险管理团队，集中精力研究和应对数字化转型带来的风险。

科技赋能保险风险管理呈现智能化趋势

随着保险科技的不断发展，人工智能、云计算等技术不仅深刻改变着保险服务，保险业风险管理也出现了数字化、智能化的趋势。据悉，部分保险机构已开始着手建立"保险智能风控实验室"，通过研发涵盖多险种的智能化反欺诈系统，发挥大数据、人工智能、云计算等技术优势，为保险业欺诈风险的识别和预警监测提供支持，进而为防范系统性风险提供保障。

一方面是为了更有效防控逐渐多样化、复杂化的行业和市场风险，另一方面是为了适应监管不断强化、风险管理要求逐步趋严的环境，保险公司正在寻求科技赋能，为风险管理提供更好的解决途径。

安永发布的《2018～2019年保险业风险管理白皮书》指出，面对当前金融市场的不确定性、国际会计新准则的实施以及金融科技的进一步发展等一系列风险因素，保险业面临全新挑战。这对保险企业风险管理提出了更高的要求。

事实上，目前，我国大多数保险公司已初步建立起适应监管和市场要求的风险管理框架，但面对风险点的增多以及隐蔽化，在组织架构和制度体系逐步完善的基础上，如何利用大数据等技术进行系统完善，在公司内部建立更为科学的风险管理工具模型，成为很多保险公司的新探索。

业界专家指出，资产负债管理是保险公司风险管理的难点。产品同质化严重、利率下行、权益类市场投资风险高等都是造成资产负债管理困境的原因。而保险资产负债管理难度之所以持续加大，一是因为在市场竞争加剧的情况下，保险公司特别是人身险公司，负债久期远高于资产久期，资负两端长期适配度较低，过去市场上积累的各种不规范行为，导致"长钱短配""短钱长配"问题严重。再加上利率下行风险，利差损失成为风险隐患之一。二是大力发展保障型产品以及车险市场的利润下滑，导致保险公司在退保和满期给付方面有更大困难，对各保险公司投资收益能力提出更高要求，资金需尽力在安全、收益、流动性间保持平衡。

业界人士指出，通过保险科技运用，建立针对资产负债管理的风险分析量化模型是必要的。

事实上，通过不断摸索与试错，近年来，不少保险公司开始逐步探索底层技术和数据处理能力的改进和发展，以推动资负管理工作的前进。从关联技术来看，在保险公司中，风控人员通过数据的弱关联性，整合多个数据源的信息，形成人、标的、保险业务的全景视图；同时利用人脸识别与合同文本识别等技术，完成对客户信息的真实性验证。为解决信息不对称问题，采用海量单据识别、数据收集共享以及自动化处理等技术，同时风控人员对各关联方的行为模式进行模拟，以预测保险欺诈的潜在规律与特征。

这些由科技带来的好处，正影响着保险业风控的风向。借助智慧风控的进一步发展，保险机构有望在监测、识别和处置风险方面进一步提升效率。有专家表示，与传统的手工签单、数据录入与人工审查批复等操作相比，各类智能系统的上线可以有效提高公司运营效率，同时还可以降低由于员工操作失误导致的内部操作风险。

不仅如此，保险公司借助与科技公司的合作，还共同探索针对企业自身风险管理领域的发展模式。例如中科软科技公司为财险公司提供的风险管理核心——ERM体系，是对保险公司偿付能力、风险偏好体系、可量化风险等进行精确计量的方法，为保险公司缓解风险管理压力。通过自身建立科技部门或与第三方科技公司的合作，保险公司近年来运用高科技进行风险管理的水平逐步提升。

从当前金融科技在风险管理领域的应用可以看出，科技正从根本上改变保险公司的运营管理模式。但也应看到，行业风险管理能力的提升需要长期的探索。金融科技一方面为保险公司带来了新的风险成因和风险特征；另一方面也提供了更为先进的操作工具，推动了风险管理的转型与进步。保险公司需要发挥科技的智能风控引领作用，来推动在未来风险管理领域的发展，这也将成为保险行业发展的蓝海领域。

资料来源：促进数字消费信贷健康发展的思考与建议［EB/OL］. 中国金融新闻网，2019 - 09 - 04，https：//www. financialnews. com. cn/bx/bxsd/201909/t20190904_ 167345. html.

◎ **概念复习**

数字风险　金融科技风险

◎ **阅读资料**

［1］陆岷峰，王婷婷. 数字技术与小微金融：担保与风险转移模式创新研究——基于数字技术在商业银行小微金融风险管理中的应用［J］. 当代经济管理，2021，43（3）：72 - 82.
［2］黄燕飞，杨紫维. 世界主要经济体央行数字货币研发进展及其风险管理启示［J］. 财政科学，2022（8）：135 - 142.

◎ **课后思考题**

（1）简述数字风险管理的特征。

（2）银行应如何完善数字风险治理体系？

（3）如何对数字风险进行分类管理？

3.5 数字银行的发展趋势和前景

数字银行的发展前景广阔，它们正通过技术和模式的创新，提供更加个性化、差异化、定制化的产品和服务。银行业的数字化转型是大势所趋，数字中国建设成为未来发展的重要方向，银行业需要加快数字化转型以适应数字经济社会的新环境。随着技术的不断进步和监管环境的逐步完善，数字银行有望在未来实现更广泛的覆盖和更深入的金融服务创新。

3.5.1 数字银行的发展趋势

随着科技的不断进步和人们对便利、高效金融服务的需求不断增加，数字银行正处于快速发展的阶段，其发展呈现出以下趋势：

（1）数字银行市值具有巨大的上升空间。

从市场需求方面来看，数字化和移动化的不断推进使得越来越多的人希望能够随时随地进行金融交易和管理。数字银行正是满足了这一需求，通过提供全在线服务和便捷的移动应用程序，吸引了大量用户。在未来，随着数字化金融的普及，数字银行市场将继续增长。

从技术创新视角看，数字银行依赖于互联网技术和移动通信技术，而这些技术在不断发展和创新。随着技术的进步，数字银行将能够提供更丰富、更智能化的金融产品和服务，进一步吸引用户并提高用户满意度。这种技术创新将推动数字银行市值的上升。

从银行的合作模式来看，数字银行越来越重视与第三方金融科技公司的合作，共同提供更广泛、更创新的金融产品和服务。这种开放银行合作模式能够为数字银行带来更多的用户和市场份额，并提高其自身的竞争力。随着由合作伙伴组成的生态系统的不断扩大，数字银行市值也将相应增长。

数字银行在新兴市场的潜力也同样是巨大的。一些新兴市场中银行服务覆盖率较低，但移动互联网的普及率却很高。在这些市场，数字银行能够填补金融服务的空白，满足人民的金融需求。这些新兴市场的发展和扩大将为数字银行带来巨大的增长空间。

（2）提高盈利能力将是数字银行重要挑战。

虽然全球数字银行整体的收入规模整体上呈现逐年增长的趋势，但是，市场收入依旧呈现严重的"马太效应"，收入多集中在少数规模较大的数字银行手中。在欧洲及其他新兴市场，受制于市场规模、客户习惯等因素，"马太效应"的表现更为明显，收入增长乏力或成本高于收入的问题仍在困扰着各家数字银行，致使其营利能力不足。从历史数据看，2010 年以前成立的第一代数字银行平均需要五年达成盈亏平衡；在 2013 ~ 2015 年成立的第二代数字银行，已将这一时间缩短为 2 ~ 3 年。身处不同区域市场以及在各市场处于不同位置的银行表现显著分化。

除此之外，降低成本也是加快盈利的重要发力方向，从已盈利银行的情况看，属于第一代的银行平均成本收入比为 62%，而属于第二代的银行平均成本收入比已降至 46%。数字银行应坚持通过产品创新、深耕客群和实现差异化、精细化定价做大营收，借助平台化发展和内部管理优化降低成本，以防走回传统信贷业务和重资产线下布局的老路。

（3）数字银行应更多关注政策合规风险，重视合规经营。

经历过去十余年甚至更长时间的行业实践，各国金融监管机构已对数字银行发展规律、可能遇到的问题，特别是与传统银行及互联网平台等其他机构的边界等敏感问题积累了更多经验，产生了新的认识，片面强调鼓励发展的政策环境已成为过去。

一方面，在大多数国家，数字银行牌照发放可能趋紧，对新成立的数字银行设定更高的门槛条件；另一方面，数字银行面临的融资环境也已发生较大变化。不少国家的监管机构对数字银行的融资也提出了更严格的要求，力图避免因不当选择的融资方式、渠道、规模而触发重大的金融风险，并且严格防范通过数字银行发生的洗钱犯罪风险。已经开业的数字银行需要珍惜牌照价值，推动合规经营、稳健融资，特别慎重处理在融资过程中的相关问题，避免因不当选择融资方式、渠道、对象、规模而触发重大风险。

（4）技术风险已成为数字银行风险管理的重点。

目前，技术风险正在超越信用风险、操作风险、流动性风险等传统金融风险类型，成为数字风险管理的重点。数字银行的监管制度建设与传统银行体系类似，在防范洗钱犯罪等常见金融风险的同时，数字银行存在技术风险也引起了监管机构的极大重视。

数字银行面临的技术风险主要包括：①数据安全风险；②信息系统安全风险和网络安全风险；③部分金融科技底层技术成熟度不高、技术路线偏差等带来的技术失灵风险；④银行员工和客户使用信息系统所带来的操作风险等。

总体来说，数字银行应继续致力于提供更便捷、个性化和安全的金融服务，与科技的发展和客户需求相互促进，推动金融行业向数字化转型。

3.5.2　数字银行的前景

随着移动互联网的普及和技术的不断进步，数字银行在过去几年中得到了迅速发展。未来的数字银行可能采取不同的方式，实现差异化的数字化目标。

（1）持续吸引客户、有效提升客户黏性。

现阶段，以国有银行、全国性股份制银行为代表的大型银行都已完成数字银行重塑，初步实现了"两条腿走路"的"双元能力"构建。其手机银行、网上银行，基本可以替代传统物理网点，实现"无接触业务办理"。同期，在百度、阿里巴巴、腾讯、京东等互联网巨头的压力下，大型银行都在搭建自有网上商城，力图弥补客户黏性的不足，吸引更多有效客户。例如，工农中建四大行等都建立了自有的网上商城，试图拓展客户，形成金融生态。

未来，数字银行还存在以下瓶颈有待解决：一是传统银行思维与新兴网商经营思维存在差异，后者更加强调口碑营销、病毒营销和聚集效应，前者相对强调按部就班、逐层审批等银行管理思维；二是现有客户群仍然以银行员工和客户等存量为主，真正外拓的客户数量明显不足，生态圈存在封闭的倾向；三是现有客户群中活跃客户数量和占比不够、产品体系不全，即便补发优惠券，也有客户更倾向淘宝、京东、唯品会等知名电商。

（2）解决中小银行竞争问题。

现阶段，以城商行、农商行为代表的中小银行存在竞争激烈的问题，即中小银行可能既要与国有银行、股份制银行等大中型银行竞争，同时也要面临同类城商行、农商行甚至村镇银行的挑战。但是，城商行、农商行等中小银行的数字银行建设不尽相同，沿海和区域性中心城市与偏远地区的中小银行的数字化水平参差不齐，既有独立开发的，也有外包采购的，还有租赁使用的。

未来，中小银行的生存挑战和考验还将持续，以下方面值得思考：一是有别于大中型银行，当地的企业和个人客户是否存在差异化的金融需求，如何利用区位优势，下沉业务和创新产品是中小银行数字化的趋势首选；二是有别于其他同类银行，中小银行自身存在哪些优势，又如何借助数字化手段持续强化这些优势；三是在中小银行数字化建设的过程中，哪种建设思路、方法和渠道更适合自己，无论是自己独立开发，还是购买新系统，或者采取外包模式，更易于形成自己的品牌、提高客户的满意度。

（3）新型民营银行发展前景。

现阶段，随着民营银行审批放开，新型民营银行各有千秋，生态定位较准。第一类民营银行拥有正规金融牌照，依托电商巨头后盾，以庞大的高质量数字客户群开展业务。例如，深圳前海微众银行背靠腾讯，依托微信、QQ和财付通，较易赢得新客户和活跃客户；与之类似的是杭州网商银行，依托支付宝、淘宝和天猫，较易实现大数据精准信用评估和放贷。这类银行需要重点考虑是否存在其他可选的数字化提升通道。第二类民营银行对客户群体有较为清晰的认知，具备区域特色，从而依托独特的"生态位"提升业务。例如，北京中关村银行定位于开放式生态型科技创新特色银行，与中关村小微企业共成长；温州民商银行股东全部是温州本土民营企业，主要为温州小微企业、个体工商户提供普惠金融、供应链金融服务。这类银行需要思考如何依托现有客户资源，尽快形成区域型的数字化优势。第三类民营银行注重与其他互联网巨头的合作，借助已有渠道迅速拓展线上业务。例如，辽宁振兴银行与滴滴联手，推出多款线上理财产品。该类银行需要思考如何更好地形成客户的数字化转化和吸收，提升客户的忠诚度。

然而，数字银行也面临一些挑战，比如网络安全风险、数据隐私问题、监管要求等。此外，在一些落后和偏远地区，数字化基础设施和金融素养仍然是一个问题。

综合而言，数字银行在未来有着广阔的前景，但也需要克服相应的挑战。随着技术的进一步发展和用户对数字化金融服务的需求不断增长，数字银行有望继续发展壮大，并成为金融行业的重要组成部分。数字银行的未来将是数字化、智能化和开放的，与其他金融机构和科技企业的合作将成为主要的发展模式，共同推动金融行业的变革和进步。

扩展阅读 3 - 5

银行"数智化"发展提速　金融机具更新迭代仍具广阔应用前景

《Bank4.0》中提到，"未来的银行将不再是一个地方，而是一种行为"。就现阶段而言，金融行业智能化建设已初见成效。进入"Bank4.0"时代，网络的功能和价值不仅是传统意义上的互联互通，更成为决定金融智慧大脑运行效率、参与智能决策处理的关键组成部分，银行业将全面进入数字化时代，银行服务变得无处不在，融入各类生活场景，为用户提供个性化、智能化、敏捷化、场景化的金融服务。

保有量减速放缓，采购量稳中略增

自2018年起，国内现有现金自助设备数量统计口径调整，不仅局限于原本的存取款一体机、自助存款设备、自助取款设备等传统现金机具，同时也将智能柜台、远程视频柜员终端（VTM）等新型现金设备囊括在内。

2018~2022年支付体系运行总体情况数据统计显示，我国金融机具数量在2018年达到巅峰值112.86万台，之后则呈下降趋势，2020~2022年逐年减少8.47万台、6.61万台和5.19万台，减少的趋势自2020年开始逐年放缓。

业内专家认为，导致ATM设备数量下降的最主要原因是国内银行网点大量关停，银保监会最新公布的《具备金融许可证机构退出列表》显示，截至2022年第三季度，我国共计已有1664家银行网点终止营业。深究其根本原因，是设备使用率低所导致的投入产出不平衡。

尽管ATM数量逐年减少，但就现阶段而言，ATM仍是金融市场主流设备。全国ATM分布处于较为不平衡的状态，网点建设与设备布放差异明显。一、二线城市网点分布广，设备布放较多，设备平均使用率较低；村镇地区网点分布少、设备布放少，众多业务仍然需要依靠柜员办理，设备需求度高。例如，养老金取款业务仍需排队，在中老年客户群体中尤为明显。如今，这种不平衡随着村镇布局的不断扩大以及适应村镇客户需求和生活的新型设备诞生而逐渐趋于平衡。

由于 ATM 机市场与国内流通货币金额挂钩，而流通货币金额（M0）自 2019 年到 2022 年逐年递增，分别为 7 100 亿元、6 500 亿元和 13 900 亿元；此外，随着老旧设备更替、信创机具新购需求增加，专家预测未来国内金融设备仍会保持较大需求。官方数据显示，2022 年，各厂商累计销售存取款一体机设备约为 2.7 万台。其中，排名前四名的厂商分别是广电运通、中电金融、怡化电脑和恒银金融，共计占据约 85% 的市场份额。

与此同时，信创金融机具在国内市场占比大幅提升。经历了过去几年的发展，产品性能相较之前而言已有较大提升。6 家国有大行和 12 家股份制银行相继开展了信创设备的招投标工作，开始了新一轮的全面采购。全国各地区的农信社、城商行也逐步开始信创设备的更迭，促使银行新设备的采购数量处于较高水平。2022 年信创机具采购比例进一步扩大，预计 2023～2025 年将完成全面替代。金融信创现金机具市场已初具规模，其中以广电运通和中电金融为主的设备厂商助力银行加快推进信创设备替代，增强安全保障能力。

传统银行变身智慧网点

值得一提的是，智慧网点之所以"智慧"，主要体现在两个方面：一方面，通过智能化感知系统，形成客户画像，通过智能化设备与系统软件的有效结合，对客户相关信息进行无感收集，包括需求、情绪、产品偏好等，为后续高效营销以及更优服务提供数据支持；另一方面，大量数据汇集，形成全面互通互联的新局面。通过众多渠道信息融合以及对大数据的应用，针对网点实际运营情况以及现行数据进行智能化分析，为更优的资源配比与数据优化提供强有力的数据支撑。智慧网点建设，不仅体现在新型智能设备中，更是一种创新的业务形态，以优质的数据支持为基础，提升银行网点服务水平。

从银行角度来分析，智慧网点是一种前所未有的运营模式，一种新型的业务形态。在业务处理上，智能低柜（TCR）、超级柜员机（STM）、远程视频柜员机（VTM）等一系列新型智能设备的实际应用，可以直观感受到业务处理效率大幅度提升；在营销方式上，通过建立生态圈，使网点融入客户生活，营销人员可充分发掘网点周边公私客户，抓住营销机会，通过部署智慧货架、电商购物；引入旅游票务、汽车销售等场景，以线上线下互动式营销吸客、获客；在人力资源上，通过部署智能设备，合理减少人工柜台窗口数量，释放更多人力资源，智能设备可以由大堂经理、柜面经理来灵活补位，通过合理调整人员组合与部署，高效提升网点营销服务。

从客户角度来分析，这既是一种全新的使用体验，更是服务的全面提升。例如，预约服务更加人性化，在前往网点途中就可通过 App 端实现预排队、预填单等众多服务，有效节省客户等待时间；需求洞察更加精准，通过客户画像精准识别，系统第一时间提醒接待，通过网点营销设备投放产品海报，可以使客户对产品有一定认识与了解；人性化互动交流，办理业务时仅需坐在智能设备前，即可与大堂经理面对面交流，一站式服务，直观感受"以客户为中心"的智慧网点服务理念。

网点智能设备多元化——智能保管柜

随着现金业务的相对减少，各大银行都加大对智能化转型的资源投入，各金融机具厂商紧跟银行脚步，走上多元化转型之路。新型科技与传统业务不断碰撞、摩擦，创造出新的"火花"、发掘银行业务新需求、探索行业发展新可能。其中，RFID智能储物柜是新型智能金融设备中备受关注的一员。它采用射频识别技术，能够对银行工作人员使用的物品进行自动存储、智能管理和监控。在提高工作效率和服务质量的同时，也为银行业务创新和安全管理提供了有力支撑。

银行作为金融行业重要组成部分，日常运营中会涉及许多的重要文件和贵重物品，例如钥匙、印章、支票、合同、保险单等，这时精细化、智能化管理就显得尤为重要。RFID智能储物柜作为一种高效的物品保管解决方案，可以完美地满足此类需求。

作为金融智能设备新成员，RFID智能储物柜拥有众多优点。首先，有效实现自动化管理，通过RFID技术识别和物品追踪，可大幅减少人力成本，有效降低错误率。其次，安全性能大幅度提升，使用后台授权管理，仅授权人员可访问存储物品详细信息，有效防止信息泄露与物品丢失。此外，RFID智能储物柜还具备远程监控和管理，使银行运营更加高效便捷。

此外，RFID智能储物柜可用于更多的场景。例如，用于信贷业务文件管理，大量存单、合同需要重点管理。RFID智能储物柜可以高效管理文件，有效降低存储空间和管理成本投入；用于贵重物品的存储管理，包括现金、金条和贵重文物等各类贵重物品。通过RFID智能储物柜，可以确保这些物品的安全性和保密性；用于文件和资料的归档和管理，使银行的工作更加高效和规范。业内人士认为，RFID智能储物柜可以帮助银行提高工作效率、降低成本、提高安全性和保密性，具有广阔的应用前景。

可以说，银行业"数智化"建设发展使得智慧金融无所不及。回顾长久以来金融行业发展历程，金融机具一直在其中扮演着重要的角色。近年来金融行业不断变革发展，银行和金融机具厂商投身于数字化转型、智慧网点建设的时代浪潮之中，持续加大对金融科技投入力度，普通网点逐渐被智慧网点所替代，智慧化、信创化的金融机具逐渐成为金融市场新的主角。

资料来源：银行"数智化"发展提速 金融机具更新迭代仍具广阔应用前景［EB/OL］. 中国金融新闻网，2023 – 03 – 25，https：//www. financialnews. com. cn/yh/yx/202303/t20230325_267606. html.

◎ **概念复习**

数字银行 马太效应 合规风险 技术风险

◎ 阅读资料

［1］沈一飞，姜晓芳. 数字银行的国际趋势［J］. 中国金融，2015（4）：25 – 26.

［2］张庆君，陈思. 数字经济发展、银行数字化投入与银行治理［J］. 经济与管理研究，2022，43（8）：31 – 55.

◎ 课后思考题

（1）当今数字银行发展呈现出何种趋势？

（2）数字银行发展存在哪些瓶颈？

第4章
数字证券

学习目标

(1) 了解数字证券的产生及历史发展进程、未来发展趋势，掌握数字证券的概念和特点，掌握多层次资本市场证券代码的编排规律。

(2) 了解数字证券指数及指数基金的概念，掌握代表性指数如上证综指构造的基本原理。

(3) 了解量化分析及机器学习等数字化方法在证券投资中的应用。

(4) 了解证券主体数字化信息披露情况，包括信息披露类型、ESG 等专题信息披露、投资者关系互动情况。

内容提要

  伴随 Chat GPT、GPT 4 等大模型的出现，数字经济受到世界的广泛关注，并迅速蜕变为支撑全球经济增长的强大内生动能。数字化转型也在资本市场改革创新中不断营造外部环境并提供了必要的技术支持，数字证券也迎来了大规模标准化的应用。那么，数字金融大背景下，有价证券如何交易？如何投资？如何查找信息？如何与发行主体进行沟通？这是我们感兴趣的问题。本章分析的主线如下：第一，了解数字证券的内涵及特征，了解全球证券市场的数字化演变趋势。第二，掌握数字化价格指数的概念，了解其应用功能及基本构造思路和方法，进一步认识指数基金、FOF 和 MOM。第三，通过学习，了解量化投资、机器学习等数字化手段在证券投资分析中应用，了解人工智能在智能投顾方面的应用。第四，在数字经济时代，信息披露是资本市场全面注册制的核心，我们需要了解证券信息披露的数字化手段、ESG 信息披露的主要内容划分，以及人工智能时代投资者关系在线互动的维护情况。第五，证券市场数字化建设与国民经济数字化转型相得益彰，通过学习，我们更加清楚未来数字证券市场的发展趋势及广阔前景。

4.1 数字证券的内涵及历史沿革

数字证券是指通过区块链等技术发行和交易的证券，具有透明、高效和低成本的特点。历史上，证券市场不断发生演变，证券交易经历了从纸质到电子化，现在到数字化变革，提高了市场效率和安全性。

4.1.1 数字证券的内涵、特征及分类

数字证券是指以数字化形式存在的证券，其权益实质和存在形式与传统证券相似，但是在数字化的形式下，数字证券具有更高的透明度、更强的安全性和更高的效率。从权益实质来看，数字证券的权益实质上是相同的，都是由发行人向投资者出售的一种证明其拥有某种特定权益的书面凭证。从存在形式来看，数字证券是以电子数据形式存在于大数据系统中，可以通过互联网进行交易。目前，全球各大交易所市场及一些场外市场的标准化证券均属于本章定义的数字证券。

首先，数字证券属于证券。从一般意义上来说，证券是指用以证明或设定权利所做的书面凭证，它表明证券持有人或第三者有权取得该证券代表的特定权益，或证明其曾经发生过的行为。数字证券是发行人向持有人发行的以电子数据形式存储的权益凭证。

其次，数字证券以电子数据形式存在的，用以证明或设定权利所做的数字化书面凭证。数字证券并不一定完全建立在区块链技术基础之上，股票等数字证券产品主要以证券交易所场内交易为主要流通形式，而证券业监管客观上需要强调中心化而非去中心化。因此，区块链技术是数字证券的部分技术基础，而非数字证券的发行、流通与监管的全部技术基础。

数字证券可以根据不同维度进行分类，其中包括以下几种分类方式：

（1）技术维度：数字证券可以根据使用的技术平台或区块链技术来分类。区块链是数字证券领域的关键技术，可用于创建数字证券和安全的交易记录。上海证券交易所在其报告中探讨了交易技术前沿。

（2）市场维度：数字证券可以根据其市场或交易所进行分类。例如，美股市场是一个常见的数字证券交易市场，其中包括许多数字化资产。

（3）资产类型维度：数字证券可以根据代表的资产类型进行分类。这包括数字货币、数字化股票、数字债券等。在某些情况下，数字货币指数及指数代币也可以被视为数字证券的一种。

（4）创新维度：数字证券领域不断创新，可能存在新的分类方式，例如与内容生产力革命相关的新兴数字证券。

上述分类方式可以根据数字证券市场的不断演化和技术进步而变化。数字证券的分类有助于投资者更好地理解和参与这一领域的投资。

数字证券与传统证券相比具有以下特点：

（1）数字化的形式：数字证券是以数字形式存在的证券，使用区块链技术或其他分布式账本技术进行记录和交易，取代了传统纸质证券。这使得交易更高效，减少了纸质流程的复杂性。

（2）交易的可编程性：数字证券可以编程以执行特定条件下的自动化合同，称为智能合同。这增加了交易的灵活性和自动化程度，减少了中介机构的需求。

（3）流动性更强：数字证券通常更易于交易和转让，因为它们可以在数字交易所上实时买卖，无须等待传统证券市场的开市时间。

（4）全球化属性：数字证券具有全球性，允许投资者跨越国界进行投资。这扩大了投资者的选择范围，增加了市场的流动性。例如，A股市场允许符合条件的境外投资机构（QFII）进入投资，还通过"沪股通""深股通"吸引境外资金加入交易。

（5）更强的可分割性：数字证券可以细分为较小的单位，使得小额投资更容易，这对个人投资者和小型企业有利。

（6）更大的监管挑战：数字证券的发展面临监管挑战，因为监管机构需要适应新的技术和市场模式，以确保合规性和投资者保护。每个交易日海量的数字化证券交易信息的存储和备份、服务器的算力支持、金融监管科技及交易系统的稳定性、数据安全与反黑客攻击等，方方面面均面临更大挑战。

总的来说，数字证券代表了金融市场的技术演进，提供了更多的便利性和可访问性，但也带来了新的监管和安全挑战。这些特点使数字证券成为金融行业关注的热点内容。

4.1.2　证券市场的演变与数字化趋势

证券的发展历史可以追溯到古代的贸易活动，但是现代证券市场的形成和发展主要经历了以下几个阶段，从时间顺序展开分别是：初创阶段（17世纪至19世纪初）、发展阶段（19世纪末至20世纪初）以及成熟阶段（20世纪中期至今），其中，数字证券的大规模标准化应用主要是在成熟阶段。

1. 初创阶段

这一阶段的证券市场以股票和债券为主。最早的股票交易可以追溯到1602年荷兰东印度公司的股票发行，而最早的债券交易则可以追溯到1602年英国政府发行的国债。

证券的发展历史在其初创阶段经历了一系列典型的标志性事件，这些事件对证券市场的形成和演进起到了关键作用。以下是一些关于当时的股票和债券的典型标志性事件：

英国东印度公司：1600 年，英国东印度公司是世界上第一家发行公开交易的公司。它发行了股票，并在伦敦证券交易所上市交易，这成为股票市场的一个重要先例。

阿姆斯特丹交易所：1609 年，阿姆斯特丹交易所是世界上第一个交易所，成立于17 世纪初。它标志着股票交易的正式开始。公司股票开始在这里公开交易，为股票市场的兴起奠定了基础。

美国独立战争债券：1775～1783 年，美国独立战争期间，美国政府发行了大量的债券来筹措资金，这些债券被广泛交易，为美国债券市场的兴起提供了契机。

伦敦证券交易所成立：1801 年，伦敦证券交易所的正式成立进一步促进了证券市场的发展，并确立了英国作为国际金融中心的地位。

这些事件代表了证券市场在其早期发展阶段的重要历史节点，为后来的金融体系和证券市场奠定了基础，塑造了现代金融体系的形态。

2. 发展阶段

这一阶段的证券市场开始出现各种新的金融工具，如期货、期权等。同时，证券市场也开始逐步发展为一个独立的金融市场。

证券的发展历史在 19 世纪末至 20 世纪初涌现出了各种金融工具和标志性事件。以下是关于当时金融工具的一些典型标志性事件：

美国联邦储备系统成立：1913 年，美国联邦储备系统的成立标志着现代中央银行制度的建立，它监管货币供应和金融稳定，对金融市场产生深远影响。

美国股票市场繁荣：19 世纪末，美国股票市场迅速发展，特别是在铁路建设激增的情况下。这一时期的标志性事件包括"美国铁路繁荣时代"，证券市场在这个时期的发展为现代股票市场奠定了基础。

华尔街的崛起：19 世纪末，华尔街成为美国金融业的中心，吸引了大量投资者和金融机构。华尔街的崛起标志着美国金融市场的国际化。

股票交易所的规范化：19 世纪末，股票交易所开始采取更多的规范化措施，例如交易所内规则和监管，以保障交易的透明度和合规性。

20 世纪初的国际债券市场：20 世纪初，国际债券市场开始崭露头角。一些国家和公司开始发行国际债券，这为国际投资提供了机会，也促进了国际金融一体化。

股票交易所的规范化：股票交易所开始采取更多的规范化措施，例如交易所内规则和监管，以保障交易的透明度和合规性。

这些事件标志着 19 世纪末至 20 世纪初金融市场的快速演变和现代金融工具的兴起，为全球金融体系的建立和发展奠定了基础。这个时期的金融创新和制度建设为后来的金融市场提供了宝贵的经验和教训。

3. 成熟阶段

这一阶段的证券市场发展迅速，出现了许多新的金融产品和技术，如交易所交易基金（ETF）、高频交易、电子交易等。同时，证券市场也在全球范围内得到了广泛的发展。

证券市场在 20 世纪中期至今的成熟阶段出现了许多典型的标志性事件，包括证券市场的发展和数字金融科技应用的演进。以下是一些关于这一阶段的典型标志性事件。

美国证券交易所数字化：20 世纪 70 年代，美国证券交易所开始数字化交易系统。这个变革提高了交易效率，加速了股票市场的发展，并推动了电子交易的普及。

1987 年股市崩盘（黑色星期一）：1987 年的股市崩盘是一次重大金融事件，导致股票市场崩溃。这一事件促使监管机构采取更多措施来稳定市场，包括制定市场熔断机制。

中国证券市场的重启：在改革开放政策下，中国 1978 年重新开放了证券市场。这标志着中国证券市场进入了现代化发展的阶段，并逐渐引入国际经验和制度。

上海证券交易所和深圳证券交易所的成立：1990 年，上海证券交易所和深圳证券交易所正式成立，这标志着中国证券市场的规范化和多元化。它们成为中国股票市场的两大核心交易所。

互联网金融革命：20 世纪 90 年代互联网的兴起和普及催生了在线股票交易和金融信息传播的新时代。在线券商如 E＊TRADE 和 Ameritrade 开始提供在线交易服务，为零售投资者提供更多选择。

A 股市场的开放：2002 年，中国开始允许外国投资者进入 A 股市场，这一改革促进了中国证券市场的国际化和全球资本流动。

数字金融科技的崛起：21 世纪初，中国的数字支付和金融科技领域崛起，公司如阿里巴巴和腾讯在移动支付和互联网金融方面取得了重大突破，推动了金融科技的快速发展。

2008 年金融危机：2008 年的金融危机震动全球金融市场，导致严重的经济衰退。这一事件引发了对金融监管和风险管理的深刻反思，并导致了一系列金融改革措施。

加密货币的兴起：从 21 世纪初至今，比特币的出现标志着加密货币的兴起，这些数字资产成为一种新的投资工具，引发了广泛的关注和投资。

区块链技术的探索：2010 年至今，区块链技术的发展应用于证券交易和资产管理，提高了交易的透明度和安全性，同时也带来了分散式金融（DeFi）的概念。中国政府开始探索区块链技术的应用，这对数字资产和加密货币市场产生了深远影响。

金融科技（FinTech）的崛起：21 世纪初，金融科技公司如"PayPal""Square""Robinhood"等的出现，提供了新的支付、投资和贷款解决方案，颠覆了传统金融业务模式。

A 股科创板设立：2019 年，科创板的设立标志着中国证券市场的进一步改革，旨在支持科技创新和初创企业的发展。

这些标志性事件代表了证券市场在 20 世纪中期至今的成熟阶段的重要发展和创新，数字金融科技的应用正在不断改变金融行业的格局，为投资者和金融机构提供了更多选择和便利。这一阶段的发展也强调了金融监管和风险管理的重要性。需要重点强调的是，中国证券市场正处在成熟阶段的重要历史节点，数字金融科技的应用为市场提供了更多创新和便利。目前，中国证券市场已经发展成为全球最重要的金融市场之一，未来也将继续推动着国内外资本的流动和经济的发展，数字金融将助力数字经济高质量发展和腾飞。

扩展阅读 4 −1

证券市场股票代码的标识

在国内金融市场各大板块，每个交易板块的股票都有自己的分类，每个分类都有相应的股票代码，可以通过股票代码区分交易板块，其中：

(1) 上海证券交易所市场。

沪市主板股票代码为 60 开头。

沪市科创板股票代码为 688 开头。

沪市 B 股股票代码为 90 开头。

(2) 深圳证券交易所市场。

深市主板股票代码为 000 开头。

深市中小板股票代码为 002 开头（2021 年 4 月 6 日，正式深交所主板与中小板合并为深交所主板）。

深市创业板股票代码为 300 开头。

深市 B 股股票代码为 20 开头。

(3) 三板市场（含北京证券交易所）。

老三板股票代码为 40 或 42 开头。

新三板股票代码为 43 或 8 开头。

资料来源：东方财富证券投资者教育基地 [EB/OL]. 2020 − 09 − 30，http：//edu. 18. cn/a/2020093016 85859657. html.

区块链在我国资本市场领域核心场景应用研究

自 2008 年诞生至今，区块链在短短十年左右时间获得了长足发展，其应用范围已涵盖人类社会生活的方方面面。根据"Gartner"公司在 2019 年的判断，区块链在未来一个时期内将进入与各行各业广泛融合发展的阶段。尤其是对于正处于新一轮数字化变革的金融行业，区块链将在接下来的五到十年内实现与金融的全面融合发展，并将有望对行业变革产生重大影响。实际上，为抢占先机，近年来境内外金融机构纷纷加大投入，积极探索利用区块链推动行业创新与发展。

证券领域，区块链在证券领域业务流程优化、协同效率提升、可信体系建设、数据共享推进等方面的应用优势不断显现。以 2015 年纳斯达克证券交易所推出基于区块链技术的私募市场产品"Linq"为主要标志，全球各大交易所纷纷推出各类区块链应用。国内证券行业机构也在加大投入，探索区块链与证券业务的深度融合和创新。对于交易前业务，应用区块链技术，参与方可以将产品发行、募集、申购、评级、监管全数据进行上链管理和共享，解决传统模式资产信息不透明、信用风险与流动性风险难以控制的问题，避免中间环节造假舞弊。对于交易执行和交易后业务，区块链可以对现阶段借助中介完成的清算、结算、交割、存管、托管等一系列处理流程进行精减，减少中间环节；同时通过智能合约等进行程序化认证和执行，替代人为操作，降低错误风险。

区块链在资本市场的实际应用主要集中于解决一些可行性较高的痛点难点问题和满足新的发展需求，并且大多从概念验证项目入手，以快速迭代的方式推进应用。这种类似敏捷开发的推进方式，大大降低了项目的试错成本和时间成本，同时又为后续进入正式开发打下基础。换个角度而言，区块链技术本身也具有一定的优劣性，并非万能灵药，通过概念验证项目可深入理解区块链在各类应用中的优势和局限，有利于深入、科学和系统地评估其应用于具体问题的可行性和有效性，以及运营成本效益等重要问题。

从应用范围看，区块链在资本市场的应用则覆盖了从场内到场外、从境内到全球、从具体实现手段到金融基础设施、从传统证券到数字资产的不同层级和领域。在证券交易产业链上，区块链应用已经涵盖了证券交易前、交易执行、交易后三大环节。对于交易前业务，区块链主要用于上市和拟上市公司分析和风险管理。区块链使得获取真实可靠信息的效率更高、透明性更强，搜索成本更低。智能合约使得在发生特定风险事件时，可以自动采取相应的处置。对于交易中业务，区块链可以使得证券业务突破分业边界，促进形成跨行业、板块、机构的一体化交易基础设施，支持服务范围扩展至跨地域、跨境、跨时区，并使传统证券的服务时间延展至 7×24

（小时）×365（天）全天候不间断。对于交易后业务，区块链可促进市场机构间的互联互通，大大简化中间处理节点和流程，有效提高处理效率，以往需要数个交易日才能完成的结算可方便地转为逐笔实时进行且成本更低。同时，区块链较高的标准化水平和数字化能力也便利了风险控制和数字化管理的实现。总体来看，基于区块链技术当下发展水平的主要特点和优势，将区块链应用于交易后处理的优势更突出、局限更小、效用更好。因此，全球主要资本市场的区块链应用重点大多在于清算结算等交易后环节，并向交易前和交易中环节延伸。

当前，我国资本市场正值全面深化改革的关键时期，在这一过程中，我国资本市场应抓住机遇，抢占金融科技先机，为实现新时期的跨越发展保驾护航。区块链以其独特的价值，为金融活动的各个方面提供了全新的信用机制和价值交换手段，尤其对于资本市场来说，区块链对于构建新型交易结算基础设施，推动核心应用场景数字化转型升级，乃至建设高效、透明、风险可控、投资者获得更好保护的现代化资本市场体系，都具有重要的实用价值和广泛的应用前景。

但也应看到，作为一种新兴技术，区块链也存在诸多不成熟的地方，需要不断自我完善升级；在实际应用的过程中，更要注意扬长避短、优势互补。在相关工作的推进中应保持稳妥的基调，优先聚焦新需求和可行性高的领域，使用尽量成熟、简单的技术解决方案。监管部门应加强对于证券领域区块链的监管，实施严格的证券区块链建设、开发和经营机构准入，建立证券区块链应用模式审核和跟踪评价机制，确保区块链应用符合我国资本市场发展方向和监管要求，及时防范化解重大风险。

资料来源：上海证券交易所课题组，徐广斌. 区块链在我国资本市场领域核心场景应用研究［J］. 证券市场导报，2021（3）：2 - 12.

◎ **概念复习**

数字证券　区块链技术　股票代码

◎ **阅读资料**

［1］上海证券交易所课题组，徐广斌. 区块链在我国资本市场领域核心场景应用研究［J］. 证券市场导报，2021（3）：2 - 12.

［2］姚前，陈华. 数字经济治理与监管［M］. 北京：中国金融出版社，2023.

◎ **课后思考题**

（1）试辨析数字货币和数字证券的异同点。

（2）请归纳中国证券市场股票代码的规律，并回答 688 开头的证券属于哪个证券交易所的哪个上市板块？

（3）为什么在 21 世纪会出现数字证券？请从经济、技术、社会等角度分析其诞生的背景和原因。

（4）请结合数字经济大背景，谈一谈与现在相比未来数字证券的流动性和价格波动可能呈现怎样不同的特征。

4.2　数字化证券价格指数

证券价格指数是证券市场中最为重要的经济指标。道琼斯公司自 1896 年开始发布的 30 种工业股票价格指数是世界上最为重要的股票价格指数之一，是全球观察美国证券市场乃至美国经济状况最好的指标，最初由《华尔街日报》联合创始人兼编辑查尔斯·道（Charles Dow）创立，通过《华尔街日报》刊载。目前，该指数由标准普尔控股的标普道琼斯指数有限公司运营，其参考企业由委员会选出，在"Bloomberg"等数字化金融交易软件终端实时显示。

我国从 1991 年 4 月开始编制深圳证券交易所股票价格指数，同年 7 月开始编制上海证券交易所股票价格指数，反映相关交易所上市股票的市场行情和发展趋势。在"Wind"等数字化金融终端及各大财经门户网站均能实时显示各类证券价格指数走势及波动。

4.2.1　数字化证券价格指数功能

证券价格指数产生的初衷是描述市场的走势，而随着价格指数的运用，投资者发现跟踪指数操作也能带来收益，因此，证券价格指数具有两方面的功能。

第一，基准功能。该功能主要体现在两方面：一是反映整体证券市场走势。证券价格指数的涨跌刻画市场整体运行状况，而非个别证券的运行状况。将指数在每个时点上对证券市场的描述连起来就是市场的运动轨迹。因此，指数不仅是对证券市场价位的度量，也是证券市场发展历史的记录，可用来研究市场的演进历程。二是反映国民经济总体情况。如果发行主体的行业分布与国民经济吻合，那么资本市场就可以作为国民经济的"晴雨表"，此时的证券价格指数就成为实时反映国民经济状况的重要指标。当上市公司代表的经济成分占国民经济的比例达到相当的水平，国民经济的繁荣与衰退可通过上市公司盈利的增减来改变证券价格指数的走势，而且证券价格指数在反映国民经济的情况时通常还会有一定的放大效应。

第二，投资功能。自 20 世纪 70 年代开始，随着现代投资理论的逐渐成熟，尤其是证券市场结构的变化和完善，证券价格指数尤其是股票价格指数的投资功能日益显现，从资本市场的运作实践来看，股票价格指数的投资功能主要体现在以下两个方面：其一，为股票价格指数期货交易提供标的。股票价格指数期货是在20世纪80年代金融创新中出现的重要金融工具。股票价格指数基本反映了整个股票市场的情况，因此，股票价格指数期货产生的一个重要原因是投资者管理风险的需要，尤其是管理系统性风险的需要。通过股票价格指数期货交易也可以分享国民经济增长的成果，并消除非系统性风险。其二，为指数基金提供模板。所谓指数化投资是指通过复制某一股票价格指数或者按照其编制原理构建投资组合而进行组合投资的办法。指数化投资的理论基础是有效市场假说，根据这一理论，股票市场的竞争将会驱使股票价格充分且及时地反映该股票的信息，从而使得投资者只能获得经风险调整的市场平均收益率。指数基金采取消极投资策略，只期望获得市场平均收益率。

4.2.2 数字化股票价格指数的构造

1. 选择样本股

样本股可以是市场上全部的股票，也可以是有代表性的股票。选择样本股有两个重要标准：首先，样本股的市价总值要占交易所上市的全部股票市价总值的相当部分。其次，样本股票价格变动趋势要反映股票市场价格变动的总趋势。例如，道琼斯工业股票价格指数就选取了包括美国埃克森石油公司、通用汽车公司和美国钢铁公司等30家著名大工商业公司的股票作为样本股；标准普尔500指数的样本公司则由在纽约证券交易所上市的400家工业企业、40家公用事业、20家运输企业和40家金融企业组成，与前者相比，标准普尔500指数选取的样本公司的行业分布广，样本公司市值约占总市值的80%，并且考虑了发行量的影响，信息资料齐全，能更精确地反映股票市场的变化。

2005年4月8日，上海和深圳证券交易所联合推出沪深300指数（CSI300），跟踪中国A股市场的整体表现。这个资本加权股票指数由在这两个交易所上市的300家公司组成，每年定期调整两次，样本股为沪深市场中规模大、流动性好的最具代表性的300只证券。根据Wind数据测算，2022年末，沪深300指数成分股公司的市值约占沪深两市上市公司总市值的53.61%

2. 选定基期和构造方法

通常选择某一有代表性或股票价格相对稳定的日期为基期，并按选定某一种方法计算这一天的样本股平均价格或总市值。价格指数构造方法主要有以下三种：

（1）简单算术平均法。简单算术平均法就是将样本股票每日收盘价之和除以样本数。最早的道琼斯股票价格指数就采用这种方法来计算。这种方法虽然简单易懂，但它存在两个严重的问题：一是当样本股票发生股票拆分、派发红利、增资等情况时，股票价格平均数就会产生断层并失去连续性；二是没有考虑各样本股票的权数，因此不能区分重要性不同的样本股票对股票价格平均数的不同影响。

（2）修正平均数法。修正平均数法需要求出一个常数除数，修正因股票分割、发放股利等原因造成的股票价格平均数的变化，从而使得股票价格平均数保持连续性。具体做法是以新股票价格总额除以旧的股票价格平均数，从而求出新的除数，再以报告期的股票价格总额除以新除数，就得到修正的股票价格平均数。例如，如果某股市选取A、B两只股票为样本股，某日收盘价分别为150元、50元，并公布B股票以一股送一股的方式将总股本扩大一倍，次日的开盘价变为150元、25元，收盘价变为140元、35元。假定该股市的基期均价为100元，并以此作为指数100点，那么根据修正平均数法求指数的做法，先求出新除数：

$$新除数 = \frac{150 + 25}{\dfrac{150 + 50}{2}} = 1.75$$

然后就可以求出次日的均价和指数：

$$次日均价 = (140 + 35)/1.75 = 100$$

$$次日指数 = 100$$

（3）加权平均数法。加权平均数法是指根据各种样本股的相对重要性赋予其一定的权数，然后求出加权平均股票价格。权数可以是样本股的成交量、股票发行量等。例如，某股市的样本股包括A、B两只股票，报告期价格为16元、25元，基期股票价格分别为8元、5元，基期的指数为1 000点，它们在报告期的流通股数量分别为2.5亿股、3亿股，则：

$$股票价格指数 = \frac{16 \times 2.5 + 25 \times 3}{8 \times 2.5 + 5 \times 3} \times 1\ 000 = 3\ 285.7$$

4.2.3　数字化指数基金

伴随证券数字化和数字化交易系统在全国各大证券交易所市场的全面广泛运用，指数投资基金产品也应运而生。

指数基金（index fund）或指数型基金，是被动式管理投资基金的主要形式，有时被用来指代所有的被动管理的投资基金。指数基金的投资理念是在证券市场上选定一部分符合条件的证券，这些证券通过一系列客观标准（如市值大小、流动性水平、行业特征等）或主观标准（如成长性、估值高低等）选定样本股范围；被选定的证券共同构成一个指数，每一个证券都拥有一个确定的权重（即该证券在整个投资组合中所占的比例），指数基金经理按照这个指数购买证券，建立一个与指数完全相同或基本相同的投资组合，这样就创造了一只指数基金。

交易所交易的ETF和指数型投资基金，是目前十分重要的证券投资手段，以其交易结构简单透明、流动性好、交易费率低而风靡全球资本市场，俨然投资交易时尚趋势。ETF和指数投资源于1973年普林斯顿大学经济系教授伯顿·马尔基尔（Burton

Malkiel）的著作《漫步华尔街》（*A Random Walk Down Wall Street*），他研究发现，很多管理费率高昂的主动管理型基金，在扣除成本之后并不能战胜市场表现。同样是普林斯顿大学毕业的约翰·伯格（John Bogle）受此启发，在 1974 年成立了目前世界上规模最大的公募基金——先锋集团（Vanguard Group），并在 1975 年末推出历史上第一只指数基金。自标普 500 ETF 在美股市场上市以来，美股 ETF 整体资产规模经历了显著的增长。

时至今日，全球资本市场上有数以万计的指数基金，以不同的数字化证券价格指数作为目标参考系，通过实时跟踪指数的成分和权重调整，来复制基准指数的收益率和波动率水平。

除了严格复制证券价格指数的基金，指数基金在投资策略方面也创新出多个变体。根据投资主动性程度不同，指数基金主要划分为：

第一，完全复制性。力求严格按照所跟踪指数的成分股品种和对应权重进行配置，以最大限度地减小跟踪误差为目标，期望获得特定股票组合的平均投资收益。

第二，"Smart Beta"策略基金。通过增强不同的因子，对基金资产组合进行加权及选股上的优化。基于透明且固定规则的投资策略，被动交易的期望收益超过传统指数基金的收益。常见的"Smart Beta"因子有：红利、价值、低波动、质量、动量、小市值。

第三，增强型指数基金。在将大部分资产完全复制基准指数的基础上，允许基金经理用一部分（例如 20% 以内）资产进行自主投资。其目标为在紧密跟踪基准指数的同时获得高于基准指数的收益。

首先，由于指数基金分散投资，任何单个股票的波动都不会对指数基金的整体表现构成大的影响，从而规避了个股风险即非系统性风险。其次，由于指数型基金一般采取买入并持有的投资策略，其股票交易的手续费支出会较少，同时基金管理人不必积极地对市场进行研究，收取的管理费也会更低。低廉的管理费用在长期来看有助于更高的投资收益。此外，指数基金完全按照指数的构成原理进行投资，透明度很高，可有效降低基金管理人的道德风险。

从公司治理角度来看，虽然随指数成分和权重变动进行被动投资的管理模式限制了指数基金经理通过"用脚投票"（exit）方式进行公司治理，但该规则反而能够激励大型指数基金凭借大股东身份积极行使股东提案权和重大事项投票权"用手投票"（voice）并且进行长期价值投资。

扩展阅读 4-3

全球著名指数介绍

道琼斯股票价格指数

道琼斯股票价格指数是世界上最早和最有影响的股票价格指数，它自 1884 年

7月3日由查尔斯·道（Charlse Dow）开始编制。最初，该股票价格指数选取了11种具有代表性的股票并使用简单算术平均法计算，此后道琼斯指数的样本股票逐渐扩大。1887年起，道琼斯股票价格指数开始分成工业和运输业两大类。1929年，道琼斯股票价格指数又增加了公用事业类股票。目前，道琼斯工业股票价格指数包括30只股票，运输业包括20只股票，公用事业类包括15只股票。自1928年起，道琼斯股票价格指数采用修正平均数法，即在计点的股票除权或除息时采用连接技术，以保证股票价格指数的连续性。

现在的道琼斯股票价格指数是以1928年10月1日为基数的，因为这一天收盘的道琼斯股票价格指数约为100美元，所以将这一天定为基准日。以后的股票价格同基期相比计算出的百分数成为各期的股票价格指数，所以现在的道琼斯股票价格指数都是用点数作单位的，股票价格指数的每一点涨跌都是相对于基准日的涨跌百分数。

标准普尔股票价格指数

标准普尔股票价格指数是由标准普尔公司编制的。该公司从1923年开始编制股票价格指数，最初选取了230只股票，编制两种指数。到了1957年，这一股票价格指数的范围扩大至500只，分成95个组合，其中最重要的四种组合是工业股票组、铁路股票组、公用事业股票组和500种股票混合组。该股票价格指数以1941～1993年抽样股票的平均市价为基数，以上市股票数为权数，采用加权平均数法计算指数。

香港恒生指数

恒生指数是香港联合交易所影响最大的股票价格指数，由香港恒生银行于1969年开始发布。恒生指数的样本股是在中国香港上市的33家有代表性且经济实力雄厚的大公司的股票，可分为四大类——4种金融业股票、6种公用事业类股票、9种房地产业股票和14种其他工商业股票。这些股票的市值占香港股票市值的近七成，具有很强的代表性。

上证综合指数

上证综合指数是上海证券交易所自1991年7月15日开始编制的，它选择上海证券交易所的所有股票作为样本，以股票发行量为权数按加权平均数法计算，基期指数为1 000。随着上市公司数量的增加，上海证券交易所从1992年2月起分别公布A股指数和B股指数；1993年5月3日起正式发布工业、商业、地产业、公用事业、综合五大类股票价格指数。

深证综合指数

深证综合指数以深圳证券交易所上市的全部股票为样本股，以1991年4月3日为基期，基期指数为100，以指数股计算日股数为权数进行加权平均计算。新股上市时，在其上市后第二天纳入样本股计算；若样本股股权结构发生变化，则以变动日为新基日，并以新基数计算，同时以连锁法将计算得到的指数还原至原有基日，以维持指数的连续性。每日连续计算的环比公式为：

$$今日即时指数 = \frac{上日收盘指数 \times 今日即时指数股总市值}{经调整的上日指数股收市总市值}$$

资料来源：汪昌云，等. 投资学（第四版）[M]. 北京：中国人民大学出版社，2020.

基金新品：FOF 和 MOM

什么是 FOF？

FOF 是英文"Fund of funds"的简称，通常被称为"基金中的基金"，即这种基金并不直接投资股票、债券，而是投资于基金。可以把 FOF 看作是基金买手，利用其专业能力进行选基和择时配置，为投资者提供一站式服务。

2016 年是我国的 FOF 元年。2016 年 9 月 23 日，《公开募集证券投资基金运作指引第 2 号——基金中基金指引》公布并施行，在我国引起了新的一轮 FOF 热潮。

为什么选择 FOF 进行投资？

FOF 和我们熟悉的股票基金或者混合基金相比，具有多项优势：

第一，分散风险：FOF 产品均由专业人员通过定量和定性等综合方法挑选并建立基金投资组合，使得所选出的基金业绩更有保障，与投资单一基金相比，风险分散能力更佳。

第二，降低投资门槛：由于一些产品的投资门槛限制，普通投资者往往难以投资多只不同的基金产品，而 FOF 却能为普通投资者降低多样化投资的门槛，使其能够以较低的成本投资多只基金，大大增加了所投基金的种类，丰富了普通投资者的投资类型。

第三，通过资产配置获取超额收益：FOF 可进行更为专业的大类资产配置，如果能在合适的市场中配置风格相吻合的基金品种，则有望获得较高的超额收益。

在我国，已发行的养老目标基金均采用公募 FOF 形式，如易方达汇诚养老目标日期系列基金，该产品采用目标日期策略，将随着目标日期的临近逐步降低权益类资产的配置比例，可以很好地匹配个人投资者随着年龄增长风险承受能力逐渐下降的特征。在海外，FOF 也是养老投资的主要形式。众所周知，养老型基金需要长期稳健收益，之所以选择 FOF 形式，正是看中了 FOF 天生的分散风险的特质。

什么是 MOM？

MOM 是英文"Manager of managers"，通常被称为"管理人的管理人"。和

FOF 选基金不同，MOM 基金重在选人，基金管理人以投资子账户委托形式让选中的投资经理负责投资管理，以帮助客户获得资产的长期保值增值。

由于投资标的是人而不是现有的基金产品，MOM 的投资领域要比 FOF 宽，可以更好地实现多资产、多策略和多管理人的结合，达到稳定风险、提高收益的目的。但是，由于 MOM 投资的私募管理人的信息大多不透明，因此尽调非常重要，尤其是过往业绩、风控等方面的评估将比 FOF 产品更困难，对主管理人的能力要求更高。

MOM 在管理方面有很多优点：可以动态调整灵活选择投资组合，能够合理、自由和有针对性地管理；对投资组合的掌控力强，可以穿透底层资产，减少非投资因素带来的投资误差。

MOM 在我国刚刚起步，但因其上述优势受到很多投资者的关注和认可，未来有广阔的发展空间。

资料来源：基金新品：FOF 和 MOM［EB/OL］. 证券日报网，2019－06－12，http：//www.zqrb.cn/fund/jijindongtai/2019－06－12/A1560280219766. html.

◎ **概念复习**

证券价格指数　指数基金　Smart Beta 策略

◎ **阅读资料**

［1］汪昌云，等. 投资学（第四版）［M］. 北京：中国人民大学出版社，2020.

［2］Appel I. R. , Gormley T. A. , Keim D. B. Passive investors, not passive owners［J］. *Journal of Financial Economics*，2016，121（1）：111－141.

◎ **课后思考题**

（1）简述股票价格指数的功能，并选择我国的一个股票价格指数，了解其编制过程。

（2）如果某股市选取 A、B、C 三只股票为样本股，某日收盘价分别为 150 元、50 元、40 元，并公布 B 股票以一股送一股的方式将总股本扩大一倍，次日的开盘价变为 150 元、25 元、40 元，收盘价变为 140 元、29 元、45 元。假定该股市基期均价为 100 元，并将此作为指数 100 点，请根据修正平均数法计算该市场指数。

（3）自主查阅资料，了解 2013 年 8 月 16 日光大证券 ETF 交易的"乌龙指"事件，并谈一谈心得体会。

（4）查阅资料，了解 ESG 评级的主要方面和常用指标。假设你是某指数编制团队的参与者，被要求针对 A 股市场设计一套 ESG 数字化股票指数，你认为应该参考哪些具体的评级指标？

4.3 数字证券投资分析

在数字金融大背景下，如何交易数字证券，如何投资数字证券价格指数，有没有新交易技术、交易算法能够与数字资本市场更加匹配？机器学习方法是否已经广泛运用于数字证券投资？大数据技术和方法加持下的量化分析和多因子投资能否提高数字证券的投研效率？人工智能可以取代分析师或基金经理吗？时至今日，证券投资的智能化与科学化已然成为大势所趋。

4.3.1 机器学习在投资分析中的应用

机器学习是专门研究计算机怎样模拟或实现人类的学习行为，以获取新的知识或技能，重新组织已有的知识结构使之不断改善自身性能的计算机应用领域。机器学习是人工智能的热点研究方向和核心子集，它在图像识别、语音识别、自然语言处理、天气预测、基因表达、内容推送等方面均有重要且广泛的应用。

机器学习的核心思想是通过输入海量训练数据样本，对模型进行训练和迭代，使模型掌握数据所蕴含的潜在规律，进而对新输入的数据进行准确分类和预测。这与人类学习过程非常相似，人类通过分析以往的经验，获得新方法，对未来新问题实施预测。

机器学习与计算统计学紧密相关，基于训练样本建立数学模型，从而进行预测及推断，且不需要明确编程就能执行任务。其流程主要分为数据采集、数据预处理、样本特征提取、样本特征选择及推理和预测。

机器学习的一个研究领域是数据挖掘（data mining），专注于通过无监督学习尝试探索性的数据分析。在实际应用中，机器学习与数据挖掘通常运用相同的方法，但两者又有着显著的区别：不同于数据挖掘侧重于从大数据中发现新知识，机器学习则侧重于从训练样本中获取已知知识的属性和规律，从而应用于预测未来。

伴随数字金融的流行，机器学习在金融领域的应用是近年来的热点科技领域，包括但不限于市场营销、风险评估、反欺诈、监管科技等，当然还包括了量化投资。

芝加哥大学的华人学者顾诗颖、修大成与耶鲁大学的布莱恩·凯利（Bryan Kelly）在他们2020年刊发的经典文章中，指出资产定价的机器学习方法可以用来描述："（1）用于统计预测的各种高维模型集合，（2）用于模型选择和缓解过拟合的正则化方法，以及（3）在大量可能存在的模型设定中有效的搜索算法"（Gu et al.，2020）。

在资产定价领域有许多高维预测应用场景，在该类研究问题中可供有效预测信息的预测变量为数众多。虽然大部分已有研究均在预测模型中施加稀疏性假设，但学者通常不会同时考虑大量的预测变量。机器学习方法可以在不施加模型稀疏性假设的前提下有效应对预测中的高维数问题，因此，资产定价成为机器学习方法普遍应用的领域。

然而，直接照搬现成的机器学习方法应用到证券资产定价领域并不总是适配的，证券资产定价和典型的机器学习应用在一定程度上会有所不同：

第一，资产定价与其他机器学习方法应用领域最大的不同可能体现在证券交易数据集中信噪比的差异，即资产定价领域典型数据集的有效信息与白噪声的比例很低且普遍存在标记缺失的情况。首先，在收益率预测应用中，研究者只能使用资产过去已实现的收益率而非研究所关注的预期收益率来作为算法训练的数据集，即预测收益率不可观测，研究者仅将已实现的收益率视为预期收益率的一个带噪声的信号，真实结果并不可知，因此，数据集的信噪比远远低于其他机器学习的经典应用场景。其次，资产定价研究中可用来训练模型的数据量非常有限，进一步加剧信噪比问题。资产收益率历史数据仅涵盖过去几十年时间。虽然可以通过缩小计算收益率的时间窗口获得更高频率的数据，从而增加样本量。然而，使用高频数据并不会帮助研究者更好地估计预期收益率，除非证券资产收益率中可预测部分存在强烈的高频时变特征，否则，从统计学角度来看，通过增加采样频率并不能显著改进估计精度。

第二，不同于其他典型的机器学习应用，证券资产定价研究中我们并不一定非常在意模型对单只证券收益率预测的准确程度。比如，在股价预测时，研究者感兴趣的并非个股收益率本身，而是关心能否构建一个具有优秀风险收益特征的证券投资组合。因此，相较于其他典型的机器学习应用场景，证券资产定价领域更在意预测过程产生的预测误差的协方差性质。在存在众多可投资标的情境下，预测误差的协方差性质在很大程度上决定了证券投资组合的总体波动率，进而对证券投资组合的风险收益特征至关重要。

4.3.2 量化投资分析与多因子投资

量化投资分析是一种利用数学模型和计算机程序来进行交易决策的投资方式。量化投资分析的目的是通过分析大量的数据，找出市场中存在的规律和机会，从而获得稳定的超额收益。伴随信息技术和人工智能算法的迭代演进，越来越多的机器学习算法和大数据、云计算技术被运用于数字证券的投资分析，量化投资方兴未艾。

多因子投资是一种基于量化投资的方法，它认为股票的收益率可以由多个共同因子和个股特异因子来解释。共同因子是指影响所有股票收益率的因素，如市场风险、规模、价值、动量等。个股特异因子是指只影响个别股票收益率的因素，如公司业绩、财务状况、行业前景等。

多因子投资的优势在于，它可以综合考虑多个方面的信息，提高对股票价值的判断能力，同时也可以通过因子之间的互补和分散，降低单一因子的风险，提高投资组合的稳定性。

在实际操作中，投资者可以采用以下方法实施多因子投资：

（1）因子轮动：通过观察市场环境和风险因子的表现，有针对性地调整投资组合中的因子权重，以捕捉市场中的超额收益。

（2）因子组合：将多个因子进行组合，构建综合性的投资组合。这样做的目的是降低单一因子的风险，提高投资组合的稳定性。

（3）动态风险管理：根据市场环境和投资者的风险承受能力，动态调整投资组合中的因子暴露度，以实现风险和收益的平衡。

多因子量化分析投资的主要步骤如下：

（1）选择因子：根据市场特征和投资目标，选择与资产收益率相关的风险因子，如市场、规模、价值、动量、质量等。因子的选择应该具备经济意义、数据可得性、稳定性和预测能力等特点。一般而言，在学术研究中首先要验证因子异象是否存在，检验该异象是否能被已有主流多因子模型所解释。

（2）计算因子暴露：通过回归分析或者直接计算的方法，计算各资产在不同因子上的暴露度，即反映资产对因子变化的敏感程度。因子暴露度可以用于评估资产的风险和收益特征，以及进行资产的分类和分组。当其被加入主流因子模型中使得原模型的解释能力得到增强，该因子的合法性得到认定。

（3）构建投资组合：根据因子暴露度和投资者的风险偏好，构建多元化的投资组合。投资组合可以采用等权重、风险平价、最大夏普比率等方法进行优化，以达到预期的收益和风险水平。在学术研究中，一般采用组合市值加权和等权重，进行交叉验证，保障因子策略的可复制性。

（4）投资组合评估和调整：定期对投资组合的表现进行评估和调整，检验因子的有效性和稳健性，更新因子数据和参数，调整投资组合的权重和成分，以适应市场变化和投资者需求。针对样本外的经济后果进行因子策略的调整和改进。

伴随金融科技、大数据和人工智能的强势崛起，证券投资的智能化与科学化成为大势所趋。最初，多因子模型仅是在人们拒绝了CAPM之后的代替之选，其后它逐渐发展成为股票投资的最有效手段之一。时至今日，多因子模型早已渗透到不同大类资产的投资中，且人们更是从因子的角度对各类资产收益率的底层驱动因素和逻辑进行分析，使用因子进行跨类别的大类资产配置。

◎ **概念复习**

机器学习　人工智能　量化投资

◎ 阅读资料

［1］［美］斯蒂芬·内格尔（Stefan Nagel）. 投资学（第四版）［M］. 王熙，石川，译. 北京：电子工业出版社，2022.

［2］Gu S.，Kelly B.，Xiu D. Empirical asset pricing via machine learning［J］. *The Review of Financial Studies*，2020，33（5）：2223 - 2273.

［3］Kelly B.，Xiu D. Financial machine learning［Z］. National Bureau of Economic Research，2023，No. w31502.

◎ 课后思考题

（1）谈谈你对机器学习的理解，你认为将机器学习方法运用于证券投资或者其他应用场景时有哪些区别与注意事项？

（2）你认为人工智能将取代专业财务顾问吗？为什么？请给出你的详细理由。

（3）你会积极体验 Chat GPT 等人工智能前沿产品吗？类似的产品可以从哪些方面改善我们的生活？你是否愿意尝试在数字证券投资中使用这类 AI 科技，为什么？

（4）试辨析机器学习方法和计量经济学方法的异同，它们分别在分析哪些问题上分别更加具备优势，二者的局限性又分别有哪些？

4.4　数字化证券信息披露

默克等（Morck et al.，2000）研究发现，包括中国 A 股在内的新兴市场经济体股市普遍存在个股股价与大盘指数的高同步性，即股价与市场指数呈明显的同涨同跌现象。该现象背后的制度背景及经济学解释为：由于新兴经济体股票市场并不成熟，上市公司信息披露不健全，证券市场交易机制不完善、投资者欠成熟，信息不对称问题突出，有效市场假说难以成立，个股股价无法反映公司特质信息而随市场整体涨跌同步变动。然而，经历数十年发展，A 股各项制度日趋完善，数字金融监管科技逐渐齐全，A 股平均股价同步性呈逐年下降趋势，说明在整体上，个股层面信息不对称问题逐渐缓解，股价信息含量提升，上市公司信息透明度提高。

4.4.1　数字化证券信息披露类型

经过二十多年发展，中国股市已成长为世界第二大股市，卡朋特等（Carpenter et al.，2021）实证表明中国股市的确在加大对经济的影响力，正在成为另一个成熟、有效率的资产配置渠道。伴随数字化信息披露日趋加强，A 股股票价格与每股价格一样都能有效反映公司未来的盈利信息，对公司未来盈利的信息含量也呈现增加的趋势，自 2004 年股权分置改革以来，A 股股价信息含量的增加与私营企业的企业投资效率的提高相吻合，即便在 2007～2008 年经济危机刺激之后，国有企业的股价信息效率低于民营企业，但整体而言，从 2004 年起，A 股市场的股价信息含量显著提升并在某些方面接近甚至超过了美国股市（见图 4－1）。

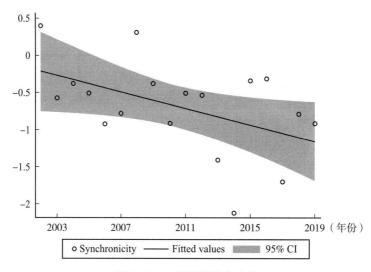

图 4－1 A 股股价信息含量

资料来源：CSMAR。

一方面，上市公司信息透明度提高离不开日趋严格的监管要求的推动。2001～2021 年，中国证监会相继出台信息披露规范类部门规章和规范性文件 85 份（含已废除的 10 份），明确强调"资本市场发展须以充分信息披露为核心"。2022 年 1 月 28 日，中国证监会发布《关于注册制下提高招股说明书信息披露质量的指导意见》，进一步完善公司发行上市的信息披露制度，稳固推进以信息披露为核心的全面注册制改革。

自 2001 年起深交所开始定期对所辖 A 股上市公司信息披露进行考核，将上市公司信息披露质量等级按高到低依次划分为 A、B、C、D 四等，随后上交所方面也出台类似的监管要求。如图 4－2 所示，2001 年，50% 以上的上市公司信息披露质量位于 C 档、D 档，位于 C 档的公司数量（224 家）超过 B 档的公司（176 家），A 股整体信息环境欠佳。自 2002 年开始，由于监管重视及上市公司信息披露制度的加强，信息披露质量位于 A、B 档的公司逐渐多于处于 C、D 档的公司，其中 B 档公司的数量增幅最为明显。截至 2019 年末，3 641 家公司中，信息披露质量位于 B 档的公司 2 261 家，占比高达 62.10%，B 档及以上的公司 2 962 家，同比增加 3.03%，占比约 81.35%，虽然 C、D 档公司数量近年来亦有较大幅度增长，但 2019 年末合计为 679 家，占公司总数的

18.65%，其中 C 档 537 家，D 档 142 家，合计低于同时期信息披露质量最高的 A 档公司 701 家。

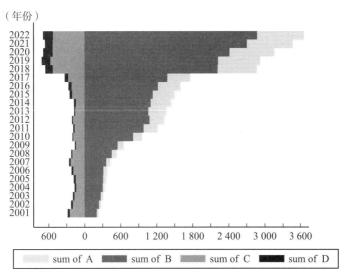

图 4 - 2　上市公司信息披露质量等级分布趋势

资料来源：Wind 数据库。

另一方面，券商等证券市场中介服务机构发展迅速，大数据、云计算等金融科技手段日新月异，伴随公募基金等机构投资者日渐成为资本市场的中流砥柱，券商经纪、佣金业务迅速扩容，卖方行业研究配套服务水涨船高，外部研究的兴起客观上也促进了上市公司数字化信息传播效率的改善，上市公司信息通过多元化和专业化的数据渠道更广泛地传递，信息更新频率加快，时效性信息可得性大幅提高。Wind 数据显示，2004 ~ 2022 年，券商雇用的卖方分析师数量整体呈现上升态势，从 2004 年的 15 家券商研究所的 245 名分析师，增加到 2022 年 109 家券商研究所 1 310 名分析师，18 年间卖方分析师人数年均增速约 12.26%，对于平均单个券商研究所覆盖上市公司数量由 2004 年的 105 家增加至 2020 年的 208 家。

根据《上市公司信息披露管理办法》等监管文件要求，上市公司数字化证券信息披露分为定期报告和临时报告两大类，按事项类别划分则主要包含的信息分类及具体科目内容如表 4 - 1 所示。

表 4 - 1　　　　　　　　　上市公司数字化证券信息披露类型举例

信息类别	具体科目
公司基本信息	公司名称、注册地址、办公地址、法定代表人、注册资本、成立日期、经营范围、股票代码等

续表

信息类别	具体科目
财务信息	财务报表（资产负债表、利润表、现金流量表）、会计政策、会计估计变更等
重大事项	重大投资、重大合同、重大诉讼、重大担保等
董事、监事、高级管理人员持股变动情况	股东名册、持股比例变动情况等
公司治理结构	董事会组成及职责、监事会组成及职责、高管薪酬制度等
股东大会决议	股东大会通知、决议内容等
董事会决议	董事会通知、决议内容等
融资计划	融资方案、融资金额、融资方式等
业绩预告、业绩快报	业绩预告、业绩快报摘要等
重大资产重组、收购、出售等交易信息	交易方案、交易标的物介绍等
股权激励计划	股权激励方案、激励对象及其认购情况等
其他公开信息	公司公告、新闻稿等

资料来源：内容根据巨潮资讯网上市公司公告类型整理汇总。

4.4.2 数字化证券 ESG 信息披露

ESG：环境（environmental）、社会（social）和治理（governance），是一种新兴的，关注环境、社会责任和公司治理的公司发展理念或目标，包括企业在经营与发展过程中对环境、社会与治理三方面的责任。ESG 的主要议题如下：

1. 环境

气候变化和碳排放：企业的碳足迹、温室气体排放和气候变化适应措施。

资源管理：可持续用水、能源效率、废物管理等，以减少资源浪费。

生态保护：企业的生态系统保护和生物多样性维护。

环境监管合规：符合相关环境法规和标准。

2. 社会

劳工权益：包括员工工资、工时、安全和健康权益。

社区关系：企业与当地社区的互动和社会责任。

客户权益：产品安全、消费者权益和隐私保护。

人权和多元化：尊重人权，包括反歧视和多元化。

3. 治理

董事会和高管层：董事会独立性、高管薪酬、职责和透明度。

股东权益：股东权益保护、投票权和股东治理。

道德经营：企业道德和反腐败政策。

财务透明度：财务报告的准确性和及时性。

这些议题反映了 ESG 的全面性，旨在评估企业的综合可持续性和社会责任。通过在这三个维度中进行评估，投资者和利益相关者可以更全面地了解企业的业务和绩效，以做出更明智的决策。

1997 年，美国环境责任经济联盟和联合国环境规划署（CERES）联合发起成立了全球报告倡议组织（global reporting initiative，GRI），总部设在荷兰阿姆斯特丹，成为世界首家制定可持续发展报告准则的独立组织。CRI 准则见表 4 - 2。

表 4 - 2 ESG 信息披露规范 I：GRI 准则

经济议题	环境议题	
财务绩效	材料耗用	能源消耗
市场表现	用水情况	生物多样性
间接经济影响	碳排放	废物废品
采购惯例	物流交通	环保遵循情况
	供应商环境评价	环境影响投诉机制

社会议题			
雇佣政策	人权	社会	产品责任
雇佣政策	非歧视性政策	社区关系	客户健康与产品安全
劳资关系	参与工会与集体谈判自由	反腐举措	产品与服务标识
职业健康与安全	禁止童工与强迫劳动	反不正当竞争	营销沟通
教育培训	原居民权利	社会责任履行情况	客户隐私保护
同工同酬	供应商人权评估	供应商社会影响评价	产品责任履行情况
供应商雇佣政策评估	人权投诉机制	社会影响投诉机制	

资料来源：GRI。

2017 年达沃斯世界经济论坛上，140 家跨国公司和金融机构签署了《反应性和负责任领导力协议》，赞同和支持联合国可持续发展目标（SDGs）；2020 年发布了题为《迈向共同且一致指标体系的可持续价值创造报告》白皮书，提出了四支柱的报告框架，其中：

治理原则主要信息披露指标包括：

（1）治理目标。

（2）治理机构质量，如执行董事与非执行董事比例、独立董事占比、董事性别结构、董事履职表现。

（3）与利益相关者互动。

（4）商业伦理。

（5）风险与机遇监控，如将风险与机遇整合进企业流程、风险识别程序、主要风险因素、董事会的风险偏好等。

保护星球主要分析和披露指标包括：

（1）气候变化，如温室气体排放量、减排目标、举措和成效。

（2）自然损失，整个供应链占用的土地和造成的生态影响。

（3）淡水可获取性。

（4）一次性塑料使用和固体废物处理。

造福人民主要分析和披露指标包括：

（1）尊严与平等，如性别报酬平等、雇员多样性等。

（2）健康福祉，如工伤事故、旷工率等。

（3）教育培训，如提升员工应对未来挑战的培训课时、参与培训的性别结构等。

营造繁荣主要分析和披露指标包括：

（1）就业与财富创造。

（2）产品和服务创新，如研发投入强度以及满足社会可持续发展特定需求的投入占营业收入的比重。

（3）社区关系与社会活力，如社区投资和税收缴纳情况等。

中国国内主流的 ESG 评级体系包括华证 ESG 评级、中证 ESG 评级、商道融绿 ESG 评级、WindESG 评级、富时罗素 ESG 评级、嘉实 ESG 评级、社会价值投资联盟 ESG 评级等。其中，华证/中证/商道融绿/嘉实评级范畴覆盖全部 A 股上市公司，其他机构以中证 800、沪深 300 成分股为主。

其中，华证 ESG 评级是由华证指数提供的中国 A 股及港股等证券发行人的环境、社会和公司治理三个维度的评级结果。该评级体系参考国际主流方法和实践经验，借鉴国际 ESG 核心要义，结合中国国情与资本市场特点：

评估维度：华证券 ESG 评级覆盖了环境、社会、和治理三个维度。这包括企业的环保措施、社会责任和道德经营以及公司治理结构和透明度。

数据来源：评级的数据来源包括公开信息、企业报告、政府数据，以及可能的外部评级机构数据。这些数据用于量化企业在 ESG 方面的表现。

评级方法：华证券采用定量和定性方法来评估企业的 ESG 表现。这可能包括使用各种指标和评分体系来量化绩效，同时也考虑一些非量化因素，如企业文化和承诺。

评级标准：具体的评级标准可能会根据不同行业和地区的特点而有所不同。华证券会根据行业标准和最佳实践来制定评级标准。

评级结果：评级结果通常以分数或等级制度呈现，用于反映企业在 ESG 方面的表现。高分或高等级通常表示企业在 ESG 方面表现良好，而低分或低等级可能表明需要改进。

投资决策：华证券 ESG 评级结果可以为投资者提供有关企业的 ESG 表现的重要信息，有助于他们做出更可持续和社会责任感的投资决策。

需要注意的是，不同的金融机构可能有不同的 ESG 评级方法和标准，因此投资者在参考这些评级时应综合考虑多个信息源。

4.4.3　数字证券投资者关系互动

根据中国证券监督管理委员会《上市公司投资者关系管理工作指引》，A 股上市公司投资者关系管理是指上市公司通过便利股东权利行使、信息披露、互动交流和诉求处理等工作，加强与投资者及潜在投资者之间的沟通，增进投资者对上市公司的了解和认同，以提升上市公司治理水平和企业整体价值，实现尊重投资者、回报投资者、保护投资者目的的相关活动。

上市公司投资者关系管理的基本原则是：

（1）合规性原则。上市公司投资者关系管理应当在依法履行信息披露义务的基础上开展，符合法律、法规、规章及规范性文件、行业规范和自律规则、公司内部规章制度，以及行业普遍遵守的道德规范和行为准则。

（2）平等性原则。上市公司开展投资者关系管理活动，应当平等对待所有投资者，尤其为中小投资者参与活动创造机会、提供便利。

（3）主动性原则。上市公司应当主动开展投资者关系管理活动，听取投资者意见建议，及时回应投资者诉求。

（4）诚实守信原则。上市公司在投资者关系管理活动中应当注重诚信、坚守底线、规范运作、担当责任，营造健康良好的市场生态。

投资者关系管理中上市公司与投资者沟通的内容主要包括：

（1）公司的发展战略；

（2）法定信息披露内容；

（3）公司的经营管理信息；

（4）公司的环境、社会和治理信息；

（5）公司的文化建设；

（6）股东权利行使的方式、途径和程序等；

（7）投资者诉求处理信息；

（8）公司正在或者可能面临的风险和挑战；

（9）公司的其他相关信息。

上市公司应当多渠道、多平台、多方式开展投资者关系管理工作。通过公司官网、新媒体平台、电话、传真、电子邮箱、投资者教育基地等渠道，利用中国投资者网和证券交易所、证券登记结算机构等的网络基础设施平台，采取股东大会、投资者说明会、路演、分析师会议、接待来访、座谈交流等方式，与投资者进行沟通交流。沟通交流的方式应当方便投资者参与，上市公司应当及时发现并清除影响沟通交流的障碍性条件。

鼓励上市公司在遵守信息披露规则的前提下，建立与投资者的重大事件沟通机制，在制定涉及股东权益的重大方案时，通过多种方式与投资者进行充分沟通和协商。

伴随数字化技术的发展，和证券交易所数字化基础设施日臻完善，沪深证券交易所分别推出了官方支持的上市公司与普通投资者之间的在线互动平台，旨在促进信息沟通和提供股东信息，缓解公司内外部的信息不对称。它们允许投资者与上市公司进行直接互动，提供了互动问答和公司公告等功能。其中，"互动易"是深交所官方推出的平台，旨在供投资者与上市公司进行直接沟通，提供第一手的互动问答、投资者关系信息、公司声音等内容，整合了公司公告、股东信息等；E互动平台由上海证券交易所建立，允许上市公司、投资者等各市场参与主体之间进行信息沟通，旨在引导和促进信息交流，构建便捷的沟通平台。

扩展阅读 4-5

上市公司信息披露管理办法总则

第一条　为了规范上市公司及其他信息披露义务人的信息披露行为，加强信息披露事务管理，保护投资者合法权益，根据《中华人民共和国公司法》（以下简称《公司法》）、《中华人民共和国证券法》（以下简称《证券法》）等法律、行政法规，制定本办法。

第二条　信息披露义务人履行信息披露义务应当遵守本办法的规定，中国证券监督管理委员会（以下简称中国证监会）对首次公开发行股票并上市、上市公司发行证券信息披露另有规定的，从其规定。

第三条　信息披露义务人应当及时依法履行信息披露义务，披露的信息应当真实、准确、完整，简明清晰、通俗易懂，不得有虚假记载、误导性陈述或者重大遗漏。

信息披露义务人披露的信息应当同时向所有投资者披露，不得提前向任何单位和个人泄露。但是，法律、行政法规另有规定的除外。

在内幕信息依法披露前，内幕信息的知情人和非法获取内幕信息的人不得公开或者泄露该信息，不得利用该信息进行内幕交易。任何单位和个人不得非法要求信息披露义务人提供依法需要披露但尚未披露的信息。

证券及其衍生品种同时在境内境外公开发行、交易的，其信息披露义务人在境外市场披露的信息，应当同时在境内市场披露。

第四条　上市公司的董事、监事、高级管理人员应当忠实、勤勉地履行职责，保证披露信息的真实、准确、完整，信息披露及时、公平。

第五条　除依法需要披露的信息之外，信息披露义务人可以自愿披露与投资者作出价值判断和投资决策有关的信息，但不得与依法披露的信息相冲突，不得误导投资者。

信息披露义务人自愿披露的信息应当真实、准确、完整。自愿性信息披露应当遵守公平原则，保持信息披露的持续性和一致性，不得进行选择性披露。

信息披露义务人不得利用自愿披露的信息不当影响公司证券及其衍生品种交易价格，不得利用自愿性信息披露从事市场操纵等违法违规行为。

第六条　上市公司及其控股股东、实际控制人、董事、监事、高级管理人员等作出公开承诺的，应当披露。

第七条　信息披露文件包括定期报告、临时报告、招股说明书、募集说明书、上市公告书、收购报告书等。

第八条　依法披露的信息，应当在证券交易所的网站和符合中国证监会规定条件的媒体发布，同时将其置备于上市公司住所、证券交易所，供社会公众查阅。

信息披露文件的全文应当在证券交易所的网站和符合中国证监会规定条件的报刊依法开办的网站披露，定期报告、收购报告书等信息披露文件的摘要应当在证券交易所的网站和符合中国证监会规定条件的报刊披露。

信息披露义务人不得以新闻发布或者答记者问等任何形式代替应当履行的报告、公告义务，不得以定期报告形式代替应当履行的临时报告义务。

第九条　信息披露义务人应当将信息披露公告文稿和相关备查文件报送上市公司注册地证监局。

第十条　信息披露文件应当采用中文文本。同时采用外文文本的，信息披露义务人应当保证两种文本的内容一致。两种文本发生歧义时，以中文文本为准。

第十一条　中国证监会依法对信息披露文件及公告的情况、信息披露事务管理活动进行监督检查，对信息披露义务人的信息披露行为进行监督管理。

证券交易所应当对上市公司及其他信息披露义务人的信息披露行为进行监督，督促其依法及时、准确地披露信息，对证券及其衍生品种交易实行实时监控。证券交易所制定的上市规则和其他信息披露规则应当报中国证监会批准。

资料来源：上市公司信息披露管理办法［EB/OL］. 中国政府法制信息网，http://www.moj.gov.cn/pub/sfbgw/flfggz/flfggzbmgz/202105/t20210517_392995.html，2021－03－18.

披露水平稳步提升部分企业意识不足
"上市公司环境信息披露 2021 年度报告"发布

2022 年 12 月 27 日，中国环境记协在京发布《中国上市公司环境责任信息披露评价报告（2021 年度）》（以下简称《报告》）。《报告》指出，上市公司环境责任信息披露水平稳步提升，2021 年披露指数约为 39.89 分，相比 2020 年提升 6.97%，为十年来最高，整体处于二星级水平的发展阶段。

《报告》显示，近年来，党中央、国务院对企业环境责任信息披露工作越来越重视，发布环境责任信息报告的企业数量逐年增多，且披露水平稳步提高，这体现出企业对国家政策认识不断深化，环境责任信息披露意识不断提高。

自 2013 年开始设置星级评价以来，《报告》首次出现前 20 名均为四星半级以上，五星级企业首次出现 5 家，此前最多只有 1 家。上市公司环境责任信息披露评价排名前十分别为：中船防务、民丰特纸、中国石化、海油发展、恒邦股份、宏达股份、岳阳林纸、金钼股份、恒逸石化、环旭电子。

虽然披露整体水平稳步提升，但仍有部分企业披露意识不足。结合生态环境部 2021 年对外通报的信息来看，一些上市公司因环保问题被通报或处罚后，未在其企业官网、社会责任报告或其他环境报告中有所披露。

碳信息披露受重视，仍有很大上升空间

我国力争 2030 年前实现碳达峰，2060 年前实现碳中和。这一目标最终是要落实到区域、行业和企业身上，其中，企业承担着碳达峰、碳中和的绝大部分任务。

《报告》显示，2021 年度，1 178 家上市公司不同程度披露了碳信息，在发布有效样本的 1 415 家企业中，占比 83.25%，相较 2020 年度披露占比（70.75%）提升 17.67%。其余 237 家企业未披露碳信息，占比 16.75%。碳信息披露得分率有所提升，但还有很大上升空间。1 415 家上市企业 2021 年在温室气体环境绩效方面的总体平均得分率为 27.6%；其中超过平均得分率的企业共计 569 家，占据全部企业的 40.21%，较 2020 年（17.80%）增幅为 55.06%。

沪深两市碳信息披露总体水平同比提升。2021 年度沪市企业碳信息披露平均得分率为 27.22%，深市企业碳信息披露平均得分率为 28.14%，同比均有提升。通过沪深两市对比可知，沪深两市大部分企业具有较强碳信息披露意识，并且注重低碳成果信息的发布。

珠三角地区企业环境责任信息披露指数平均分为 40.28，京津冀地区为 40.85，长三角地区为 41.06。从一级指标得分率来看，三地区得分率相近，其中长三角地区企业环境管理、环境绩效两个一级指标得分率最高，分别为 53.47%、36.08%，而京津冀地区企业的环境信息沟通指标得分率最高，为 37.04%。

所有上市公司中，五星级企业均分布在京津冀、长三角、珠三角地区。其中，星级在四星半级及以上的企业数量为 11 家，长三角地区占了 7 家。长三角地区企业环境信息披露星级分布呈"金字塔"分布，京津冀、珠三角地区五星级企业数量大于四星半级。然而，三地区的企业星级分布主要集中在一星级与二星级，三地区企业环境信息披露仍有提升空间。

《报告》总结了近十年沪深两市上市公司环境责任信息披露的变化情况、产业行业间的差异性，以及京津冀、长三角、珠三角地区企业的披露状况，并提出建议和对策：一是通过政策激励、完善机制等多种方式，为环境信息披露规范性提供基础支持和保障；二是规范环境信息披露标准，制定统一的信息披露要求，明确具体内容和披露形式；三是注重创新披露模式，形成信息披露评价平台；四是发挥示范效应，激发上市公司潜力；五是强化定量指标比例，提高上市公司环境信息披露质量；六是鼓励多元化参与，引导第三方机构提供专业市场服务和咨询服务。

NGO 与企业共行动，加速绿色低碳转型

会上，公众环境研究中心发布了《中国上市公司气候行动 CATI 指数 2022 评价报告》。该中心主任马军表示，报告旨在客观反映上市公司气候行动进展以及在"双碳"行动中所处位置，助力各方达成共识，激励上市公司完善治理和管理机制；借助碳核算摸清家底，从而科学设定碳目标，高效开展节能减排，并通过对排放和绩效的披露构建与利益方的信任。此外，CATI 指数希望能为海内外 ESG 投资者、指数基金、影响力投资提供决策参考，支持上市公司加速绿色低碳转型，有效参与"双碳"行动和全球气候治理，同时协助金融机构防范企业转型过程中的"漂绿"风险。

参会企业代表也纷纷表示，将继续建立健全内部环境责任信息披露制度，依法依规履行信息披露义务。全球电源管理与散热解决方案提供商台达发布《2021可持续发展报告》，披露在中国大陆的可持续发展实绩，并分享履责活动进展及具体成效。台达中国大陆可持续发展委员会执行主席吴美慧表示，公司以"环保节能 爱地球"为经营使命，积极践行企业自主减碳，已设定 2030 年达成 100%使用可再生电力及碳中和的总目标。国家能源集团准能集团生态环保部主任张小平提出，通过创建绿色矿山和煤炭清洁化利用科技创新，企业成功开发"生态＋光伏＋农牧林果＋旅游＋棕地利用"等多元生态产业和惠民增汇工程，使降碳减污扩绿增长协同推进；在入选 2022 年世界经济论坛报告"自然受益型"发展案例基础上，开启建设中国式现代化"生态准能"新篇章。北京博雅智慧科技有限公司首席科学家程迈越表示，作为国家发改委 2022 年度碳达峰碳中和课题项目承研单位之一，以及国内首个碳排放统计核算管理信息平台建设规范团体标准的联合发起单位，公司将运用业界领先的大数据和人工智能技术，服务智慧城市建设、国家"双碳"目标和全球能源转型，助力企业环境信息依法披露和绿色低碳发展。

资料来源："上市公司环境信息披露2021年度报告"发布［EB/OL］. 中国环境新闻网，http：//www. cfej. net/bwzl/jxdt/202212/t20221228_1008892. shtml，2022 – 12 –28.

◎ **概念复习**

信息披露　ESG　投资者关系

◎ **阅读资料**

［1］中华人民共和国司法部. 上市公司信息披露管理办法［Z］. 2021.

［2］中国证券监督管理委员会. 上市公司与投资者关系工作指引［Z］. 2022.

［3］Morck R.，Yeung B.，Yu W. The information content of stock markets：why do emerging markets have synchronous stock price movements？［J］. *Journal of Financial Economics*，2000，58（1 –2）：215 –260.

［4］Carpenter J. N.，Lu F.，Whitelaw R. F. The real value of China's stock market［J］. *Journal of Financial Economics*，2021，139（3）：679 –696.

［5］Cheng Q.，Du F.，Wang X.，Wang Y. Seeing is believing：Analysts'corporate site visits［J］. *Review of Accounting Studies*，2016（21）：1245 –1286.

◎ **课后思考题**

（1）结合有效市场假说，阐述信息披露的重要作用，并进一步分析数字化证券信息披露的现实意义。

（2）试分析数字化证券信息披露相较于传统信息披露形式的独特优势。

（3）在数字化证券信息披露的实现中，需要注意哪些问题，当前可能存在哪些不足，并尝试提出改进建议。

（4）数字金融语境下，资本市场是否存在信息不对称和交易摩擦？请尝试基于代理问题（agency problem）或行为金融的理论知识，从数字化信息披露的角度来谈一谈你的理由。

4.5　数字证券市场未来趋势及展望

伴随 Chat GPT、GPT 4 等大模型相继问世，数字经济无疑受世界各国广泛关注，并迅速蜕变为支撑全球经济增长的强大内生动能。从宏观视角看，数字经济覆盖各个领域、囊括各行各业，天然的关联性和相互作用使得经济数字化转型与资本市场高质量发展对整个经济体发展产生深远持久的影响。目前，数字化转型对资本市场改革创新不断营造外部环境和必要的技术支持。

4.5.1 证券市场数字化建设与转型

1. 完善数字化基础配套设施

证券市场数字化转型成功的关键在于数字化要素是否完备，建设和完善数字化基础配套设施是实现该目标的基础条件。证券市场的数字化基础设施建设主要聚焦网络安全、支付体系、监管体系、法律制度等的数字化。资本市场通过自身的数字化基础设施推动数字经济上市主体融资效率、信息披露效率和公司治理效率，从而带动产业数字化基础设施的建设和完善。数字化思维构建应成为证券市场的基础数据架构秉承的逻辑，以提升数据质量为目的的标准化大数据体系在证券交易领域的应用更加广泛。公平、公正、公开和透明、有韧性的资本市场源于采用大数据手段整合高维多源信息，良好的配套基础设施也会孕育科学的数字监管，大数据检测、时变式监管、高频交易数据处理、舞弊和违规操作的人工智能自动化识别等监管手段也将促进数字化证券市场基础设施系统的发展完善。

2. 支持数字经济主体规范和高效融资

资本市场从功能上可以分为以证券发行融资为主要功能的一级市场，以及为已发行证券的转让交易提供流动性场所和股价信息的二级市场。其中，一级市场的首要作用是支持数字经济主体进行高效而规范的股权或债权融资，从数字经济股东、债权人及利益相关者类型、数量、质量和结构等多个维度进行规范引导，数字经济发展初期的野蛮生长和融资方式将逐渐升级为大法律框架下更为规范、透明、精准、集约的发展模式，与全面注册制下多层次资本市场有机融合，从而大幅提高证券发行融资效率。

一是坚持常态化新股发行机制。通过 IPO 和注册制审核效率的逐渐提升吸引高科技和专精特新公司上市融资。2019 年 6 月 13 日，科创板在市场化和法治化改革理念基础上成立，不仅是注册制先行区，而且从系统架构上引领资本市场深化转型向高质量发展，对上市公司全生命周期各个环节，包括发行、上市、交易、信披、治理、退市等领域进行了规范与结构性设计。新一代信息技术、人工智能及与数字创意相关的上市公司数量不断增加，市值持续攀升，资本市场用高质量方式支持数字经济主体提高融资效率。此外，资本市场数字化转型的建设者还包括风险投资和私募股权、证券投资基金、初创科技型企业、市场监管机构、商业银行、互联网大平台企业、信息技术服务机构和投资顾问服务商等。

二是通过改革制度活跃控制权市场并降低兼并收购成本。证监会鼓励产业链条上下游公司以及同行业公司根据实力和行业发展需要进行有效的纵向及横向合并，对借机炒作和"挂羊头卖狗肉"的并购行为采取"零容忍"态度，对违规和扰乱资本市场正常秩序的行为进行惩罚纠偏，合理引导市场预期。根据 Wind 数据测算，2017 年 1 月 1 日至 2023 年 6 月 30 日，A 股上市公司作为并购方发起的并购重组事件约 518 个，交易总金额约 21 871.57 亿元，被并购方不乏半导体、电子元件、软件和信息技术服务企业，与大数据、物联网、云计算、人工智能、区块链等数字经济领域密切相关。

三是优化信用债、可转换债券产品结构。通过扩大发行创新创业债券规模、优化转股条款助力关键技术领域和高科技数字经济主体进行自主创新。资本市场鼓励更多具有潜力的新兴企业发行信用债融资，引领数字经济发展。

资本市场为数字经济主体企业拓展了融资和并购渠道，不仅降低融资成本促进直接融资，而且助力高科技技术上市公司数字化转型和升级。

3. 加快证券融资主体的数字化创新应用

创新是高风险尝试，失败概率极高，而资本市场多元化主体和专业投资人在推进行业数字化创新应用方面天然具备优势：风险投资者、套期保值者、投机者根据自身风险偏好和业务特征选择合适的投资标的进行交易，激发市场活力和证券流动性，使得科技创新在多源资本的投入下成为可能，成功概率大幅增加，风险也在一定程度得到分散或对冲。中小企业融资问题伴随产业数字化程度不断提高，供应链依托区块链技术将实现对商业信用的真实性和可靠性的有效监督保障，质押贷款面临的流动性风险和信用违约风险也会大幅降低。证券市场自身也不断尝试数字化创新应用技术和场景，在资产定价、风险管理、信用评级、数字化监管等领域的金融大数据应用价值功效显著，全方位的实时信息流和历史数据沙盘式分析助推智能监控新高度。智能投顾、智能风控、AI客服等现实应用也逐渐成熟，人工智能促使资本决策智能化程度越来越高。证券行业在报价、交易、监管、自治方面也积极尝试和应用区块链、人工智能等前沿的数字化技术。

当下，金融数据存储、分析、确权、溯源、认证等应用场景均和大数据、区块链、人工智能等数字化技术深度融合，未来数字经济产生的数字资产也将演变为新的数字经济要素，数字资产的稳定性和流动性将改变整个证券市场的发展业态。

未来，更多中小微公司将通过多层次资本市场创造和分享数字经济要素资源，无论是传统资产资源，还是虚拟数字资产，都将获得更广阔的发展空间。

4. 数字科技赋能证券市场监管提质增效

伴随金融科技应用迅速发展，证券市场的相关法律制度和监管水平急需完善和提高，数字科技赋能证券市场监管提质增效是资本市场健康茁壮成长的必要条件，也是数字经济可持续增质扩容的有力保障。由于经济数字化过程中海量大数据和高效分析手段很容易催生"马太效应"，依法依规对资本市场无序扩张进行有效的约束，才能平衡好数字经济过程中效率和公平的关系，避免垄断和"赢者通吃"。

为加强数字证券监管，一要完善数字监管框架与政策。数字证券的监管指标体系的技术性安排，既可以作为制定数字资本市场的监管原则的要素，又可以从量化角度构建理论框架和政策工具，从而有效防范和化解网络安全、数据隐私等问题演化成为数字经济时代的新型风险。

二要强化数据治理模式。对数字证券的风险监测，不但要依托数字化、程序化的监管规则，而且要优化全流程、全链条的监管模式，通过数字科技手段实现穿透式监管。

三要构建数字化风险管理体系。利用数字化风险管理信息系统打通"数据孤岛"，并将全面风险管理、舆情分析预警等纳入其中，依托大数据分析更加精确直观测度并锁定风险状态。

四要提升监管科技能力。既掌握智能化分析实施风险的人工智能技术，又培育具备数据治理和分析能力的专业技术人才梯队。

4.5.2 证券市场数字化与经济数字化转型

1. 技术性变革多层次资本市场

股票交易由最初的交易所盘面技术分析到智能手机上的交易软件 App 就可以轻松实现有价证券买卖，数字技术进步推动了数字证券市场效率的提升，而资本市场对更先进的数字科技产生新的需求，这是一个相互作用、迭代演进的历史过程。

当下，数字经济的蓬勃发展不仅促进实体公司进行革新，证券市场同样面临前所未有的机遇和挑战。数字金融服务实体经济，产业业态升级必然催生资本市场业态变化，而不同数字产业业态需要多层次的数字资本市场相匹配，数字金融与数字经济在产业发展和融资渠道层面的变化是与时俱进与相辅相成的关系。数字化在实体行业和证券市场之间起到了技术性变革的关键推动作用，并且在未来相当长的时期内持续而深远地影响着数字经济转型。

基于全球视角，纽交所等主要交易所都聚焦于区块链平台的研发，希望实现基于区块链底层技术的交易所业务拓展，创新和促进证券交易。我国资本市场和证券业也在很多领域运用大数据、云计算、区块链、人工智能等金融科技组合，并且为数字在线支付、数字交易结算、供应链数字金融、数字化智能投融资等诸多应用场景提供多样性的全方位服务。

2. 数字化重塑证券业竞争格局

资本市场是基于经济发展而诞生，是实体经济发展到更高阶段的体现，当经济结构发生转变、经济增长方式变革，势必引发金融和证券业结构和生态的深刻变迁。当下的移动互联网时代，证券业行业格局发生明显转变，在金融科技风靡和数字经济转型的大趋势下，新金融业态呼之欲出。

从产业数据视角来看，数字经济的增长速度超过普通经济的 3.5 倍，投资回报率超过普通经济的 6.7 倍。高增长速度、高投资回报率以及数字化手段为投资过程降低金融风险因素，促使传统证券业拥抱数字化转型。传统金融从基础设施到业务入口、产品应用等方方面面都在大规模通过大数据、5G、AI 等数字化技术构建的算力和云计算平台对接尝试对人群进行信用画像、财务能力评估、风险甄别等更为精准地分析和风险管理。证券业乃至整个金融行业原有竞争格局将从数字化的角度降维重塑，不再局限于依托人际网络、中介渠道、计量方法和风险建模等策略，而是更多运用大数据、云计算、区块链、深度学习、人工智能等数字技术进行更加深入的融合拓展。

3. 数字化资源配置助推经济增长

伴随经济高速增长向经济高质量增长转型，我国经济增长动能也进行结构性转换，新旧动能均是不同经济发展阶段的客观规律的体现。资源消耗型的粗放经济增长模式不可持续，创新引领、数据驱动的新经济增长模式将飞跃式发展，在这一历史过程当中，数字化转型是从系统层面磨合新旧动能，促进新旧动能融合转换的重要环节。从世界范围看，大数据、云计算、物联网、区块链、人工智能等具有颠覆性、引领性的数字技术快速发展和深度应用，以海量数据应用为核心的数字化浪潮正加速推动数字经济进入更高阶段。

从生产力角度看，数字经济推动传统劳动要素的数字化、服务化、大众化，使得原有的劳动工具、劳动对象、劳动机会不断进化，从而适应全球数字经济新环境。从生产关系角度看，数字化极大促进了资源共享和组织平台化，资本市场数字化资源配置为经济增长提质增效作用巨大。生产力和生产关系升级促进彼此正向循环，数字化既可以影响第一、二、三产业发展进程，又可以促进生产关系迭代，优化资源分配机制，促进社会发展方式转型，重构经济增长方式。

党的十九大报告强调发展数字经济，培育新增长点，形成新动能。数字化资源配置提高经济资源利用效率，促进劳动生产力提高，有利于数字经济成为新的经济增长点和新的经济增长动能的重要抓手。

◎ **概念复习**

多层次资本市场　数字资产　数字经济

◎ **阅读资料**

吴晓求，等. 中国资本市场：第三种模式［M］. 北京：中国人民大学出版社，2022.

◎ 课后思考题

（1）请从数字化的角度为中国资本市场建设提 3~5 条建议。

（2）通过查阅资料，谈一谈证券公司可以通过哪些数字化手段提高经纪业务的行业竞争力。

（3）什么是数字资产？谈一谈数字资产和虚拟资产、实体资产的联系与区别。

（4）当证券市场数字化后，有效市场假说一定成立吗？请谈一谈自己的看法并说明理由。

第 5 章
数字保险

学习目标

（1）了解数字保险的概念，掌握数字保险发展的关键因素。

（2）掌握数字人身保险的概念及创新，辨析数字人身保险的影响。

（3）掌握数字财产保险的概念及特征，辨析数字财产保险的影响。

（4）了解数字保险的新型主体，掌握不同新型主体的内涵和特征。

（5）了解数字保险的发展前沿。

内容提要

　　随着数字技术的快速发展，特别是区块链、人工智能、大数据、云计算等前沿技术的融合，保险公司迎来了前所未有的机会来改革其业务模式。保险数字化转型不仅提高了操作效率和风险管理的能力，而且还重塑了保险交易的流程，极大增强了客户良好的体验，将为保险公司在激烈的市场竞争当中赢得先机。这种转型不仅是一个技术升级的过程，而且是一种商业模式的变革，将为服务国家战略和百姓民生做出更大的贡献。本章分析的主线是保险业的数字化转型。学习研究的内容具体包括数字保险概述，数字人身保险，数字财产保险，数字保险的新型主体以及数字保险的发展前沿。

5.1　数字保险概述

2023 年 2 月，中共中央、国务院印发《数字中国建设整体布局规划》（以下简称《规划》）。《规划》指出，建设数字中国是数字时代推进中国式现代化的重要引擎，是构筑国家竞争新优势的有力支持。而在数字中国建设的推进中，保险业发挥着重要的作用。一方面，作为重要的金融主体，保险业需要加快数字技术的融合和创新应用，以数字化转型推动保险业高质量发展；另一方面，保险业为数字中国建设提供风险管理和保障服务，对强化数字安全屏障有积极意义。

科技聚焦保险价值链，重塑产品设计、精算定价、销售管理、风险核保、出险理赔等环节，使保险变得更贴心、更便利、更普惠，从各个环节助力降低成本、缓释风险、提升效率、提高客户体验。移动互联技术实现了线下传统保险产品销售渠道线上转移的模式进步，大数据提升了核保风控和驱动业务能力，云计算拓宽了承保场景与能力，人工智能让保险业务更贴近生活，区块链促进了数据收集成本和处理效率优化，促进了互联网场景与保险需求相融合，保险服务与创新呈现出良好的网络效应。新兴科技的能力汇聚，促进保险生态圈的升级和革命，推动着保险行业在产品、风控、渠道、服务、生态等方面数字化迭代。

5.1.1　数字保险的定义

目前学界对数字保险这一概念尚未形成共识，汤海波和刘宇（2023）基于数字经济的概念，对数字保险给出狭义与广义的定义。

1. 狭义数字保险定义

狭义认知中的数字保险是数字经济概念在保险领域的应用，也可称为保险数字化，即保险业作为数字经济的参与主体，利用数字技术和互联网平台，通过应用人工智能、大数据、区块链等技术，改善保险业务效率和用户体验，实现组织架构、业务模式、内部流程升级改造。这包括在线销售和管理保险产品、自动化核保和理赔流程、个性化定价和定制保险方案等。

2. 广义数字保险定义

从广义的角度来看，数字保险不仅需要考虑保险业的数字经济参与者角色，还要突出保险业的风险管理提供者角色。因此，在狭义定义的基础上进行如下扩充：

（1）数字化转型相关风险保障。

保险公司作为风险管理者，对其他参与主体在数字化转型过程中面临的新风险进行承保，进而为数字经济发展提供保障。这包括：网络安全保险，转移网络攻击、数据泄露等风险；智能网联汽车保险，转移自动驾驶、车联网等新兴技术带来的风险；技术开发创新保险，转移科技公司在研发过程中可能面临的风险。

（2）新保险领域的风险保障。

这是指保险公司对数字经济发展催生的虚拟经济领域提供保险保障服务。例如，非同质化代币（NFT）保险可以保障数字艺术品和虚拟资产的价值，数字资产保险可以转移加密货币、区块链资产等数字资产的风险。

5.1.2 数字保险需应对的变化及问题

1. 数字保险需应对的变化

近年来，推进数字化转型已经成为保险业界共识，保险公司相继制定并推动转型战略。监管部门亦积极引导保险机构加快科技创新，实现高质量发展，保险业数字化转型迎来加速发展的新机遇。数字化对于保险价值链的冲击是全方位的，涉及传统保险价值链的产品研发、承保/核保、理赔、运营等诸多方面。总体而言，保险机构的数字化转型需要应对四个变化。

（1）应对客户需求的变化。包括客户需求多元化、核心用户年轻化、险种配置组合化、配套服务专业化等。

（2）应对保险市场的变化。包括保险公司盈利空间缩减，利差损风险加大；获客成本增加，市场份额下滑；信用风险加大，市场压力增加等难题。

（3）应对营销方式的变化。主要涉及传统代理人渠道发展瓶颈，提升网销渠道的客户转化率和产品同质化等问题。

（4）应对监管政策变化。当前保险监管严的基调一以贯之，对保险行业转型提出明确要求，要运用科技手段提升服务能力，保险机构的数字化转型需要满足较高的合规要求。

2. 数字保险中的数据安全问题

（1）海量数据管理难度大。保险机构数字化转型、业务全面线上化，内、外部数据激增，既有传统的交易、资产数据，也有客户行为数据、外部信息；既有原始数据，又有加工信息。数据在企业数字化经营中发挥中枢作用，精准营销、风险防控、产品创新、经营决策无一能离开数据的支持，数据访问关系复杂，方式动态多样，授权难度大，在大数据时代实现对海量数据的精细化管控面临挑战。

（2）数据开放共享，保护难度大。在互联网生态开放和多方共享环境下，保险机构与外部第三方互联互通，跨界多渠道合作，数据信息互联网化，数据管控的内涵和外延不断扩展。在分布式系统架构和开放式网络环境中，频繁的数据共享交互使得数据流转路径变得错综复杂，模糊了系统、业务边界，管理边界难以定义，数据保护难度加大。此外，外部合作机构自身安全问题可能传导至金融机构，引发数据安全连带风险。

（3）数据权属不明，责任难界定。数据确权是数据市场化配置定价的基础性问题。不同于其他价值相对稳定的生产要素，数据易复制、转换、修改和衍生，数据所有权、使用权、控制权、交易权目前法律并无准确定义。实践中金融机构与合作方对数据的权属关系、使用权益、保护责任等约定不清晰，可能存在数据泄露、篡改、滥用风险；与外部第三方共享数据时，部分数据来源合法性甄别困难。

（4）新技术应用中网络攻击风险上升。云计算等新技术应用中的风险需引起高度重视。在云环境下，数据容易受到各类内外部攻击，如隔离机制不健全导致数据被窃、虚拟软件漏洞导致系统失陷、网络传输数据被篡改等。使用外部云服务的机构，数据脱离自身控制范围，云服务商虽然提供了监控和审计等服务，但数据的安全性、完整性、可靠性完全依赖云服务商保证。人工智能、区块链等新技术也存在一定的安全风险，需要深入识别和有效应对。

（5）大数据催生合规风险。大数据时代，用户信息、行为数据具有较高的商业价值，数据的增值分析利用可以带来巨大的衍生价值，企业合规风险上升，如大数据"杀熟"。部分机构缺少有效的数据保护措施，缺乏数据使用的合规性监控等，客观上也加大了数据泄露的风险。

5.1.3 数字保险发展的关键因素

1. 数据因素

数据在数字保险中扮演着重要的角色。保险公司利用数字技术和互联网平台收集和分析大量数据，包括客户信息、风险数据、行为数据等，以实现更精确的风险评估、定价以及客户关系管理。同时，对于企业数字化转型与保险领域扩张的新风险，谁能拥有高质量的新风险数据，谁就能在数字保险的竞争中脱颖而出，在新产品设计、定价、风险管理等流程中占据优势。

2. 科技因素

科技在数字保险中是不可或缺的工具。保险公司利用区块链、大数据、云计算和人工智能等技术来改进保险业务流程，实现自动化核保和理赔，提高效率和提升用户体验。而在为新风险提供保障时，传统的评估技术、风险管理工具等已难以满足需求，迫切需要引入前沿科技手段对传统工具进行迭代。

3. 安全因素

安全是数字保险发展的基石。一方面，保险业作为数字经济参与主体和数据密集型行业，确保保险公司自身的数字安全是成功实现数字化的必要基础；另一方面，保险业在为数字经济发展提供保障的同时，也意味着将数字经济的安全问题转移到自身并进行风险管理。保险业能否构建良好的安全机制和提供安全保障服务，对数字经济能否安全平稳运行至关重要。

5.1.4 构建数字保险新生态的相关政策

在保险行业转型发展的关键时期，相关政策不断发布，为保险行业的转型指明方向并保驾护航，这也为科技赋能保险带来新的机遇。2019 年 8 月，央行发布《金融科技（FinTech）发展规划（2019～2021 年）》，标志着我国金融科技顶层设计出台，指明了未来的金融保险行业将迈入与科技融合发展的新阶段。2020 年 1 月，银保监会下发《中国银保监会关于推动银行业和保险业高质量发展的指导意见》，再次明确鼓励保险机构创新发展科技保险、注重科技赋能保险的整体态度。2020 年 5 月，银保监会下发《关于推进财产保险业务线上化发展的指导意见》，从制度层面鼓励保险公司转型线上化，有利于行业更加坚定推进科技转型。2020 年 8 月，银保监会进一步下发《推动财产保险业高质量发展三年行动方案（2020～2022 年）》，再次提出支持财险公司制定数字化转型战略，加大科技投入和智力支持，打造具备科技赋能优势的现代保险企业。2022 年 5 月，银保监会为深入推进保险业标准化改革，下发了《中国保险业标准化"十四五"规划》，提出标准化促进保险数字化转型，制定保险数据分类分级标准，拓展保险业数据和信息交换技术标准，促进数据的安全保护和交流共享。

◎ **概念复习**

数字保险

◎ **阅读资料**

［1］汤海波，刘宇．"数字保险"下的数字安全初探［J］．上海保险，2023（7）：13－18.
［2］保险行业数字化转型研究报告［R］．北京：中国互联网金融协会，2020.

◎ **课后思考题**

（1）数字保险面临的风险有哪些？
（2）数字保险未来的发展趋势是什么？

5.2 数字人身保险

近十年来，中国的数字保险迅速发展，科技与保险深度融合，科技赋能保险企业，保险企业因数字化转型而迸发出新的活力。在保险业数字化转型的关键时期，我国人身保险企业积极进行模式创新、产品创新、渠道创新和服务创新，依托数字科技打造保险新生态，全方位满足人们的保险需求，助力行业高质量发展。

5.2.1 传统人身保险

1. 传统人身保险的定义

人身保险是指以人的生命或身体作为保险标的，当被保险人在保险期限内发生死亡、伤残或疾病等保险事故，或生存至规定时点时，由保险人给付被保险人或其受益人保险金的保险。

人身保险的保险标的是被保险人的生命或身体，保险责任包括生、老、病、死、伤、残、收入的减少等各个方面，其对于各类偶然性或纯粹性风险能够提供较为全面的保障，为人们的经济生活提供一定的经济保障。在人身保险合同有效期内，当被保险人遭受人身保险合同范围内的保险事件，从而导致人身保险合同规定的保险责任发生时，由寿险公司按合同约定进行相应的经济给付。

2. 传统人身保险的分类

按保障范围分类，人身保险可以分为人寿保险、人身意外伤害保险和健康保险三大类。人寿保险是以人的寿命为保险标的，以被保险人在保险期间内死亡或生存为保险事故的人身保险。人身意外伤害保险是以被保险人的身体为保险标的，保险人对被保险人因遭受意外伤害事故造成的死亡或伤残，给付保险金。健康保险是指以被保险人的身体为保险标的，当发生疾病或意外事故时，保险人对由此导致的医疗费用或损失予以补偿的人身保险。此外，还有其他分类方法，如按投保方式分类，人身保险可以分为个人保险和团体人身保险两大类；按需求效用划分，人身保险可以分为保障型、储蓄型和投资型险种三大类。

3. 传统人身保险的特征

（1）保险标的的不可估价性。

人的身体或生命是很难用货币衡量或估价的，当人们不幸丧生、遭受意外或身患重病，其给被保险人本人及其家人带来的精神伤害和经济损失很难用货币衡量，此特殊性决定了人身保险的保险标的具有不可估价的特性。

（2）保险金额的定额给付性。

由于人的生命和身体是无价的，不存在重复投保、超额投保（少年保险除外）、共同保险、不足额保险等情况或问题，只要被保险人发生了保险事故，保险人就必须按照约定金额进行给付，即人身保险是给付性质的业务，与财产保险有所不同。

（3）保险期限的长期性。

在传统人身保险中，投保人主要是为了在自己过早死后，为家庭提供经济保障，或为自己年老后提供经济保障，这种保障的需求具有长期性，因此，人身保险主要以长期性合同为主。除健康险合同和意外险合同外，一般的人寿保险合同期限均在三年以上。

（4）费率机制的特殊性。

财产保险的费率主要根据保险标的的保险金额损失率来确定，较为简单，而人身保险的费率制定需要考虑预定利率、预定发生率和预定附加费用率等三个要素。其中，预定利率是保险公司提供给消费者的回报率，主要是参照我国银行存款利率和预期投资收益率来设置；预定发生率是指风险发生的概率，在寿险产品中又称预定死亡率（长期健康险是预定疾病发生率），是计算各年龄的被保险人应交纯保费的主要依据，一般采用《中国人寿保险业经验生命表（2010～2013）》所提供的数据；预定附加费用率是预定附加费用占毛保费的百分比，毛保费由纯保费和附加费用（即管理费＋佣金或手续费）构成。

（5）保险合同的储蓄性。

人身保险采取均衡费率制，在投保前期，保险人收取的保险金超过其所承担的义务，这个超过的部分就是投保人提前交给保险人用来履行未来义务的资金，这部分资金由保险人投资并产生利息。投保人多交的保费连同其产生的利息逐年累积，形成保单的现金价值，相当于投保人在保险合同中的一种储蓄。

（6）保费核算的科学性。

在人身保险中，不同年龄被保险人的死亡率不同，这种风险的特殊性，形成了人身保险保费计算和责任准备金确定上的一套完整科学的体系，被称为寿险精算。

5.2.2　数字人身保险概述

传统人身保险主要基于保险公司精算能力以及客户数据进行保险产品开发和运营分析，而借助新兴技术比如区块链、人工智能、物联网、基因诊疗等技术发展而来的人身保险新形态，被称为数字人身保险。数字化改革在极大程度上改变了传统保险公司的成本结构，进而在为客户提供服务方面具有某种明显的优势，比如价格、服务质量、体验等方面，这种成本优势可以直接转化为保险公司的竞争优势。基于技术创新建立的数字人身保险模式将在长期内发挥效应，反之，技术上的落后对于保险公司的影响也是长期性的、根本性的。

传统保险业务对于市场变化的反应只能通过高层管理人员的业务经验做出判断，这种经验式的管理在快速变化的背景下往往是失效的，因为原有的业务系统无法为这种变化提供充分的数据支撑，对市场的反应也就无法形成共识。数字人身保险借助数字手段进行业务的数据化，以及对外围数据的采集，可以为市场环境、客户行为的变化提供直接证据，数据化运营为保险公司适应市场的变化创造基本条件。

5.2.3　数字人身保险的创新

1. 商业模式创新

在数字保险新业态加速发展的过程中，越来越多的人身保险公司参与其中，它们积极适应数字化变革、不断探索开拓，努力寻求新的发展机遇和价值增长点。在实践中，由于各公司发展战略及传统人寿险业务发展水平的差异，它们对数字保险给予了不同的发展定位，进而采取了不同的发展模式以及与之相适应的组织架构和经营策略。

（1）定位于与传统渠道协调发展的新渠道。

采取该定位的公司视数字保险为独立于公司传统业务的一个重要新渠道，目的是利用数字技术，增加保险销售量，扩大品牌影响力，改善客户体验水平。这是目前行业尤其是中小人身保险公司比较普遍的做法，主要原因是中小公司经营时间较短，机构布局不充分，营销队伍人员不多，传统人寿险业务规模较小，市场竞争优势尚未建立，数字保险则为其业务发展提供了弯道超车的机会。

（2）定位于推动传统渠道转型升级的新工具。

该定位将数字保险视为推动传统业务转型升级的新工具、提高公司可持续发展能力的关键动力，希望借助数字技术改造现有的传统业务模式，重塑保险体验。例如建信人寿"新一代"保险业务系统，通过梳理上千客户标签，构建立体式细分客户画像模型，对客户画像的深入把握和需求痛点的精准捕捉，"数字化"筛选高潜力客户，制定全面翔实的保险资产配置计划，让客户需求"活"起来。

（3）定位于再造传统业务流程的新模式。

伴随着移动互联网、物联网和大数据等信息技术的发展，消费者的客户行为已发生深刻改变，蕴含着保险新商业模式发展的巨大空间。该定位将数字化变革视为公司全面转型和升级的机遇，倒逼企业自身的全面改革和进步，提高可持续发展能力，进而将公司打造成创新型的数字化保险公司。这种模式基本改变了原有保险价值链重塑了保险体验，适合新公司或者年轻公司，历史负担少、架构小、资产轻、反应快，容易掉头和转型。

（4）定位于延伸保险产业链的新平台。

该定位将数字保险视为突破传统保险的产品和服务范围，进入产业链其他新领域的重要路径和平台。这种模式主要还是以保险主业为核心，依托公司的稀缺战略资源，进一步延长保险产业链，扩大竞争优势，同时改良保险价值链。

（5）定位于打造跨界融合的新业态。

保险业的跨界合作已经涉及多个领域，包括银行、证券、基金、通信、养老、地产、互联网金融等。合作方式也多种多样，业务合作、入股、收购、股权交换等不一而足。这里所说的跨界融合模式不是资本和业务浅层次的跨界合作，而是通过跨界融合出一种新的业态和经营模式。具体来说，从传统保险业跨界到其他非保险行业，以客户为中心，构建全新的互联网商业运作模式，打造产品和服务的"生态圈"闭环。这种横跨多领域的经营模式，重塑了保险企业价值链，是一种新模式、新业态。

2. 产品创新

数字保险产品创新之路，挑战与机会并存。挑战方面：参与主体众多，保险行业已经呈现出百家争鸣的发展态势，保险公司、中介公司、互联网公司、跨行业公司均对数字保险创新表现出非常浓厚的兴趣，并已展开各种积极尝试。机会方面：数字保险已经高速发展多年，交通工具保险、退货险、支付安全险等显性、易植入海量互联网业务场景的产品及模式已经被开发并被快速瓜分，未来数字化保险将向纵深方向发展，在场景化、碎片化、高频化的思路指导下，在跨界合作、与衣食住行紧密相连的互联网生态中，保险产品将继续被融入。

（1）发展投资型保险。

相较于传统的人寿险产品，投资型保险产品条款相对简单，更容易为用户所理解和接受；有别于传统银行理财起点较高的特性，投资型保险产品投资门槛较低，风险小，更能满足投资风险承受能力较低的客户的理财需求。在利用互联网技术实现全系统化流程后，投资型保险变成最适合互联网化的金融产品之一，完全符合互联网产品三大要素：刚需、高频、全人群。通过投资型保险的销售，可以将更多的潜在用户转化为实际的保险用户，以此建立用户与保险公司的联系，有助于客户在充分理解保险的基础上购买符合自身需求的产品，在引导消费、培育市场方面具有重要作用。

数字化投资型保险的销售一直呈现爆发式增长的良好势头，与此同时，也给保险公司带来较大的偿付能力压力以及资产配置风险。针对此种情况，以弘康人寿、建信人寿、光大永明为代表的多家保险公司已开始逐步调整产品结构，从传统的万能险转向开发更为灵活、透明的投连险。从长期来看，发展投连险可以减少保险投资端的压力，降低资产负债久期错配风险，有利于保险投资回归到注重大类资产的配置，符合监管要求，未来发展空间巨大。

（2）改造升级传统产品。

利用大数据、物联网对原有产品进行价格、费率的优化设计是传统保险产品升级的重要体现。互联网金融时代，商业思维转向数据思维，保险行业利用大数据、物联网来分析客户需求、开发产品、运营企业。

大数据、物联网引入后可以使人身保险公司实现动态核保，实时定价。比如人身保险公司可以通过获取客户投保前连续数十天的血压、心跳、作息等信息，进而为其提供最精准的保费价格。又如应用可穿戴技术，及时监测被保险人的生理数据，并能通过智能手机提供建议，提示被保险人防范健康风险，降低赔付率。大数据分析技术、标签数据、客户行为数据、全局数据可以帮助保险企业改变保险产品的定价方式。基于大数据技术和全局数据的产品设计模型可以帮助保险公司设计出较高收益、较低风险概率的产品。客户行为数据和标签数据可以帮助保险公司了解客户特点，设计出满足客户需要的保险产品。以数据分析和客户需求为出发点的保险产品设计，将会在产品收益、客户体验、风险管理等方面领先。

（3）实现保险产品场景化。

传统的保险销售，客户的保险需求和购买意愿往往取决于销售人员的分析挖掘和推动。而在互联网时代，客户更愿意在信息透明的环境下自主作决定，保险的需求也更依赖于客户自发的理解和体会。因此，互联网思维下的营销要从产品营销转变为生活场景营销，通过寻找广大消费者在日常生活中真正的"痛点"，通过分析研究消费者日常的生活行为，创造大家熟悉的、生活化的、接地气的生活场景，帮助客户认知、体会、激发保险需求，进而产生购买欲望。

保险产品场景化是指针对互联网的生活场景设计开发的一些保险产品，通过保险完善互联网生态体系。这种模式的经典案例是众所周知的航意险、退货运费险等产品，随着"互联网＋"模式的扩展，保险场景化的模式将更加丰富，核心在于借助互联网的"毛细血管"，将既有的需求方和供应方进行更有效的匹配。保险产品，尤其是保障型保险产品属于被动需求型的产品，消费者购买保险产品需要场景搭载，如购买机票会同时购买航空意外险、航空延误险，购买手机的同时购买手机碎屏险等。场景化的渠道入口本质上是精准定位潜在消费者，采用更快更轻的互联网产品思维，开发场景化、简单化、小额化、定制化的互联网人寿险产品，研发新业态人寿险产品，跨界共创，实现空白领域的产品创新。

从行业的具体实践来看，已有多家保险公司针对客户互联网使用中的各个场景嵌入保险产品的销售。比如，平安人寿通过与保险相关的生活场景，挖掘用户需求及兴趣点，增加客户流量。在医疗场景中，与体检中心、保健品品牌等合作，通过微信等媒介推送健康、重疾、门诊等险种；在出行场景中，与租车、代驾、机票酒店预订等商家合作，客户预订成功后发送出行意外险推送；在教育场景中，与线上、线下少儿教育机构合作，通过短信、二维码扫描等技术手段，以少儿教育险获客。

未来保险公司将更加注重与场景化的结合，借助场景开发大量小额、高频又带有情感关怀的保险产品，激发用户分享和传播欲望，让用户切身体会保险带来的保障红利。

（4）提供碎片化产品。

传统的人寿保险产品组合，往往追求的是保障多而全，产品中未必每个保险责任都是客户需要的，但都需要为之付费。在信息不对称的情况下，消费者只能被动接受保险公司提供的各类产品套餐。在数字保险时代，了解客户的消费选择成为保险公司开发产品的第一步，如何满足不同人群的保险需求成为众多保险公司探索的方向。从保险市场的发展可以看出，保险产品相较于从前的"粗放式"正逐渐演变得更加精细和有针对性，各种碎片化、个性化产品不断涌现。

保险碎片化是指在保险产品基础构成要素上，通过覆盖人群碎片化、保险责任碎片化、保险期间碎片化、保费碎片化，以达到客户随需、随时、随意进行保险产品购买的需求。碎片化产品抓住了客户"痛点"，真正从客户需求本身出发，契合客户的某种需求，拓宽产品类别，深挖单一产品保障，把复合形态的保险责任分解开单独卖，从而降低保险门槛，也给予客户更大的选择余地。碎片化产品价格低廉、保障时间缩短、保障范围收窄，条款简单化、标准化，产品体量正变得更轻更小，而且也由原先的"高冷"变得更为"亲民有趣"。

（5）打造高频化产品。

在互联网时代，用户互动和用户黏性十分重要，频繁交易才能突出互联网的便利，交易越频繁的产品，越容易在互联网实现，越贴近客户的日常生活，越能增强客户的黏性。微信、滴滴的成功，都证明离用户最近、客户使用时间最长、黏度最高的产品，才能发现并解决用户的痛点，从而获得长期的业务发展。保险公司通过提升客户黏性可以保证客户在同类保险产品选择时的优先权，获取客户的需求及反馈也是产品、服务不断迭代的基础。

（6）打造专属定制化产品。

保险行业巨大的市场空间、快速的增长趋势以及传统保险渠道的诸多痛点，吸引着各大互联网公司积极进军数字保险。现有的同质化常规产品已经无法在竞争激烈的互联网平台上拥有竞争优势，在细分市场和充分了解目标客户需求的基础上，与第三方网络平台深度合作，打造专属定制化产品将是未来的发展方向之一。保险公司和第三方网络平台可以针对平台上消费者的特定需求，寻找其中未被满足的风险需求，并在产品设计上做更丰富的创新定制，实现跨界创新合作。

渤海人寿与京东金融合作创立了"白拿"消费金融模式，"白拿"模式将客户投资型保险的购买与客户的互联网消费结合起来，利用客户损失厌恶的心理特性与当前互联网消费热点，在数字保险行业首创投资收益前置模式，提前为客户确定收益。之后还将结合"白拿"模式，通过与具有特色的互联网平台，如优酷等视频网站、途牛等旅游产品提供网站等，衍生出"白看""白玩"等一系列互联网金融消费新模式，这些模式可以为公司积累不同领域、不同特点的客户，为其向不同的客户群体提供精准化的保险产品提供基础。

3. 渠道创新

（1）第三方平台成主流。

第三方网络平台合作模式有以下优势：首先，第三方网络平台往往拥有庞大的用户流量，这一点是保险公司官网无法比拟的。其次，支持简单化、碎片化、场景化的保险产品销售。第三方网络平台作为公司和用户之间的桥梁，不仅承担了销售渠道的职能，更重要的是，基于对用户的理解，及时向保险公司反馈用户需求，驱使公司快速迭代，持续完善保险产品体系，加强产品更新迭代，提升用户运营能力。最后，第三方网络平台不仅仅作为销售渠道，同时也拥有专业的美工及网站运营团队，提供咨询—签单—出保—理赔的全流程服务。

出于第三方网络平台所带来的保费规模和后续潜在的在其他领域合作的机会，以及显著的品牌效应，大多数保险公司选择以第三方网络平台为主、自建网络平台为辅的经营策略。但是，从实际情况来看，数字保险市场存在过度依赖第三方网络平台的困局，并且面临诸多问题，如平台门槛高、征信体系不完善导致欺诈事件等。因此，保险公司应加大自营网络平台建设的力度，积极培育自身的网络品牌，实现"两条腿"走路，保证业务的健康可持续发展。

（2）发力布局自营平台。

自营网络平台模式是指保险公司通过自主搭建官网或其他官方平台（移动官网、App、微信公众号等）实现在线销售、客户服务、营销获客、品牌展示等功能的网站平台模式。该模式适合大、中型保险公司或保险集团公司，基于其庞大的已有客户资源、丰富的产品体系和完善的运营和服务能力，通过网络营销、广告推广、已有客户服务、公司线下代理人推广等方式直接或间接实现保费收入。

自营网络平台模式具有以下优势：第一，自营网络平台具有较强的自主性、可根据需要灵活调整产品线和配套的客户服务功能，在数据的沉淀和挖掘上也具有其他第三方网络平台无法比拟的先天优势，长期来看有利于公司品牌积累。第二，通过官网、移动官网、App、微信公众号等自营网络平台的搭建与协同，可以将保险公司的产品，通过高度灵活、即时性强的营销推广策略，推向最为广阔的市场空间，并通过对细分垂直领域的准确切入，实现纵深市场销售的长尾效应。第三，自营网络平台业务是以"品牌认知度＋客户信任度＋产品需求度＋营销精准度"为驱动力的，是公司积极蓄势、大有可为的高潜力业务。

在经营互联网人身保险业务的 61 家人身保险公司中，已有 44 家公司通过自建官网展开经营。未来保险公司应立足于自营网络平台，快速整合线上线下资源，打造用户群生态，建立、维护消费内容和 UGC 的生态经济闭环，建立社群电商模式，实现一体化的、可闭环的公司产品综合销售与服务支持，最终实现企业用户流、商流、资金流、信息流平衡永续发展的价值目标。

（3）O2O 模式崭露头角。

对于传统保险企业来说，实现向互联网化的转变，不仅要加快构建线上销售服务能力，实现业务上网，以满足用户日益增长的在线消费需求，更要发挥已有的传统线下优势，将线下资源与线上业务相互结合，探索形成线上线下互动融合的业务模式（即 O2O 业务模式），从而打造企业在互联网时代新的核心竞争力。现有的 O2O 主要有线下营销到线上交易（offline to online）和线上交易到线下消费体验（online to offline）两种模式。"线下营销到线上交易"是利用线下资源，为客户提供金融服务，发掘意向客户，并通过精准营销将其引导至线上（网络/电话）销售，同时提供服务。"线上交易到线下消费体验"是通过线上网络平台对客户进行行为分析和大数据分析，精准筛选有购买意向的客户，系统自动识别后，转由电话座席/线下队伍进行营销跟进。随着科技的不断发展，人们的保险意识逐年提升，借助于互联网平台可解决信息不对称或销售误导的痛点，O2O 模式将成为推动价值保费成长的重要方式。

4. 服务创新

在数字人身保险中，一切以客户为中心、为了更好地为客户服务，保险公司可以借力当前迅速发展的互联网和信息技术，帮助用户实现咨询、投保、缴费、理赔等全流程的电子化、远程化操作；同时，用户移动终端、大数据、物联网等新技术的发展也为人身保险公司服务模式的创新提供了可能。

（1）平台服务能力深化延伸。

移动通信和互联网技术的发展为寿险公司服务提供多形态、多触点、高效率的沟通平台与窗口，网络和移动沟通工具形态的日益多元化使得保险公司和客户的互动方式更加多元。目前，保险公司逐步将保单服务向线上迁移，并有多家公司通过官方网站实现了投保、查询、理赔报案、部分保全等快速便捷的投保理赔全流程，为客户提供全方位保险服务，实现传统人寿险服务的线上化、无纸化。

除了实现保单基本服务的线上化，各大保险公司纷纷引入新技术，开发新功能，搭建立体服务网络，实现平台服务能力的纵深延伸。例如，弘康人寿引进人脸识别技术，并在保全服务中予以应用。人脸识别不仅作为完善个人信息的环节存在，更重要的是通过人脸识别，对操作高级保全项目的客户进行风险控制、身份识别，避免客户权益受到损害，维护保险消费者的合法权益。目前，此技术可以支持客户联系信息变更、追加保费、部分领取功能，后期将此技术应用于客户领取账户、交费账户变更项目以及保障类产品退保项目，有效减轻客户必须提供诸多资料或者必须到柜面办理保全的负担，提高服务时效。

（2）移动终端服务便捷化、个性化。

"互联网＋"的新经济形态唤醒和强化了消费者的个体意识，如需求得到尊重、被诚信对待、购买过程便捷而愉快、拥有随时可获得的服务等，用户的感受得到前所未有的重视，"体验经济"正在形成共识。保险公司在完善服务体系过程中，越来越重视运用移动互联网技术，提高对客户需求的响应速度，降低客户获取服务的难度和成本，打破时间和空间与客户的隔阂，尽一切可能为客户提供高效便利的售前售后服务。

平安人寿微信公众号平台采用 B2B2C 模式，结合移动 App、微信和电销业务，打造客户销售、服务的全流程直通。同时，为销售人员提供多渠道沟通平台工具，为平安体系内金融产品提供方提供客户引流解决方案。该系统以 O2O 形式，打通网电移平台，通过 1 对 1 的客户服务及网电移一体化服务体系，逐步为客户提供专业的、针对个人定制化的全方位金融服务。

5.2.4　数字人身保险发展的影响

1. 对投保人的影响

在人身险方面，借助互联网、物联网等数字技术可以为投保人带来诸多创新型服务。如人身险公司开发动态健康管理应用可以为慢性病患者养成有助于身体康复的良好习惯创造条件。目前可穿戴设备在内的健康管理设备已经逐步被人们接受，这些健康管理设备包括无线室内环境定位系统、蓝牙、Wi-Fi、ZiBee 传感网、红外线定位和超声波定位等技术。定位技术的应用可以为老人、小孩和不健全人士的碰撞、摔倒、走失和各种意外提供解决方案。保险机构还可以基于物联网建立核心数据库，实现对投保人健康状况的实时监测，通过数据分析对保费定价以及赔付问题给予支持。比如，投保人只要每天将血糖监测仪量出的数据上传微信，保险公司可以随时监测病人健康状况，可以根据情况赠送部分保额或减免保费。可以说，数字人身保险的发展为保险服务精细化提供了重要支持。

2. 对保险公司的影响

经济新常态下，人身险公司可以借助互联网技术整合数据进行分析，进而对新的风险、新的需求进行充分挖掘，有利于提高运营效率、更快适应市场变化，在保险数字化改革浪潮下，各保险公司的产品与服务的供给能力得到显著提升，对促进人身险公司长远发展具有显著的现实意义。

3. 对保险行业的影响

数字技术和保险的结合对整个保险行业的服务起到了重要的优化作用，即数字化保险从服务渠道上优化了保险业的体验，主要表现为：消费者可以在线上随时购买保险，同时可以通过微信和其他方式获得理赔，基于区块链技术智能合约的应用，自动理赔业不再是想象。围绕客户体验开展服务创新、产品创新将有效促进保险行业理赔难、条款复杂难题的解决，让人身保险真正融入广大人民群众的生活。

◎ **概念复习**

人身保险　数字人身保险　投资型保险

◎ **阅读资料**

[1] 黄素，王蓓，主编. 人身保险实务（第二版）[M]. 北京：中国金融出版社，2018.

[2] 中国保险行业协会，编著. 中国互联网保险行业发展报告 2016 [M]. 北京：中国财经

出版传媒集团，2016.

◎ **课后思考题**

（1）数字人身保险与传统人身保险相比，有何特征？

（2）简述数字人身保险的四大创新。

（3）数字人身保险给投保人、保险公司、保险行业带来什么影响？

（4）思考数字人身保险未来发展可能面临哪些挑战？

扩展阅读 5 – 1

"最彻底的数字化寿险公司" 弘康人寿

伴随"互联网＋"的浪潮孕育而生，弘康人寿转型成为一家"以互联网思维改变传统寿险保险公司经营模式"的公司，被行业誉为"最彻底的互联网寿险公司"。

弘康人寿自成立以来就以数字化为全公司战略，数字化战略主要围绕两方面：一是重视用户体验。以"为客户创造价值"为核心战略，不论是做产品还是做服务，都以用户为中心。二是注重成本与效率。通过控制管理成本、提高运营效率来实现产品定价优势。为保持公司的高效运作，弘康人寿的组织架构扁平化、小而精，将互联网公司和传统保险公司的组织架构有效结合，形成了前台（销售中心）、中台（产品中心）、后台（运营服务中心）紧密结合的组织架构模型，有效地提升效率（见表1）。

表1　　　　　　　　　　**弘康人寿数字化转型组织架构**

前台——销售中心 电子商务部	市场营销 ＋ 渠道合作	⟶ 获得客户和保费
中台——产品中心 产品精算＋市场＋投资	产品创新 ＋ 投资管理	⟶ 提升客户价值贡献
后台——运营服务中心 服务＋IT	销售支持 ＋ 流程及体验优化	⟶ 提升客户满意度

作为销售中心的弘康人寿电子商务部员工总人数刚刚超过 10 个人，这个"小而精"部门人人都是产品经理，人人都是项目经理，这样的扁平化架构，与中台和后

台建立起高效的运作和联动机制，使弘康互联网业务从产品开发渠道对接到功能开发等都明显快于同业很多倍。

在互联网价值链条的作用下，弘康人寿在企业模式、保险产品、客户体验等方面颠覆了保险行业常态，创新出了差异化的新产品、新形态：一是优势产品可以自营销。在弘康人寿，一个个险代理人也没有，产品首先是得到员工认可、客户认可，然后通过口碑传播，由客户自助购买完成。二是网络保险可以高保额。弘康人寿通过大数据和互联网技术手段，使大额保单也可以网上认购。弘康人寿2015年3月发布了我国首款免体检100万元定期寿险和免体检50万元重疾险，为客户提供了充分的便利。公开数据显示，弘康人寿重疾保障险平均保额为26万元，定期寿险平均保额50万元，均高于业内平均水平的数倍。三是保险产品也可以是高频交易。弘康人寿理财型产品的二次以上购买率超过50%，13个月继续率超过99%，也就是说99%的客户选择继续购买弘康人寿的产品服务。

资料来源：中国保险行业协会，编著. 中国互联网保险行业发展报告2016［M］. 北京：中国财政经济出版社，2016.

5.3 数字财产保险

我国保险业已经进入科技深度赋能行业发展的新阶段，向数字化转型已经成为行业的基本共识。财产保险公司运用区块链、物联网、人工智能等先进技术对业务持续赋能，在精准营销、精准定价、智能理赔、品质管控等核心环节不断创新，实现从以产品为中心向以客户为中心的新型业务模式和组织架构转型，促进财产保险数字化、线上化、智能化发展。

5.3.1 传统财产保险

1. 财产保险的定义

财产保险是保险人对被保险人的财产及其有关利益在发生保险责任范围内的灾害事故遭受经济损失时给予补偿。这里的财产保险是广义的财产保险（non-life insurance）。广义财产保险中所指的财产，除包括一切动产、不动产、固定的或流动的财产以及处于生产中的有形财产之外，还包括运费、预期利润，信用以及责任等无形财产。财产保险的范围很广泛，可以这样说，除了人身保险以外的各种保险均可归为财产保险。《中华人民共和国保险法》规定："财产保险业务，包括财产损失保险、责任保险、信用保险、保证保险等保险业务。"

2. 财产保险的特点

（1）财产保险是以财产及其有关利益为保险标的，通常包括有形财产、经济收益和损害赔偿。

（2）财产保险的保险标的必须是可以用货币衡量价值的财产或利益。在财产保险中，财产或利益的实际价值是获得保险保障的最高经济限额。因此，财产或利益的实际价值必须能够用货币衡量，无法用货币衡量价值的财产或利益不能作为财产保险的保险标的。

（3）财产保险的业务活动具有法律约束力。财产保险是一种经济合同行为，财产保险关系的存在与成立必须由具有法律约束力的文件给予确认，以明确保险标的的合法归属、价值构成和保障的基本范围。保险人和投保人或被保险人双方订立保险合同的过程，以及承担的权利和义务，都受到财产保险合同的约束。

（4）财产保险对于保险标的的保障功能表现为经济补偿。财产保险的补偿功能表现为被保险人的财产或利益在遭受保险责任范围内的损失后，保险人通过保险补偿形式使被保险人的财产或利益恢复到损失前的状态，维持保险标的的原有商业价值，不允许被保险人从保险补偿中获得额外利益。

（5）财产保险属于社会商业活动组成部分。财产保险是保险人的一种商业活动，是以营利为目的的商业活动。保险人以承担风险并履行赔偿义务为代价，收取保费获得利润。

（6）财产保险合同是属人的合同，这是财产保险合同的特有特征。也就是说，它是投保人（被保险人）和保险人之间的合同。严格地说，财产保险合同并不承保财产，而是承保财产所有人的损失。既然合同是属人的，投保人必须得到保险公司认可，必须符合有关品质、道德和信用的承保标准。正因为财产保险合同是属人的合同，所以未经保险人同意，不能把保险合同转让给其他人。如果财产出售给他，财产的所有权发生转移，由于新的财产所有人的风险情况与原财产所有人的风险不同，新的财产所有人可能不符合保险人的承保标准，所以，保险合同不能随财产的转移而自动转移。

5.3.2　数字财产保险概述

1. 数字财产保险的定义

数字财产保险指保险行业各参与主体以数字技术为核心驱动力，以数据资源为关键要素，以各种财产物资和有关利益为保险标的，以补偿投保人或被投保人的经济损失为基本目的的一种保险。一方面对现有产品与服务进行改造，优化保险全价值链；另一方面挖掘保险需求未被满足的新兴场景，打通行业上下游产业链，共同构建数字保险生态圈。

2. 数字财产保险的特点

（1）经营用户黏性。

一方面，在互联网模式下，大量创新平台可能会采用低价甚至免费的方式为用户提供服务，以积累足够大的流量，并通过其他方式变现，用户越多其服务成本会越低，甚至接近零，这是互联网赋予传统行业的新玩法。而互联网本身也使得用户的迁移成本极低，这使得平台获取用户注意力的难度越来越高，维持较高的用户黏性意味着更低的获客成本（更低的普销成本）。另一方面，传统保险产品普遍具有弱情感和低频次的特征，导致保险公司获取的用户数据更新频率较低，高频、密集的线上交互可以建立持续获取用户数据的渠道，为大数据在保险行业的应用奠定基础，最终实现行业整体效率的提升，满足用户的个性化需求。

（2）挖掘长尾需求。

在数字经济背景下，用户的保险新需求层出不穷，存在巨大空白地带，而数字技术使保险机构能够对处于长尾区域的个性化、碎片化需求进行挖掘和定价。并通过数字渠道提供保险产品，在数字边际成本递减的助推下，汇集大量空白的细小市场将带来明显的长尾效应。

对长尾市场需求的寻找，财产保险机构可以通过以下方法以用户为中心去挖掘大量的个性化需求：首先，数字生态本身就会催生大量的新型保险需求，多数数字服务具有高频、小额和场景化等特点，线上活动的虚拟性可能会衍生较大的风险管理需求；其次，传统的线下场景中也存在诸多高频和小额的保险需求，但囿于成本和收益未得到传统保险公司的重视，这些需求借助数字技术和渠道则可以较低成本来满足；最后，针对年轻群体的行为习惯和心理需求提供个性化保险服务，尤其是结合一些用户高度关注的社会热点或高度参与的社会活动，也拥有巨大的潜在市场空间。

3. 降低经营成本

在产品供给上，想要在同质化竞争中脱颖而出，财产保险机构应提高产品创新能力，快速、及时响应用户需求，在差异化竞争中获取全新的客户群，就能够在一定程度上降低获客成本。

在保险销售上，数字技术给予保险行业的一大利好是实现了保险公司的直接销售，减少了对传统代理人模式的依赖，渠道成本得到了大幅缩减。除此之外，还可以借助数字技术的新型营销方式进一步降低销售成本，如以社交关系为基础的产品推广模式。

在管理成本上，最为直接的是借助数字技术降低成本，现阶段保险机构对线上报案和线上理赔的尝试是初期形态。伴随大数据、云计算和人工智能技术的发展，未来可能会实现大数据定价、自动核赔和理赔、智能保险服务等形态，将较大程度地实现去人工化和自助化。

除了纯粹的技术驱动，数字技术还可以通过对保险内部组织机构的革新来降低内部管理成本，一个极端的例子就是互助的回归。保险起源于互助，最终发展到公司形态是因为保险的运营原理基于大数法则，被保险人无法高效率地进行自我组织，就需要一个专业公司来为参与人提供对接和管理服务。但数字技术的出现改变了这一逻辑，数字技术能够跨时间和跨地域对大量用户进行连接，数字财产保险用户可以更方便地进行汇集和自我管理，削弱了商业保险机构原有的价值，全面地降低了各环节的经营成本。

5.3.3 数字财产保险的影响

1. 扩大保险产品的承保范围

数字技术为保险机构的风险识别与管理提供技术支持，从而使数字财产保险突破现有可保风险的界限，同时传统的事后补偿保障形式扩展为事前风险预防形式。保险机构的业务经营范围扩展至原来不可承保的风险上，显著扩大了保险产品的承保范围，增强了保险经济补偿的作用。

2. 提升保险机构的市场竞争力

为保持自身行业领先地位，保险公司主动以数字技术优化原有的业务链条，推出以提高客户体验为核心的业务流程再造和以提高运作效率为核心的企业运营管理方案。部分仅发挥产品介绍功能的保险代理人逐渐被人工智能所替代。保险中介机构连接产品与场景，售前提供专业的前端咨询服务，售后提供优质的增值服务。数字保险公司依托数字渠道开展保险业务，打造数字保险生态圈。

3. 更好地满足消费者个性化与多样化的保险需求

一方面，数字财产保险能够更好地满足消费者个性化保险需求。保险机构运用大数据、人工智能等技术重塑保险业务流程，为消费者提供定制化的保险产品与针对性的保险服务。

另一方面，数字财产保险能够更好地满足消费者多样化保险需求。近年来，保险行业与通信、汽车、健康等领域正在加速融合，将保险生态进一步延伸到相关上下游行业，打造多产业融合的保险生态圈。

5.3.4 国外经验借鉴

数字保险最早出现于美国国民第一证券银行，它们首创运用数字梁道进行保险产品的销售，仅经过个月，成交保单就创造了上千亿美元的价值。1997 年初，美国至少有81％的保险公司拥有自己的网站，试图触碰数字保险这个全新的领域。随后欧洲、日本等国家和地区都出现了"第一个吃螃蟹"的保险公司，通过建立数字销售渠道提供最新的财产保险产品报价、信息咨询和网上投保服务，以渠道为主的数字保险业务在全世界范围内普及。这一阶段的发展成为对数字保险的第一层阐释，即保险销售的线上化和数字化。

随着保险销售逐步向线上迁移，销售之后的其他环节也开始逐步线上化。成立于1937 年的美国前进财产保险公司，是美国最大的汽车保险商之一，其于 2009 年加大了数字渠道的投入，客户通过网站直接投保后，可实现在线报案、发起索赔并全程跟踪理赔办案的各个环节。同时，网站还提供一些关于理赔的周边信息（如维修点和理赔点查询、道路救援等），试图实现无纸化保险服务，同期采用相同战略的还有美国个人车险巨头好事达保险（Allstate）、政府员工保险公司（GEICO）等。这一阶段的创新仍然由传统保险公司主导，它们借助数字，尽其所能将可以线上化的环节逐渐脱离线下流程，提升便捷度，降低运营成本。

与此同时，一些保险第三方服务开始崛起。如英国的"Money supermarket"，它是一家专门从事金融产品价格信息展示和比价的公司，帮助英国家庭选择最合理的汽车保险、家庭保险、信用卡、贷款服务等服务方案，提供高效的、低成本地获取金融服务的渠道，用户完成交易后，"Money supermarket"会向机构收取相应的费用。

伴随用户对数字保险服务的接受和依赖度越来越高，保险公司纷纷开始重新思考用户体验问题，他们试图通过更为数字化的运营方式来服务保险客户。"Youi"是一家成立于 2008 年的澳大利亚财产和商业保险公司，它在网站上实时张贴客户评价，用户在浏览其他网页时，最新评价将会出现在屏幕最下方，还可以按流行关键词过滤评价，这一创新改进了客户的反馈方式，弱化了保险公司的强势地位，使用户的口碑更为重要，运营更为透明。

在围绕用户体验的创新基础之上，一些国外的数字保险企业开始关注对用户数据的搜集，并将其运用到保险产品开发、定价和配套服务中。如于 2011 年在美国旧金山成立的数字公司"Metromile"，将智能 OBD（车载诊断系统）设备接入用户汽车，获取用户每次出行的里程数以及驾驶习惯，以此为基础对车险进行重新定价，打破了传统保险费用固定的模式，使驾驶里程较低、驾车习惯较好的用户享有更低的保费。除此之外，"Metromile"还整合 OBD 和 App（计算机应用程序）服务，通过手机 App 提供停车场汽车定位、汽车健康状况检测、导航线路优化、修车公司寻找、检查汽车是否有罚单等服务。

以上都还是对现有模式的改良，近几年国外也出现了不少基于数字的颠覆性保险模式。成立于 2012 年的英国保险中介公司"Bought By Many"通过社交平台吸引具有相同保险需求的人，为这些客户统一协商保险条款、统一报价，客户甚至可以根据自身需求定制保险，平台不仅为保险客户节省了开销，还引入了社交理念，增加了用户忠诚度。这一阶段的创新已经完全脱离了"线上化"的概念，而是借助数字重新定义了保险产品。完全打破了传统的产品结构设计、定价原则和销售方式，更注重长尾市场独特个性化需求。

从全球范围内的数字保险创新来看，大致分为如上几个阶段。反观国内数字保险的发展，同样遵循上述逻辑：创新源于传统保险机构的销售环节，保险服务流程逐步线上化，更注重保险服务中的数字属性，更注重对用户数据的搜集并提供新型的定价模式和增值服务，以数字为业务环境实现对保险产品的颠覆性创新。[1]

扩展阅读 5 - 2

中华财险数字化转型

中华财险于 1986 年成立，经历了 2000 年前的稳定恢复，也经历了加入世贸之后的快速增长，同样见证了 2011 年之后的松绑创新，并成为中国保险行业里的一头"大象"。截至 2019 年，按保费收入排名来看，中华财险处于产险公司的第二梯队，排名市场第五（其中农险险单险种排名市场第二）。

2018 年和 2019 年，中华财险陷入艰苦的市场份额保卫战，与主要竞争对手的保费收入差距只有约 1 亿元。但从中华财险自身来看，在业务架构规划上，中华财险相对缺乏一体化的业务平台经验，多数系统都是独立建设的，各系统客户散落在不同的业务系统中，形成很多数据孤岛。由于缺乏统一的数字化规范，碎片化的应用场景难以实现统一承接，对于数字化云平台的建设存在巨大挑战。另外，技术线比较陈旧，当前自研的混合技术架构体系，不是统一的去中心化微服务体系，业务系统的研发效率低下，系统的迭代和升级成功率较低。此外，生产环境下的运维监控体系缺失，在日常运维中，一些系统故障，往往是一线业务人员或者终端用户先发现，而不是技术线的同事首先发现。无论从业务部门还是用户角度而言，这样的体验都是非常糟糕的。

面对着巨大的市场挑战，市场份额的争夺已到了白热化地步，中华财险必须思考如何真正从产品为中心转型以客户为中心，数字化浪潮下转型换道成为各公司的必然选择。而中华财险的需求也越来越清晰——期望全面应用云计算技术，提升业务响应速度，同时将公司原有的业务模式和运营逻辑与保险业务深度融合，与场景深入结合，使业务和科技系统支持可以形成一个有效的内循环。

2020 年 6 月，中华财险正式开启数字化转型之路，确立的首个大项目就是新一代全分布式保险核心系统的建设。他们分为三段制定了数字化发展路线，大致是按每 12 个月上一个台阶的节奏执行。具体而言，自 2020 年 6 月至 2021 年 6 月是第一个阶段，主要打基础，重点突破，实现能力的储备。第二个阶段是从 2021 年 6 月到 2022 年 6 月，夯实业务中台及数据中台，达到增能力、自进化的阶段。第三个阶段是从 2022 年 6 月到 2023 年 6 月，基于数字化的生态体系建设完成。

中华财险利用"双中台"的优势，通用保险能力重用、降低运营成本、提升研

---

[1] 奚玉莉，等. 互联网保险新模式 [M]. 北京：中信出版社，2016：34 - 38.

发效率、快速响应业务需求、有效沉淀业务数据，以及精准的数字化决策，让短期利益与长期利益进入良性循环，协同业务部门快速抓住市场机遇。

伴随数字化转型的深入推进，中华财险同时提出的"2+5"规划，即努力打造业务中台的一体化，实现所有交易系统都以业务中台为载体。数据中台和业务中台之间做到松耦合，所有抽取的数据都通过数据加工、模型化处理后，再交付业务中台应用。中台的建设，以及 IT 架构转型、IT 治理体系的自动化，都对中华财险的技术化团队提出了明确的要求，同时也取得了显著的成效。

资料来源：张丽霞. 中华财险开启数字化转型篇章——访中华联合财产保险创新中心副总经理汤密力 [J]. 金融电子化，2021（7）：82-83；孙冰."上云"故事之中华财险破釜沉舟，老牌国企的转型之路 [J]. 中国经济周刊，2021（6）：20-22.

扩展阅读 5 –3

国泰产险打造全域数据价值交付体系

国泰财产保险有限责任公司将"数字化建设"作为公司长期发展的核心驱动力之一。以数字为媒、精准研发，公司在数字化道路上共经历了"中台化—数据化—智能化"三个阶段，最终锻造了以"产业生态层、数据＋业务双中台层、智能引擎层、基础平台层"四层结构为基础的"数智双驱动系统"。该系统是以"小前台＋大中台"为战略框架思维，基于数字化运营、技术共建等机制构建的数据闭环运转一体化保险经营管理平台。该系统实现了全域数据互联互通新跨越，赋能保险产业链新价值，打造数字保险、智慧保险，大幅提高了国泰产险数字化经营服务能力。

（1）产业生态层：激发创新活力、重塑多维价值。

"产业生态层"的搭建依靠金融科技能力和保险行业领域积累的融合，具备全域覆盖、使用便捷、响应迅速等特点，以实现多维度服务保险上下游，重塑产业链价值。生态层成功实现用科技重塑业务模式、以多维场景融合满足业务创新，匹配场景化、差异化的保险需求和高效的市场交互，释放"保险＋科技＋服务"创新动能模式，助力保险创新开拓蓝海领域。

（2）数据＋业务双中台层：全领域建模、助推高质量发展。

"数据＋业务双中台层"以大数据、云计算等技术为基础，以实现"业务中台"全流程的模块化和标准化，满足全险种场景需要，提升展业效率和服务质量；"数据中台"则通过信息共享整合，打通数据孤岛，同时应用大数据分析、机器学习等技术手段满足智能监管、风险经营、智能服务等场景的应用。

（3）智能引擎层：科技融合场景、驱动"5G 保险"持续生命力。

在数字化转型的浪潮中，"智能引擎层"结合数据资产、金融科技以及标准化、规模化的保险服务，沉淀多维度专业评估研发保险数智化工具——"全场景数智保险体系"，构建以数智能力为中心，具备高覆盖、高可靠、高扩展能力的智能服务体系。围绕营销赋能、风险管理、客户服务等重要节点提供解决方案，有效支撑数字化转型并用更多的成功实践服务用户，全面开启"5G 保险"新时代。

（4）基础平台层：编织全域数据管理网、助推应用航母落地。

系统"基础平台层"基于大数据、云计算、机器学习和知识图谱等领域的能力积累，打造"全域数据管理与应用航母"。

大数据平台解决数据集中存储、建模、计算等要求，形成规模化、体系化的数据资产，减少信息流转中烟囱式协作的成本。平台具备数据采集、存储、计算、可视化等全栈能力，满足数据资产管理和数据研发效能需求，缩短数据到应用的路径。该平台逐步实现数据资产从"系统化＋"升级到"数智化＋"，全方位提升服务品质促进保险数字化深入发展进程。

惟创新者进，惟创新者强，惟创新者胜。

未来，在保险业新发展格局下，国泰产险坚持"让每个人更简单地享受保险"的使命，将复杂的金融科技和人工智能技术以简单的交互方式呈现给用户，提高用户满意度和获得感。不断丰富产品矩阵，升级服务品质，打造值得行业和客户信赖的保险品牌！

资料来源：国泰产险"数智双驱动系统"获评 2022 年中国保险业数字化转型优秀案例［EB/OL］. 中国银行保险报官网，2023 - 03 - 06，http：//www. cbimc. cn/content/2023 - 03/06/content_478382. html.

◎ **概念复习**

传统财产保险　数字财产保险

◎ **阅读资料**

［1］奚玉莉，等. 互联网保险新模式［M］. 北京：中信出版社，2016.

［2］张蕙兰. 财产保险［M］. 北京：北京理工大学出版社，2019.

［3］苏洁. 挖掘互联网保险［M］. 北京：中国金融出版社，2017.

◎ **课后思考题**

（1）如何理解财产保险概念的科学内涵？

（2）数字财产保险当前存在的问题是什么？

（3）数字财产保险进一步发展的对策是什么？

（4）数字财产保险按标的分类可以为哪些类？

5.4 数字保险的新型主体

近年来，推进数字化转型已经成为保险业界共识，保险公司相继制定并推动转型战略。监管部门亦积极引导保险机构加快科技创新，实现高质量发展，保险业数字化转型迎来加速发展的新机遇。数字保险也就应运而生，相对应地，原有的主体形式也有了新的变化，最主流的数字保险的新型主体有互联网保险公司和保险科技公司这两种主体。

5.4.1 互联网保险公司

1. 互联网保险公司的内涵

通常我们把互联网保险称为线上保险，简单来说就是保险信息咨询、投保、交费、续期交费、理赔等保险服务的全面网络化。近些年互联网保险发展迅速，打造了许多网红保险产品，让越来越多的人接触到了线上保险。因此，互联网保险公司是新兴的一种以计算机互联网为媒介的保险营销模式以互联网或电子商务技术经营、销售、宣传自身产品的公司。

2. 互联网保险公司的主要特征

近年来，随着技术的不断发展，互联网已经介入我们身边的各个角落。有别于传统的保险代理人营销模式。互联网保险公司的有如下主要特点：

（1）保险产品性价比高。

互联网保险公司主要提供高性价比的保险产品。相同保障的同类型产品，线下保单保费要比线上贵 40%～60%；而且保障内容也有进行创新，比线下的保险产品更全面。

（2）购买产品方便快捷。

互联网最大的好处是方便快捷。运用互联网这个平台，买保险就方便多了，电子保单也会发送至你的邮箱。即使在你所在区域没有设置某个保险公司的分支机构，可以直接在网上购买保险产品。

（3）选择产品丰富透明。

投保人可以在互联网保险公司官网上搜索自己想要的保险产品，货比三家；还能够在保险经纪公司，通过互联网给大家做到一对一保险产品匹配服务。让保费、条款等信息处于公开透明的状态，增加信息的曝光度。

3. 互联网保险公司的代表性企业

有很多保险公司都在推行线上保险的业务，但纯粹的互联网保险公司目前只有四家：众安保险、安心保险、易安保险和泰康在线。在众多从事互联网保险业务的公司中，目前这四家公司具备互联网保险牌照。

（1）众安保险。众安保险于2013年成立，是由蚂蚁金服、腾讯、中国平安等国内知名企业发起设立的，也是国内最早注册成立的互联网保险公司，于2017年在香港上市。众安总部位于上海，不设任何分支机构，完全通过互联网展业。由"保险+科技"双引擎驱动，众安专注于应用新技术重塑保险价值链，围绕健康、数字生活、消费金融、汽车四大生态，以科技服务新生代，为其提供个性化、定制化、智能化的新保险。2023年6月与众安科技共同发布国内保险业首份生成式人工智能技术应用白皮书《AIGC/ChatGPT保险行业应用白皮书》。

（2）泰康在线。泰康在线是国内第一家由寿险公司投资建设，2015年挂牌成立的互联网保险公司，其母公司是泰康人寿保险股份有限公司。泰康在线以"保险+科技""保险+服务"为主要商业模式，打造科技型、服务型互联网保险公司。泰康在线产品涵盖互联网财产险、车险、健康险、意外险、货运险、责任险、信用保证保险等，同时可开展与互联网保险相关的技术服务与咨询服务。

（3）易安保险。易安保险于2016年在深圳成立。主要业务有相关企业与家庭财产保险等。易安保险利用互联网技术与创新模式，全力推动"互联网+保险"生态体系建设。

（4）安心保险。安心保险于2016年在北京成立，是国内首家全业务系统建立在云上的保险公司。安心保险坚持"简单的保险"理念，用互联网思维，实现从承保、查勘、定损到理赔的全流程改造，将条款通俗化、投保自助化、理赔简单化。

5.4.2 保险科技公司

1. 保险科技公司的内涵

将大数据、区块链、云计算、物联网、人工智能等技术手段综合运用到保险生态体系中，通过保险产品创新、保险服务水平提高、企业运营降本增效、信息管理等渠道维护、改善保险生态，克服传统保险行业产品营销、信用管理等痛点，提升保险主体价值，发挥保险对于社会经济的保障作用的保险行业。

2. 保险科技公司的主要特征

近年来随着互联网和智能移动通信设备使用的逐步普及，大数据、云计算和区块链等技术结合传统行业形成新业态已成主流发展趋势。总体来看，保险科技公司呈现出以下四大特征：

一是数字化驱动。保险的基本运用原理是大数法则，大数法则以大量的数据为基础，因此数据对于保险公司是重要的无形资产。将保险科技逐渐融入保险行业，保险公司数据资产规模实现数量级的跨越增加，同时具备了更加完善的保险数据系统。此外，在保险行业内部，保险公司不再局限于公司内部的数据运用和流动，机构间的数据共享和流动也日渐频繁，整个保险生态系统更加活跃。

二是商业降维。新兴保险科技主体利用保险科技，使得核心技术、成本控制、保险产品营销、公司运营等方面产生了颠覆式改变，给传统保险主体进行了"降维式冲击"，传统主体在此冲击下只能寻求转型与创新，由此给整个保险行业带来商业式降维。

三是融合创新。"保险+科技"不是单纯将科技手段运用到保险公司的某一经营环节，而是要识别保险业特有的行业特征。将保险科技融入形成创新式经营模式，不仅要在产品的设计开发、产品销售、核保和承保、理赔等基本的产品运营环节中加入保险科技手段，更要在整个保险生态体系中加入科技思维，才能真正发挥科技对于保险行业发展的推动作用。

四是合作共赢。保险科技具有研发门槛高、投入成本大，运营时间长的特点。因此保险公司若依靠自身技术能力进行科技创新和研发，需要经历较长的准备期，但若与创业公司、科技公司等展开战略性合作，则会更快、更有效地进行科技创新，取得更高的效益。此外，随着保险行业的竞争态势日益增强，在实现科技转型道路过程中，保险科技公司之间可以进行科技合作，资源共享，共同面对行业竞争和转型挑战，实现双赢发展。

扩展阅读 5-4

专业互联网公司模式——以"众安在线"为例

众安在线财产保险股份有限公司是 2013 年 9 月 29 日成立的全国首家互联网保险公司，是一家在全国不设分支机构，完全通过互联网进行销售和理赔服务的保险公司。2017 年众安保险实现原保费收入 59.57 亿元。众安保险至今已连接 300 多个生态合作伙伴，为互联网经济生活提供一整套风险解决方案。截至 2018 年上半年，众安保险服务了超过 3 亿用户，人均拥有保单数为 8.4 张。作为保险科技领军企业，最初，众安从解决退货纠纷的退运险起步，在电商场景中创造了众乐宝、账户安全险等一系列围绕电商生态风险的解决方案。此后，众安保险快速切入其他场景，搭建了健康险、航旅险、消费金融、车险、3C 数码等核心事业部。自成立以来，众安保险已形成核心优势：产品设计基于场景定制，快速响应需求；定价基于互联网大数据，动态承保；销售则无缝接入场景，直面客户，交叉销售；理赔服务实现高度自动化，迅速而透明。

1. 众安保险产品体系及服务特色

众安保险从成立至今一直秉承服务互联网的理念，目前公司的产品体系涵盖了旅行保险、意外保险、健康保险、团体保险、责任保险、信用保证保险等多个险种，并能够基于场景进行互联网保险产品的定制。

在服务方面，众安保险目前向消费者提供 7×24 小时客服、在线无理由退保、在线自助理赔等多项特色服务，并实现 3 步完成在线投保，使消费者在购买产品的同时能体验到便利的服务。另外，众安保险不断加强与企业客户的合作，通过与企业客户的合作，针对企业平台消费者的不同特点，深度挖掘客户需求，为不同平台的消费者提供了多款具有特色的保险产品。目前众安保险已经与淘宝网、天猫、聚划算、支付宝、微信、小米、中信银行、携程、百度、赶集网等多家企业展开合作，力求为不同平台客户提供有针对性的风险保障服务。

2. 依托场景打造风险解决方案的保险思维

作为国内首家专业的互联网保险公司，众安保险在产品开发设计上引入了场景化的思维，即针对某一场景面临的特定风险制定风险保障方案，开发相应的互联网保险产品。在探索场景保险的过程中，作为国内首个核心系统搭建在云上的金融机构，众安基于云服务平台，搭建开放、灵活、可扩展的核心系统，适应互联网海量、高速的业务需求。与此同时，众安不断开拓、沉淀人工智能、区块链、大数据等前沿技术，并深度应用于产品研发，提升体验、改善经营效率。通过其全资子公司众安科技，众安保险还致力于输出自身技术，推动保险业信息化升级，成为内外部创新的孵化器。

资料来源：韩胜男. 我国互联网保险商业模式的案例分析及启示［J］. 长春金融高等专科学校学报，2019（1）：30－35.

◎ 概念复习

互联网保险　保险科技

◎ 阅读资料

［1］苏洁. 保险科技十年：从萌芽到成长［N］. 中国银行保险报，2023－06－07（5）.

［2］完颜瑞云，锁凌燕，陈滔. 保险科技概论［M］. 北京：高等教育出版社，2022.

◎ **课后思考题**

（1）传统保险公司和数字保险公司的区别体现在哪些方面？

（2）互联网保险公司和保险科技公司的主要特征分别是什么？

5.5　数字保险前沿

在《金融科技 2022～2025 规划》中，中国人民银行提出金融机构需要搭建业务、技术、数据融合联动的一体化运营平台，这意味着"在可预见的未来，业务、技术、数据融合将成为金融领域数字化转型核心发力目标"。在保险领域，业务、技术、数据融合并不是将各类前沿科技、数据在保险业务链条内堆砌，而是应当以推进保险产品革新、业务模式改善、市场焕发新生机为目标，选择契合的技术类型，融合赋能、创新开发。技术需要深入目标产品所对应的场景，完成针对性的应用模式改革，而保险产品及服务也应贴合技术特征调整创新，如智慧农业保险、UBI 车险、智慧养老保险。

5.5.1　智慧农业保险

1. 智慧农业保险概述

智慧农业保险的概念雏形诞生于 20 世纪 90 年代的美国，最初呈现为区域性产量保险与收入保险，后来随着不同地区农场和作物设计差异化，催生出农业指数保险，而我国智慧农业保险建设正处于起步阶段。智慧农业保险是在农业保险领域借助科技信息技术，在保险的全环节、全流程数字智能化，形成立体、高效智能服务的体系，以实现涉保主体各方的信息、资讯的互通、同步，实现农业保险对农业、农民的高质量服务保障功能，推动农业保险行业的精细化发展。

党的二十大报告提出："全面建设社会主义现代化国家，最艰巨最繁重的任务仍然在农村。"作为防范农业生产风险和市场风险的重要手段之一，农业保险在稳定农民收入、促进农业持续健康发展、全面推进乡村振兴等方面起到了积极作用。随着人工智能、大数据、云计算和遥感技术、地理信息系统和全球导航卫星系统（以下简称"3S"技术）等新一代信息技术迅速发展，农业信息化正从传统的数字化、线上化向智慧化、集成化的多部门、多学科综合方向发展，进入"农业 4.0"时代，即智慧农业。伴随着智慧农业的发展，智慧农业保险的概念应运而生。

2. 智慧农业保险的发展现状

（1）全球智慧农业保险的发展现状。

在美国、日本等发达国家，农业保险的智慧化依托智慧农业体系的构建发展迅速。美国20世纪90年代起就通过智慧农业工作组等合作模式将农业保险等生产性服务业纳入智慧农业建设，推动了农业大数据库和物联网、人工智能在农业保险领域的应用，提升了农业保险智慧化服务水平。日本通过构建具备地域特征的完整智慧农业系统作为农业保险数据统计系统的重要依据，推动当地农业保险费率厘定的精确化。《2000年农业风险保护法案》颁布以来，2001年美国开始采用"3S"技术、互联网、人工智能等技术加强农业保险的数据分析与监管。日本通过构建具备地域特征的完整智慧农业系统作为农业保险数据统计系统的重要依据，推动当地农业保险费率厘定的精确化。2019年瑞士"Etherisc"公司通过区块链、智能合约等技术设计的农作物保险极大简化了理赔流程。

（2）我国智慧农业保险发展历程。

我国的智慧农业保险发展更多聚焦在保险科技赋能农业保险领域，并根据政策导向和农业保险高质量发展需求进行模式创新。根据发展方向与技术特点可以将我国智慧农业保险的发展历程分为三个阶段，即萌芽期、发展期、完善期。

①萌芽期（2007～2015年）。以2007年安信农险的上海西甜瓜指数保险项目试验为起点，农业保险开始初步运用"3S"技术、互联网等新兴技术进行保险创新，中国智慧农业保险开始萌芽。众多保险公司都对智慧农业保险的科技体系进行了初步探索。例如2010年人保财险和中国科学院遥感所合作共建"遥感空间信息技术保险应用联合创新中心"，将遥感技术用于承保和理赔环节。2014年太平洋财险利用互联网、物联网、人工智能等技术研发的"e农险"平台可以实现承保、查勘环节的移动化。

②发展期（2015～2019年）。伴随着2015年以大数据为核心的信息技术在保险领域的应用不断加强，智慧农业保险领域进入高速发展阶段。该阶段以构建智慧农业保险经营模式为主。例如2017年华农财险与农信互联合作开发的"生猪价格指数保险4.0版"，构建了"互联网＋保险"的智慧农业保险模式。2017年国元农险联合众安科技、连陌科技等公司开创金融科技农村开放合作同盟，运用区块链、人工智能等技术推出了"步步鸡"家禽牲畜保险。2018年平安产险与平安科技联合推出了"农险＋科技"新模式，同时融合中国农科院、大疆创新的相关技术在农险领域推出生物识别、卫星遥感、"无人机＋物联网"等服务。

③完善期（2019年至今）。以2019年北京设立农业保险全流程电子化投保试点为标志，智慧农业保险在该阶段借鉴国外先进经验，创新性地将发展导向转变到服务模式完善上。在此阶段，农业保险以服务"三农"为核心，强调在保险科技助力下通过建立服务能力标准、完善基层网络等途径实现高质量发展，提升智慧农业保险运行效果。

2020年平安产险开发了科技农险"智慧云平台",通过卫星遥感、无人机等技术为广大农户提供"灾前预警+灾中监测+灾后定损"的风险管理服务。2020年3月平安产险在广东阳江推出农险产品科技平台,推动个性化保险定制和农业生产全流程服务。2021年人保财险在徐州开发"智慧农田"农险平台,为农户提供"田间管理+环境监测+专家指导"的综合性附加服务。

5.5.2　UBI 车险

1. UBI 车险的内涵

UBI(usage-based insurance)车险是基于使用量而定保费的保险,通过车联网、自动驾驶系统、GRPS定位系统进行驾驶者行驶行为、行驶习惯、行驶环境、路况信息等数据收集的一种物联网保险。通过收集这些数据和信息,最终建立人、车、路和环境等多维度模型进行定价。它通过车载终端或智能手机设备获取车辆信息及驾驶员的行驶行为数据,并利用互联网技术进行数据的传输和处理,以驾驶员的行驶里程、速度、行驶时间、加速、减速、地点等行驶信息为依据进行分析和建模,精准计算风险保费、设计保险产品。

2. UBI 车险的作用

在信息技术深化应用的大背景下,以互联网为基础形成人、物之间深层次的关联是互联网应用改革的主要方向。在这种基础应用改革背景下,组成了构建人机交互深层次联系的物联网概念,并广泛应用到人们生活和工作中的诸多方面。随着汽车软件的深度开发,车联网技术成为了物联网技术的一个发展方向。车联网技术与保险的融合应用,能够更好地实现对保险标的全程实时监控,实现保险产品精准定价,有效防范保险欺诈等问题。

第一,UBI能够给保险公司带来包括合理定价、科学产品、精准获客、减少事故发生、赔付率下降、提高运营效率、提升客户体验等价值。第二,UBI能够让行驶行为良好的车主享受优惠的车险费用。对于保险公司而言,UBI车险考验着产品对细分市场的精确把握,如果设计出创新型个性化定价模式,便可提高服务效率、有效控制成本,给客户带来更好的产品体验,有力助推保险公司升级发展。第三,UBI可以合理反映司机的保险和风险成本,使保费定价更加公平。通过价格调整形成良好行驶习惯、畅通道路交通,有助于帮助警方降低车辆被盗风险,提升破案率。第四,相对于传统货运物责险,UBI货运物责险的价值在于精准的数据支撑。传统保险公司对于货车保险业务通常持两种态度:一种是拒保,凭既往出险数据判断货车出险率,保险公司普遍认为货车风险高、事故多发,因此就会果断放弃这块市场;另一种是提高保费,往年业务亏损,来年就考虑在此基础上增加保费,以达到利润的平衡。保险公司对于货车业务的两种态度,都源于没有精准的风险数据。

3. 我国 UBI 车险发展现状

我国从 2015 年开始探索 UBI 车险，经过几年的发展初具市场规模，也逐渐有越来越多的保险公司开始提供 UBI 车险产品，并与互联网科技企业、智能物联网设备制造企业等进行了深入合作。

（1）保费收入逐年增长，市场规模逐年扩大。

我国汽车保有量近年来逐步上涨，在 2019 年已经达到 25 376.38 万辆（见图 5 - 1），庞大的汽车用户使用量，给我国环境带来极大压力。交通运输部印发的《绿色出行行动计划（2019～2022 年)》中提到，"降低小汽车使用强度，探索建立小汽车长时间停驶与机动车保险优惠减免相挂钩等制度"。"Metromile" 保险公司的分析显示，有 54% 的车主在购买 UBI 车险后减少了行车里程。因此，实行 UBI 车险，有利于"绿色保险"的推行，推动了"绿色中国"的建设。

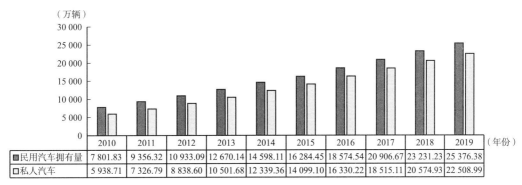

图 5 - 1　我国 2010～2019 年民用汽车与私家车保有量

资料来源：郭际. 大数据环境下保险行业 UBI 车险定价模型构建探索［J］. 价格月刊，2022（10）：45 - 51.

观研天下数据显示，2015 年全年我国 UBI 车险保费收入占我国车险总保费收入的 13.2%。2018 年 8 月中国保险行业协会组织的行业创新产品评审会议，国内 4 家财险公司的"汽车里程保险"通过审批，是我国 UBI 车险产品正式落地的标志性事件。随后，我国 UBI 车险在 2018～2019 年均实现了较前 3 年更高的规模占比，在 2019 年占比达到 15.3%（见图 5 - 2）。总的来看，我国 UBI 车险在 2015～2019 年与车险行业总体增长趋势一致，且实现了保费规模以及规模占比的双上涨，我国 UBI 车险仍有极大的增长潜力与增长空间。①

（2）科技投入逐步加大，数据采集逐步规范。

基于驾驶行为定价的 UBI 车险，从驾驶行为数据采集、数据分析以及后期定价模型的设计与完善，都需要科技的大力投入。目前，智能网联已经成为国家汽车产业的核心

① 2021 年中国 UBI 车险市场调研报告——行业运营现状与发展前景研究［EB/OL］. 观研报告网，https：//www.chinabaogao.com/about/.

战略，且前装、后装及其他车载设备的技术在中国的发展已颇为成熟。此外，用于驾驶数据采集的车联网设备，如 OBD 等功能单一的设备逐步开始转向更为智能的 T – box 等硬件，在数据获取精确度、数据传输速度以及数据分析准确性等方面将得到逐步提升。随着科技的投入，车联网设备所能够采集的用户数据类型越来越多，数据隐私与安全极为重要，若数据采集不规范或用户数据泄露，将极大影响用户对驾驶数据采集的意愿。因此，2019 年 3 月 28 日，中国保险行业协会发布《机动车保险车联网数据采集规范》，规定了机动车辆保险经营管理过程中车联网数据的采集、涉及的主要术语及基本数据的范围、类型、准确性等方面的内容，同时规定了数据有效性、合理性、真实性的验证机制，指导和规范了车联网数据采集、校验工作，引导保险公司、车联网科技企业、汽车生产企业各方形成合力，共同推动我国车联网数据采集的规范与健康发展。

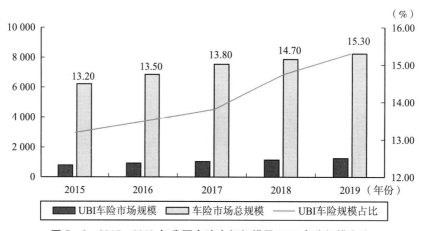

图 5 – 2　2015 ~ 2019 年我国车险市场规模及 UBI 车险规模占比

资料来源：郭际. 大数据环境下保险行业 UBI 车险定价模型构建探索 [J]. 价格月刊，2022（10）：45 – 51.

（3）产品数量不断增加，运营模式不断丰富。

目前，随着汽车行业的"四化"趋势加强，越来越多的企业纷纷布局 UBI 车险领域，参与主体主要包括主机厂、零部件供应商、互联网科技公司以及第三方保险平台等。其中，主机厂主要负责汽车生产以及前装车联网设备的制造与安装；零部件供应商主要负责提供后装的 OBD 设备；互联网科技大多开发了手机 App，作为用户流量获取的入口以及用户售后服务的平台；第三方保险平台则注重 UBI 保险产品的比价以及投保。以 UBI 车险公司为核心，根据参与主体的不同，可以将我国目前 UBI 车险的运营模式分为以下几个类型：一是通过开发手机 App 进行 UBI 车险运营；二是由制造商直接参与智能车联网设备制造，并参与 UBI 车险运营；三是通过互联网科技公司与保险公司合作共同开发 UBI 车险产品并参与 UBI 车险运营。

4. 保险科技与 UBI 车险的融合

（1）物联网技术实现数据采集。

物联网（the Internet of things）不同于传统仅将电脑与手机终端连接起来的互联网，而是将"things"连接起来形成相互交织的物体互联网络。UBI 车险产品的定价依据是驾驶人的行驶里程以及驾驶行为等，这类数据必须通过采集车辆的相关信息才可获得。在 UBI 车险中运用到的物联网技术即车联网技术，车联网技术可以有效解决 UBI 车险中数据读取与收集的问题，通过运用 OBD 设备、T – Box、GPS、传感器以及摄像头等技术装备，完成对人、车、路以及环境数据的实时采集。

（2）大数据与云计算技术构建定价模型。

保险产品的定价依据是大数定律，大数定律的前提是拥有长期且大量的数据，并依托海量数据进行整合与分析，从而建立模型并根据数据的更新而进行动态调整。OBD、GPS 等物联网设备以秒为单位产生包含车辆行驶速度、里程数、油耗量、时间以及经纬度等数据信息。海量数据信息需要依托大数据技术进行存储、整合以及管理，并通过云计算技术进行深入挖掘与分析，以此构建更加精准的客户画像以及 UBI 车险产品定价模型。此外，依托大数据技术建立的云端数据库可以供后期进行数据调取，以确保事故是否所属保险范围，以此实现部分查勘定损的线上化，同时可供保险公司理赔人员对出险事故进行分析，从而降低理赔欺诈风险。

（3）人工智能技术提升服务水平。

人工智能是指用于模拟、延伸以及扩展人的智能的一类技术科学，人工智能涉及计算机视觉、机器学习、自然语言处理以及人机交互四大核心技术，其核心与基础在于大数据与云计算能力。人工智能在 UBI 车险领域发挥着重要作用，体现在 UBI 车险的前端销售、中端核保以及后端定价等方面。在前端销售环节，智能客服的引入将会为 UBI 车险销售过程中问题咨询带来极大便利，并极大降低人工成本，减少客户等待时间；在中端核保环节，人脸识别、证照对比、OCR 技术的引入极大提升了核保效率与准确度；在后端定价环节，根据客户画像与用户需求，为客户匹配更合适、更精准的 UBI 车险方案。

（4）区块链技术强化数据安全。

区块链技术可实现沿时间轴存储数据，数据一经写入则不可修改与删除。利用区块链存储的 UBI 保险用户数据，可以做到独立于承保人存在，并只有通过 UBI 车险用户的公共密钥才能够让第三方获得，此项技术有效解决了"黑色数据产业链"带来的客户数据安全风险问题。此外，区块链技术还可用于物联网技术的数据处理与维护，并且基于其信息的唯一性与可追溯性，区块链技术在 UBI 车险反欺诈上也发挥了一定的作用。

5.5.3 智慧养老保险

我国人口老龄化具有速度快、规模大等特征，积极应对人口老龄化已上升为国家战略。2022 年 4 月，国务院发布《关于推动个人养老金发展的意见》，是我国推动养老保障体系建设的重要举措。作为第三支柱的重要组成部分，商业养老保险通过风险分担机制覆盖被保险人老年阶段，实现互助和自助，有效管理长寿风险。

数字化转型给养老保险发展注入新动力。首先，保险机构可以借助互联网打通数据渠道，利用大数据等技术深度挖掘客户需求，从老年风险保障出发，根据客户年龄和风险态度等因素设计产品的收益性、安全性和流动性等特征，提高产品的个性化和需求的适配性。其次，利用数字技术不断完善手机 App、微信公众号和小程序等综合化服务平台，普及养老保险知识，提升养老和保险意识。利用人工智能等技术提升平台服务能力，并进行适老化改造，保障老年人使用安全，简化老年人必需的事项流程，同时考虑授权代理等，向客户提供最合适的服务渠道，增强服务可得性。最后，借助数字技术加强行业研究，更为准确地掌握养老服务行业发展规律，加强和政府的合作，开发"智慧"养老平台，开展社区养老改造等项目，降低客户管理成本，更高效地实现养老保险产品和养老服务之间的连接。

扩展阅读 5－5

平安产险平安智慧农业保险案例

我国是农业大国，农业是关乎国计民生的基础性产业，加快推进农业数字化转型是新时代农业高质量发展的重要引擎，是农业大国迈向农业强国的必经之路。农业数字化转型是一项复杂的系统工程，既需要科学的顶层设计，也需要高效的探索落实。平安产险持续推进智慧农业技术创新，联合集团科技，超前布局前沿技术，助力农业生产经营数字化转型。

平安智慧农业产销溯源平台是平安产险首批金融创新支农服务产品之一，是覆盖农业生产、农业保险保障、市场销售等产业链前中后期的农业信息管理和风险保障体系。借助该平台，可实现农产品从土地到餐桌，各环节端到端可追溯、可监测，保障农产品质量，提升农产品销售力。以外婆坑村绿色茶叶为例，茶叶种植伊始，平安智慧农业产销溯源平台即生成 7 ×24 小时农事档案，通过平台与物联网实时连接，对生产基地进行农事监控，获知如生产环境的光照、水肥、温湿等信息，累积实时、精准基础数据；针对外婆坑茶叶不同的生长时期与种植要求，平安智慧农业产销溯源平台还可为茶农提供基于 PC 端和小程序移动端的生产管理可视化操作平台，以直观、简单的形式，为茶农提供实时灾害预警、生产与防灾指导等服务。

同时，平安智慧农业产销溯源平台将产业中上游生产和加工流水线上原始数据进行收集、清洗，存储在以区块链为底层技术的溯源数据中心，实现生产全监测、产品随时可溯源，最终实现生产流程管理、人员组织管理、重要农事节点监控等功能。

平安产险浙江分公司已为茶农提供"一物一码"的平安溯源放心码，在茶叶产品上市前会对标的溯源情况、物联网采集信息进行回溯和验真检查，为符合溯源保险风控条件的产品生成对应数量的防伪商标，实现"一物一码"。消费者购买产品后，通过手机端扫描防伪溯源码，即可查阅与该产品有关的种植、生产、加工、检测等各环节信息，以及企业信息、生产基地和致富帮扶基地，呈现产品全链条追溯流程信息，帮助茶叶产品品质增信。

除了技术的加持，平安产险浙江分公司还发挥自身产品服务优势，为茶叶企业提供多重保险保障。如在保险期内，茶叶企业因其生产、加工或销售溯源茶叶过程中，对于消费者因溯源茶叶质量缺陷导致的人身伤害或因溯源信息缺陷导致的财产损失，应由企业承担的经济赔偿责任，保险公司将按合同约定给予赔付。

资料来源：清华大学五道口金融学院中国保险与养老金研究中心. 金融科技发展视角：构建保险科技创新新生态 2020［M］. 北京：中国财政经济出版社，2020.

扩展阅读 5 - 6

中交兴路和平安产险联合发布
优驾保 UBI 网络货运物流责任险

10 月 31 日，在 2019 全国商用车车联网创新发展大会上，中交兴路联合平安产险发布了国内首款基于 UBI 的货运保险——"优驾保 UBI 网络货运物流责任险"，据介绍，产品主要面向网络货运平台、物流公司和实际运输方。"优驾保"依托中交兴路首创的运用车联网大数据分析识别车辆风险水平的模型和平安产险专业的产品设计能力，帮助保险公司精准定价和快速理赔，让投保人享受价格低、理赔快、少出险的实惠。让"好司机"享受低价格，鼓励企业和司机改善驾驶行为。通过系统对接，可以实现"一键投保"。出险后，保险公司可以通过车联网大数据了解车辆运营轨迹，司机也可以用中交兴路开发的车旺大卡固定现场证据，提高理赔效率。基于车联网大数据，优驾保还可以对司机进行不安全驾驶行为提醒、陌生和危险路段安全预警、路线提示等，提升实时风控能力。

目前，中交兴路已经与人保财险、平安产险、阳光保险、太平洋产险、国寿财险等近 20 家保险公司展开合作，有效降低货运车辆整体出险率，有的保险机构赔付成本下降了 15.2%，出险频率降到 8% 以下。

资料来源：中交兴路联合平安保险发布基于 UBI 的货运保险 [EB/OL]. 中国银行保险报官网，2019 - 10 - 31，http：//xw. cbimc. cn/2019 - 10/31/content_310202. htm.

◎ **概念复习**

智慧农业保险　UBI

◎ **阅读资料**

[1] 胡芳，彭琛，陈昕. 智慧农业保险服务乡村振兴战略：作用机理与实现路径 [J]. 湖南科技大学学报（社会科学版），2022，25（3）：142 - 151.

[2] 郭际. 大数据环境下保险行业 UBI 车险定价模型构建探索 [J]. 价格月刊，2022（10）：45 - 51.

[3] 郭瑜. 数字经济下的养老保险：挑战与改革 [J]. 华中科技大学学报（社会科学版），2021，35（2）：25 - 31，140.

[4] 高传胜. 智能养老：智能时代孕育的养老产业新业态——兼论智能养老与中国人口结构双重不利变化趋向带来的挑战 [J]. 人民论坛·学术前沿，2019（18）：52 - 60.

[5] 清华大学五道口金融学院中国保险与养老金研究中心. 金融科技发展视角：构建保险科技创新新生态 2020 [M]. 北京：中国财政经济出版社，2020.

◎ **课后思考题**

（1）智慧农业保险未来的市场格局可能是什么？

（2）UBI 车险的定义是什么？

（3）智慧养老保险发展面临的挑战有哪些？

第 6 章
金融机构数字化转型评价

学习目标

（1）了解金融机构数字化转型的发展进程，掌握金融机构数字化转型的基本概念。

（2）了解不同金融机构在数字化转型中的相同点和差异，掌握各机构的发展现状。

（3）掌握金融机构数字化转型评价的概念、评价指标与方法。

（4）了解金融机构数字化转型的过程中所遇到的挑战，以及掌握有效应对挑战的方法。

内容提要

　　金融机构是从事金融活动的组织，又称为金融中介或是金融中介机构。随着金融科技的不断发展，金融机构逐步开始数字化转型，借助科技手段实现全业务、全体系、全流程的数字化，提升自身的经济效益，以适应数字化经济的需要。然而，金融机构在数字化转型的过程中，也面临着一些挑战。本章分析的主线如下：首先，介绍金融机构以及金融机构数字化转型的基本概念，并了解其发展历史。其次，概述金融机构数字化转型的评价内容、常见评价指标，以掌握评价的方法。最后，利用福州大学上市公司数字化转型指数（DTI 指数）对我国各类金融机构的数字化转型水平进行评价分析，指出当前金融机构数字化转型过程中面临的问题，并给出相应的对策建议。

6.1 金融机构数字化转型内涵

金融机构数字化转型实际是金融行业为适应数字经济的发展，通过整合新兴科技进行全方位革新的过程。目前，金融机构正通过数字化手段实现业务增长，加强业务与科技的双向融合，并在确保长期投入的同时寻求短期内的业务速赢，以客户为中心，通过重新构建业务模型和流程，加强客户交互，将服务嵌入客户的日常生活中，与客户建立更深厚的关系，进一步满足客户的需求。

6.1.1 金融机构数字化转型的概念

1. 金融机构的概念

金融机构是从事金融活动的组织，又称为金融中介或是金融中介机构。在间接融资中，各种类型的银行充当金融中介，与资金需求方和资金供应方进行金融交易。在直接融资中，各种类型的金融中介提供策划、咨询、承销和经纪服务，促成筹资者和投资者之间的联系，包括证券公司、保险机构、信托机构等。金融中介的功能主要是充当资本供求双方的桥梁，推动资本流动，从而实现金融资源的优化配置。

2. 金融机构的分类

（1）金融机构的国际分类体系。

目前国际上对于金融机构的分类，主要参照联合国统计署以及国民核算体系 SNA 对金融机构的分类方法。以按中心产品分类为例，国际上将金融机构分为金融中介服务、保险和养老基金服务、金融中介辅助服务、再保险服务、保险和养老基金辅助服务。

（2）我国的金融机构体系。

我国的金融中介格局以银行体系为主体，同时多种金融机构并存。银行体系由中央银行、政策性银行、国有商业银行、其他商业银行等组成。非银行金融机构包含证券公司、保险公司、信托投资公司、融资租赁公司、汽车金融公司、货币经纪公司等。

3. 金融机构数字化转型的概念

加快发展数字经济是党的二十大提出的重要决策，其中数字金融是数字经济的重要组成部分。全面推动金融机构的数字化转型，是我国金融业为实现实体经济高质量发展采取的一项重大举措。

数字化转型是通过开发数字化技术，对公司的生产和业务流程进行重塑，进而构建一种全新的、富有活力的数字化商业模式。关于数字化转型的概念和定义，从本质上来看，数字化转型是企业为了适应时代发展，对企业业务的结构构建和工作流程进行全面优化和根本性的变革。具体而言，企业数字化转型涵盖了产品与业务数字化、商业模式数字化、组织结构数字化以及企业战略数字化四个方面。

金融机构的数字化转型，是指各类金融机构通过金融科技手段实现全业务、全体系、全流程的数字化，以适应数字化经济的需要，从而提升企业的效益，创造经济价值。数字化转型是金融业经营范式的重要变革，需要在业务模式、组织架构、管理流程、人才和信息科技等多个领域进行协同调整，是一项系统性工程。

6.1.2　金融机构数字化转型的发展历史

在 2005 年之前，通过互联网的先进技术，金融机构开始提供一些线上服务，例如网上银行、网上证券等。

在 2005～2012 年，互联网在金融领域的应用从技术创新，深入金融业务领域。第三方支付的兴起标志着互联网化金融服务的开始。2012～2013 年，我国互联网金融得到了迅速的发展，2013 年被认为是中国互联网金融元年。2013 年，党的十八届三中全会提出了《中共中央关于全面深化改革若干重大问题的决定》，该决定明确了发展普惠金融、鼓励金融创新、丰富金融市场层次和产品等政策，并首次将互联网金融纳入决策范畴。在此阶段，网络借贷、一站式金融服务、众筹等业态开始兴起并发展。以互联网为特征的浅层次互联网金融对传统金融带来了冲击，数字金融在我国金融体系中得到初步发展，并且在金融业的不同方向中得到广泛的应用。然而，金融科技的基础设施建设仍然不足，导致技术无法广泛应用。与此同时，因为监管责任界定不清，出现了非法经营、交易欺诈等违法违规问题，因此业界迫切需要加强监管，加强风险控制，规范企业行为。

在 2014 年，互联网金融首次被写入政府工作报告，报告提出促进互联网金融健康发展，完善金融监管协调机制，密切监测跨境资本流动，严防系统性和区域性金融风险的要求。2015 年，《中共中央关于制定国民经济和社会发展第十三个五年规划的建议》发布，互联网金融正式纳入中央五年规划。

2016 年被称为金融科技元年，金融科技从商业模式转型、监管改革到前端支付科技和后方风险管理齐头并进。金融科技服务大幅提升了金融效率，数字化转型也成为各大金融机构的目标。《"十三五"国家科技创新规划》在同年 8 月发布，重点强调了"推动金融科技产品与服务创新"，这说明我国将金融科技纳入了政策导向中。具体而言，金融科技的核心产品有第三方支付、大数据、金融云、区块链、云计算、人工智能、生物钱包等。这些先进技术提高了信用获取的主动性、高效性和准确性，通过直接联系的方式，资金和金融产品的供需双方可以跨过多层中介直接达成交易，因此，金融交易的风险被大大减少，防范风险的能力也得到了极大提高，并进一步扩大了金融服务的边界。

党的二十大报告中指出了加快发展数字经济、促进数字经济与实体经济深度融合的重要性。根据 2023 年的《中国金融政策报告》，我国金融业在服务实体经济方面取得了新进展的同时，短期内我国经济复苏也面临一些挑战。面对新形势和挑战，需要加快金融科技赋能，鼓励金融机构进行数字化转型，平衡创新与风险管控，实现我国金融科技从"立柱架梁"向全面发展的"积厚成势"新阶段转变（见图 6 - 1）。

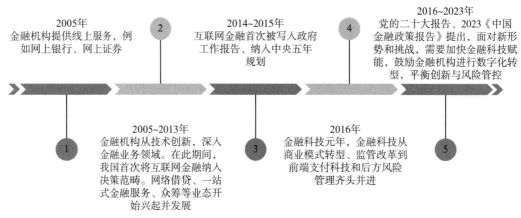

图 6 - 1 金融机构数字化转型发展重要时点

6.1.3 金融机构数字化转型的发展现状

1. 金融业整体现状

据中央银行初步统计，2023 年第一季度末，金融机构的总资产将达到 439.33 万亿元，较上年同期增加了 10.8%。在这些金融机构中，银行业机构的资产达到 397.25 万亿元，较上年同期增加了 11%；证券公司的总资产达到 13.71 万亿元，较上年同期增加 7%；保险业的总资产达到 28.37 万亿元，较上年同期增加了 10.5%。金融机构的负债在 2023 年第一季度末总额是 400.81 万亿元，比上年同期增加了 11.3%。其中，银行业机构负债为 364.84 万亿元，同比增长 11.3%；证券公司的负债总额达到了 10.42 万亿元，比上年同期增加了 6.7%；保险业负债达到 25.54 万亿元，较上年同期上升 11.8%。①

金融机构的数字化转型，不仅能够增加经济总额，还必须推动产业链、价值链、供应链等环节的延伸，提升金融服务实体经济的能力，推动普惠金融的协调发展，防范化解金融风险。具体而言，金融机构数字化转型迈入快车道，数字化渠道为金融消费者提供了更多便利，扩大了服务范围。在个人数字金融、产业数字金融、金融市场数字化交易等领域，出现了大量的创新产品，这些产品更好地满足了实体经济的发展需要和人民

---

① 2023 年一季度末金融业机构总资产 439.33 万亿元 ［EB/OL］. 中国人民银行网站，2023 - 06 - 10，https：//www.gov.cn/lianbo/bumen/202306/content_6885555.htm.

群众多层次、多样化的金融服务需求。

2. 银行类及非银行类金融机构数字化转型现状

我国金融机构体系以银行为主体，本节区分银行类以及非银行类金融机构的转型现状进行详细的论述。

（1）银行类金融机构。

在科技浪潮的推动下，金融科技和银行的转型相互契合，数字化将成为未来银行变革的核心，各大银行致力于推动战略、内部组织、商业模式等方面的变革，全面拥抱新时代。

传统银行的数字化转型建设主要侧重于内部信息化改革，以银行业务和流程为重点。在产品方面，传统方式采取的是先推出产品，再寻找客户的方式来进行营销推广。而数字化改革以客户为中心，银行需要以互联网、人工智能、大数据、区块链和云计算等金融科技为工具，将为客户提供最适合的产品种类和最好的服务体验作为最终目的，满足客户个性化和综合化的金融服务需要。在业务流程方面，传统银行开发利用智能系统提升业务效率，例如通过引入工作流程管理系统，可以大大减少文件处理和审批的时间并提高准确性。

在新冠疫情的影响下，人们的线下接触显著减少，提供个性化的数字化服务已成为业界共识。2020 年 2 月，中国银保监会明确提出，要提高线上服务效率，要求各银行大力开展线上服务，不断建设完善"零接触"式服务通道，使得客户能体验到更方便、安全的"在家"银行服务。例如，光大银行推出了"云缴费"；中国工商银行推出了"小微中心＋实体网点＋自主渠道＋电子银行"的快贷模式，用户只需在移动设备上传相关资料，总行审批中心将集中整理、分析和审批。这些新的服务方式，极大地减少了顾客的等候时间，提高了服务的效率。

虽然银行类金融机构仍在坚持线下网点的经营，但不可否认的是线下业务经营规模开始收缩。根据银保监会金融机构许可证数据，2015 年起，银行机构线下关闭的网点数量迅速攀升，同时新增线下网点数量呈现逐年递减趋势。

尽管数字化转型带来了线下业务减少的趋势，但银行类金融机构仍然需要维持线下网点以应对某些特定情境或客户群体的需求。因此，数字化转型并非完全淘汰线下业务模式，而是在推动银行业务向数字化方向发展的同时，合理布局线上线下渠道，确保全面覆盖和服务客户的多样化需求。

（2）非银行类金融机构。

非银行类金融机构主要通过发行股票、债券，接受信贷委托、保险等方式募集资金，并将募集的资金用于投资。证券类、保险类和资产管理类机构是其中具有代表性的子行业。所以，本书重点阐述了这三类金融机构的数字化转型现状。

①证券类机构。

随着数字化转型成为券商建设的新趋势，证券机构通过数字化技术扩大了证券服务能力的广度和深度，提高了证券风控体系的有效性和系统性，提升了证券服务体系的适应性和普惠性。

自 2017 年开始，国内的证券机构都在逐渐扩大对数字化转型的支出，全产业信息化和技术投资规模保持 18% 的增速。根据上市公司公布的 2022 年年度报告，华泰证券在信息技术领域的投资较上年同期增加了 22.26%，投入了 27.24 亿元，位居第一；中金公司在 2022 年的 IT 投资总额为 19.06 亿元，较上年同期上升了 41.6%，位居第二；国泰君安排名第三，为 17.99 亿元；另外，海通证券、招商证券、中信建投证券、广发证券、中国银河证券对于信息技术都有十亿元以上的投资。①

《中国证券业发展报告（2019）》指出，证券市场是一个以信息为信用的市场，投资者对于证券价格的判断和决策主要依赖于市场参与者所获取的信息，信息的传递和公开对于市场的有效运行和交易的公平性起着至关重要的作用。因此，技术创新是生命线，数据是支撑证券业高质量发展的基础设施。我国证券行业数字化转型的价值链已经从对前端应用的关注逐步转向了前、中、后端联动协同，旨在建立丰富的场景生态，提升用户的体验。例如，华泰证券聚焦网络金融部建设，以财富管理业务、数字化中台、科技金融策略、机构业务作为部门发展的四条主线，将"App + 投顾"作为核心，通过前、中、后三个环节的集成，构建一个集客户洞察、方案筛选、精准服务、流程管理于一体的综合服务平台；中泰证券通过云原生转型的策略，将应用程序和系统开发、部署和管理的方式从传统的基础设施迁移到云计算平台上。

证券业正朝着高质量数字化转型的方向发展，通过金融科技的应用，更深层次地挖掘市场机遇，提升服务能力和水平，从而全方位地提升客户体验。

②保险类机构。

保险行业在 5G、人工智能、大数据、区块链等新技术的推动下，迎来了保险科技的新时代。保险公司利用数字科技，从业务、产品、经营理念、产品服务和流程等方面为保险业赋能。

2015 年，中国保险监督管理委员会发布了《互联网保险业务监管暂行办法》，随后又在 2019 年发布了《互联网保险业务监管办法（征求意见稿）》，最终于 2020 年 9 月正式颁布了《互联网保险业务监管办法》。该办法强调了保险机构须着力推进数字技术的运用，提升客户的消费舒适度。

借助信息科技，保险公司开发创新型定制化保险产品，如航班延误险、酒店退订险、退货运费险、宠物责任险等面向互联网场景的个性化险种，还有一些基于运动步数的健康险产品。蚂蚁保"星云"是为满足客户与保险公司的需要，以提升双方之间的对接效率为目标而开发的。借助"星云 1"开启的"理赔大脑"功能，该系统能够对

---

① 竞争压力下券商依靠数字化转型突围［EB/OL］. 武汉市地方政府工作局，2023 - 05 - 10，https：//jrj. wuhan. gov. cn/ztzl_57/xyrd/dcczbsc/202305/t20230510_2198336. shtml.

107 张医保及理赔单据进行智能识别，识别准确度超过 95%。与此同时，在试点中，它能使保险机构的理赔效率提升 30% ~ 70%。中国平安 2022 年年度报告显示，该年人工智能客服服务量约为 26 亿次，较上年同期增长 26%，覆盖了 82% 的客服总量，进而提升消费者的满意度和体验感。①

尽管科技投入的成效难以全面量化，但从上述案例可以看出，保险机构的经营效率和客户体验显著提升。从长远来看，保险公司需要根据自身资源的特点，进行差异化定位，充分利用在线平台和大数据资源，以塑造自身的竞争优势。

③资管类机构。

在我国，资产管理行业由基金管理公司和信托公司等传统机构主导，银行、证券、保险等金融机构共同参与。它们提供各类公募基金、私募基金和信托计划等产品。近年来，资产管理行业逐渐壮大，资产管理机构需要根据自身资源，利用金融科技来加速数字化转型。

自 2018 年《资管新规》发布后，相关配套规定陆续落地，我国形成了完备的监管制度和规则体系，为资管机构数字化转型奠定了基础。在此背景下，资管类机构运用金融科技，对业务和组织机构进行优化升级，推动金融资本更好地服务实体经济发展。例如，在国内的银行理财子公司中，大多数将产品体系和投资策略定位为"固收 +"，充分发挥银行资产管理在固定收益投资方面的传统优势；信托资产管理机构积极寻求转型，头部机构以"回归信托本源"和"支持实体经济"为指导，从以项目为中心转向以客户需求为中心，逐步发展壮大家族信托、股权投资、信托基金等财富管理和资产管理业务，以满足高端客户的个性化财富管理需求。

资管机构进行业务流程优化的同时，可以在特定领域的专精上做进一步的努力。例如，在量化投资方面，可以应用云计算、人工智能、大数据等技术，提升量化投资决策的效率；在渠道获客方面，资管机构需要借助智能客服、智能投顾等工具，开放、普惠地提升以客户为中心的营销和服务能力，同时依托数字化手段，更加精准地投射和细分客群，提升获客转化效率。此外，资产管理机构也可以通过整合内外部资源、跨界合作与互联网企业合作等方式，激发自身优势，塑造适应新时代的核心竞争力。

3. 拓展阅读——金融机构数字化转型案例

（1）银行转型案例——中国工商银行。

中国工商银行（以下简称工行）早期就认识到数字化转型的重要性，于 2013 年开始启动信息化银行建设。他们在移动互联、大数据等新技术领域进行布局，并在多个领域取得显著成效。在移动互联和大数据技术方面，工商银行相继推出了手机银行、网上

---

① 助力保险业数字化发展　蚂蚁保发布业内首个保司数字化经营平台"星云 1"［EB/OL］. 中国新闻网，2022 - 09 - 07，https://baijiahao. baidu. com/s? id = 1743298974973452677&wfr = spider&for = pc；中国平安，2022 年年报［EB/OL］. 巨潮资讯网，2023 - 04 - 19，http://www. cninfo. com. cn/new/disclosure/detail? orgId = 99000022 21&announcementId = 1216478124&announcementTime = 2023 - 04 - 19%2020：26.

银行、微信银行等一系列产品和服务；在云计算方面，工商银行自 2013 年就开始对私有云进行布局，并发布云平台；在人工智能方面，工商银行也已与阿里、腾讯等国内知名互联网企业达成合作；在区块链方面，工商银行积极参与到央行数字货币研发工作中。

在 2014 年，工行正式确定了大零售战略。"e-ICBC" 1.0 互联网金融战略在 2015 年 3 月被正式推出，包括"融 e 购"电商平台、"融 e 联"即时通信平台和"融 e 行"直销银行三大平台。与此同时，工行还推出了一系列互联网金融产品，如"工银 e 支付""逸贷""网贷通""工银 e 投资"和"工银 e 缴费"，涵盖支付、融资和投资理财等领域，并提供了多场景应用，如"支付 + 融资""线上 + 线下"和"渠道 + 实时"。

接着，在 2015 年 9 月，工行发布了"e-ICBC" 2.0 版本的互联网金融升级发展战略，旨在建设以"三平台，一中心"为主体的互联网金融架构。该战略在原先已构建的三大平台基础上，新引入了网络融资中心。2.0 版本的升级有助于工行成为规模最大的网络融资银行。

2015 年伊始，受互联网浪潮的冲击，银行业务模式发生了巨大变革。传统的存贷利差盈利空间不断缩小，银行的主要客户也逐渐由大企业转向小微企业和个人。工行意识到利用技术发挥作用的关键在于创新业务场景，以服务不同群体的客户。2015 ~ 2016 年，他们加快了金融科技布局，并根据市场发展不断调整自身的战略定位、组织架构，增加科技投入，创新技术平台，推进 IT 架构改革，全面赋能数字化转型。

因此，2017 年工商银行的发布会上提出了"e-ICBC" 3.0 升级战略，持续聚焦于互联网发展规律与金融服务本质结合的发展路径，专注于建设"智慧银行"，并创建了"七大创新实验室"，从传统银行向智慧银行转型。与此同时，工行还着力打造开放、合作、共赢的金融服务生态圈。

通过长时间的积累和市场打磨，工行对金融科技战略有了更清晰的规划，从最初的支持性发展转向主动赋能。2019 年，工商银行正式发布《中国工商银行金融科技发展报告（2019）》，提出了金融科技战略的发展目标：成为行业内领先的"数字生态构建者"和"服务创新引领者"。工商银行以"科技驱动、价值创造"为工作理念，加快金融科技创新改革；以"金融 + 科技"为全局思维，为公司的发展规划构建了"智慧银行"的生态体系，进一步深化金融科技的创新，建设"数字工行"。与此同时，中国工商银行也抓住了建立新一代的智慧银行生态系统 ECOS 建设的机会，建立了一个开放、融合、跨界的生态体系，实现金融与产业的紧密融合，形成数字化互联体，推动新型 GBC 关系（政务、产业、消费）的协调发展。例如，他们与微信、京东、百度等互联网巨头合作，开辟了新的客户获取途径，通过线上渠道吸引了超过 2 500 万位新客户；与海尔集团合作，通过为其定制一体化智慧收单解决方案，解决了线上线下销售渠道分割和无法掌握经销商销售资金情况的难题；与民营银行等合作，共同探索建立有利于数字技术、数字风控和数字创新的生态环境，促进金融与科技的深度融合。

同年，中国工商银行成立了银行业第一家金融科技研究院，它的工作内容是：进行金融科技前瞻性研究、技术储备，以及在关键金融科技领域的战略规划和创新应用。与此同时，该研究院下设金融科技创新实验室，该实验室研究方向涵盖区块链、大数据、人工智能、云计算、分布式、5G、物联网和信息安全等技术领域。工行的金融科技创新实验室成为银行业的行业标杆，在众多银行争相寻求金融科技突破的背景下，取得了重要成果。至此，工行在总部层面构建了"一部、三中心、一公司、一研究院"的金融科技新格局。此外，工行已经建立了ABCDI（人工智能、区块链、云计算、大数据、物联网）和5G等新技术创新平台，且多数是自主研发和业内首创，大大提升了其科技创新能力。

从早期的信息化建设到后来的信息银行，再到如今的数字银行，中国工商银行始终在不断探索数字化转型的新方向、新路径，也在不断加大对移动互联、大数据、人工智能、云计算、物联网、区块链、生物识别等新技术领域的布局（见图6-2）。

图6-2 工商银行数字化转型发展脉络

（2）保险转型案例——中国人民保险集团有限公司。

随着行业竞争的日趋激烈和创新技术的快速发展，保险企业必须进行数字化转型以确保生存。具体而言，保险机构需要通过数字化转型以促进企业降低成本，提高效率，并为产品创新和服务拓展提供保障。中国人保作为1949年成立的中国第一家保险公司，在我国的保险行业中极具代表性。

"智·惠人保"是中国人保数字化战略的主题，意在运用先进金融科技，创新现有的商业模式，以人为本，回归本源，做人民群众心中可靠暖心的保险服务顾问。"智"意味着将以科学技术为依托，深入了解客户需求，并提供有针对性的高质量产品和服务；而"惠"则代表着惠及群众，中国人保将统筹线上与线下的资源，整合业务，以满足人民日益增长的美好生活需要，并努力实现世界一流企业责任目标。以下具体展开介绍中国人保在数字化转型方面所做的一些探索和努力。

在保单运营方面，传统的保险运营多注重于中台保单运营环节，如承保、理赔和保单处理。然而，在数字化背景下，中国人保的保单运营趋向于依托平台和智能数字技术，通过线上渠道与客户进行接触。例如，中国人保引入了人工智能客服机器人，以提升客户的服务体验。他们研发了智能语音识别和自然语言处理技术，使机器人能够理解客户问题并提供准确的答案。客户可以通过在线聊天窗口或电话与机器人进行互动，获取有关保险产品、投保流程和理赔申请等方面的信息。通过建立和完善智能知识库，机器人能够辅助人工服务，进行智能引导和智能决策，从而大大减轻了人工电话服务的工作量。

在保险精算与风险评估方面，中国人保利用大数据和先进的分析技术改进保险精算和风险评估能力，收集和分析大量数据，包括历史保单信息、索赔记录和医疗数据，以便更准确地定价和评估风险。通过数据驱动的精算模型，他们能够更好地预测风险，并开发出更符合客户需求的保险产品。近年来，通过"易安保"和"人保e商城"，中国人保推出了多款热门互联网产品，迅速释放了互联网渠道的潜力。

在业务新领域方面，除了传统服务场景之外，中国人保利用新兴技术，服务于智慧交通、乡村振兴等新场景。例如，与汽车公司达成合作，在汽车的智能座舱嵌入保险软件，为客户提供基于汽车内置系统的"一键式"直达保险服务，在实现拓宽业务渠道的同时，丰富了汽车产品生态；针对农村地区，推出菜单式综合保险组合服务，用户无须自行寻找对比多个险种、多个价格，只需勾选需要的投保条款，即可轻松实现对多个险种的一次性购买。

在理赔和回访方面，中国人保利用云计算技术和大数据平台，以更高效地处理和分析大量数据。通过这些数字化转型举措，中国人保提升了互联网理赔服务水平，实现了理赔服务的全流程覆盖，包括理赔作业服务、理赔运营管理服务、风控服务、在线调查服务和在线垫付服务等。同时，他们将理赔作业服务、理赔运营管理服务与在线调查、在线垫付等服务打通，实现了数据的无缝流转。在新契约回访方面，他们通过线上化的流程改造，已经实现了较高比例的在线回访服务。

未来，中国人保将不断加强对在线客户接触点的规划和管理，并完善数字化运营转型的共享平台，全力推动公司的"健康工程"实施，持续推进公司的数字化转型。

6.1.4　金融机构数字化转型的前沿探索

当前，全球正在经历一场新的科技革命和产业变革，数字经济正快速发展，新兴技术也越来越多地被应用在金融领域中。金融科技通过"技术溢出效应"和"竞争效应"给传统金融机构带来了深刻变革，已成为现代金融体系建设中不可缺少的组成部分和重要推动力。本节主要从技术运用以及创新合作方面，介绍金融机构数字化转型的前沿探索。

在技术运用方面，金融机构借助大数据技术和人工智能算法，金融机构能够更准确地了解客户需求、优化产品设计、完善市场资源配置，以提升客户满意度。例如，机器学习可用于信用评分和风险管理，人工智能可用于虚拟助理和自动化客户服务。云计算和边缘计算技术将提高金融机构在处理和存储大量数据时的效率和灵活性。部分业务可迁移到云端，降低 IT 基础设施成本，并能更快响应市场需求。区块链技术的应用将改善跨境支付、智能合约、证券交易和供应链金融等领域的交易效率、成本、安全性和透明度。为提升安全性和便利性，金融机构开始探索数字身份和生物识别技术。诸如指纹、虹膜扫描、人脸识别等生物鉴别技术未来将取代传统密码和 PIN 码，以验证客户身份。

在创新合作方面，金融机构积极探索开放银行模式，通过开放应用程序接口（API）与第三方合作伙伴共享数据和服务。金融机构将与科技公司、创业企业和其他金融机构合作，优势互补，推动创新和数字化转型。这种开放式合作可提供更多创新的金融产品和服务，同时为客户提供更广泛的选择。

◎ **概念复习**

金融机构　金融机构数字化转型　中国金融中介格局

◎ **阅读资料**

［1］宋敏，司海涛，周鹏，等. 金融科技发展能否促进银行创新？——信息赋能与产业竞争的视角［J/OL］. 南开管理评论：1－29［2023－08－25］.

［2］余明桂，马林，王空. 商业银行数字化转型与劳动力需求：创造还是破坏？［J］. 管理世界，2022，38（10）：212－230.

［3］盛天翔，范从来. 金融科技、最优银行业市场结构与小微企业信贷供给［J］. 金融研究，2020（6）：114－132.

◎ **课后思考题**

（1）简述数字化转型的基本概念。

（2）简述金融机构数字化转型的一些举措。

（3）简述金融机构数字化转型的发展历程。

6.2　金融机构数字化转型评价概述

对金融机构在数字化转型过程中的进展和成效进行衡量与评价，有利于确保转型工作与机构的长期战略相匹配，并有效提升金融服务的质量和效率。通过构建科学的评价体系，金融机构可以更好地把握数字化转型的方向和进度，及时发现并解决转型过程中的问题，从而实现数字化转型的可持续发展。

6.2.1　金融机构数字化转型评价的概念

金融机构的数字化转型评价是通过一系列评估方法、工具，对其数字化转型的过程和结果进行评估和分析。

评价的目的之一是了解数字化转型对金融机构的影响。数字化转型对金融机构的业务模式、运营效率、客户体验和创新能力等方面都产生着深远的影响。评价可以帮助金融机构全面了解数字化转型的成果，评估到底该转型对各个方面带来了怎样的改变，以及是否实现了预期的效益。

评价的另一个目的是评估金融机构在数字化方面的能力。数字化转型需要金融机构具备一定的技术基础、组织能力和管理水平。评价可以帮助金融机构了解自身在数字化转型过程中的能力强项和短板，并提供指导性建议，以便进一步提升其数字化能力。

综合来看，金融机构通过评估和分析数字化转型的过程和结果，能够全面了解其对金融机构的影响，评估数字化能力，衡量对战略目标和业务增长的贡献，并为未来的发展提供指导。这一评价过程的结果将为金融机构提供重要的参考和决策依据，推动其数字化转型的顺利进行。

6.2.2　金融机构数字化转型评价的内容及评价指标、方法

央行于 2022 年发布的《金融科技发展规划（2022～2025 年）》指出了进一步推动金融行业数字化转型深化发展的重要性，强调加速数字化转型是金融业的必经之路。银保监会发布的《关于银行业保险业数字化转型的指导意见》要求必须坚持人民为中心的基本思想，科学进行战略规划和组织建设，进一步推进金融机构数字化转型。

目前，我国金融机构数字化转型正在进入深水区，业务和科技投入不断增加。但是，金融业的数字化转型是一个长期的投入与不断变化的过程，各金融机构都要经历从探索到加速到成熟的各个阶段。随着这一过程的不断深入，金融机构数字化转型的效果应当得到及时的评估，这样才能对进一步转型的决策安排进行调整。同时，数字化转型的评价标准中应当明确包含哪些具体指标、选用何种评估模型以及各指标权重的设定等问题，这些因素均对评价金融机构数字化转型结果的合理性和科学性产生至关重要的影响。因此，探索和建立科学、完善的金融机构数字化转型评价体系具有重要现实意义。

我国目前金融行业尚未形成统一、规范的数字化转型内容以及成果评价体系。我国金融机构数字化转型过程中本身还可能还存在着转型目标不明确、发展路径不清晰等问题，金融市场上各参与主体尚未形成相对体系化的数字化转型方案。

在此背景之下，我国金融管理部门及各类金融机构都在积极推动数字化转型评价体系的建立，对于金融机构数字化转型的评价，金融机构的评价内容一般包括以下方面：

第一，业务流程优化评估：金融机构业务流程优化评估是评估数字化转型对金融机

构业务流程的优化效果，包括自动化程度、效率提升和成本节约等方面。通过流程分析、时间成本测算和工作效率对比，评估数字化转型对流程改进的贡献。

第二，客户体验评价：评估数字化转型对客户体验的影响，包括客户满意度、忠诚度和参与度等。通过调查和分析客户反馈和行为数据，了解数字化转型是否提升了客户体验和价值。

第三，绩效评估：评估数字化转型对金融机构绩效的影响，包括业务增长、盈利能力、市场份额等指标。通过对比数字化转型前后的数据和指标，评估数字化转型的效果和成果。

第四，技术基础设施评估：评估数字化转型对金融机构的技术基础设施的影响，包括系统可靠性、数据安全性、云计算和新技术应用等方面。通过系统评估、安全性测试和技术指标分析，评估数字化转型对技术基础设施的改进和升级效果。

第五，风险管理评估：评估数字化转型对风险感知能力、反欺诈控制和合规能力的提升情况，以及数字化转型对风险管理的影响，包括风险识别、评估和控制方面。

具体而言，我国金融各类金融研究机构主要采取以下模型进行金融机构数字化转型的量化评估：

第一，金融科技发展指数模型（FTDI）。该指数模型是北京金融科技产业联盟于2022年在《金融科技发展指数（FTDI）报告（2019～2021年）》中为评价金融机构数字化转型建立了量化指标体系和指数模型，主要包括4个一级指标，分别为金融科技战略部署、金融科技合理应用、金融服务提质增效、金融科技基础支撑，并且下设10个二级指标、24个三级指标。各指标的权重通过专家打分法来进行计算。模型的评价结果以百分制表示，最终数值可以量化地衡量、评价金融机构的数字化发展水平。

第二，神州信息金融机构数字化评估体系（ITSDT）。该指标体系由神州信息金融研究院建立，主要从三个层面对金融机构数字化转型进行评价，分别为银行业务评估、机构自身数字化评估、数字化环境评估。同时，体系包含11个一级指标、37个二级指标以及细化出262个三级指标或四级指标。为了推动金融行业高质量数字化发展，该评估体系可以帮助金融机构了解金融市场上各主体的数字化发展进程以及评价自身数字化转型进度，进而对标领先实践来寻找差距、借鉴经验，并明确转型的方向和发展路径。

第三，银行业数字化转型投入有效性评价。该评价体系由中国信息通信研究院联合中国银行业协会推出，构建了银行数字化转型投入成效"RIVER"指数模型，包括社会责任、创新及竞争力、价值创造、发展潜力、风险和安全共5个一级指标，下设19个二级指标和45个三级指标。该评估体系使用定量的方式对数字化转型投入进行绩效评估，展现数字化转型成效，为数字化转型提供决策支撑。

第四，商业银行数字化成熟度评估模型。该模型由百信银行联合安永咨询推出，将银行数字化转型概括为7项数字化能力，进一步分解形成29项可度量的二级能力，并且通过定性和定量两种方式来对每一项二级能力进行评估，其中定性方式设立了5个数字化成熟度等级。随后，按照评估流程，即现状调研、逐项评估、形成结论、差距分析和改进建议四步法，得到数字化成熟度评价结果和转型改进建议。

与此同时，我国高校以及科研机构也在积极推动数字化转型评价指标的建立，广东金融学院陈云贤、唐松教授带领的研究团队，发布《中国上市企业数字化转型指数评价研究报告》，该报告运用文本分析和因子分析的双重量化工具，刻画各上市企业相应年度数字化转型强度。

福州大学经济与管理学院傅传锐、黄祥钟、杨立熙等老师，根据近年来我国政府部门发布的数字化相关政策、专家意见，以及查阅已有文献提出的关键词库，自主开发了"数字化关键词库"，并利用"计算机文本分析＋人工筛选"相结合的方式，对 2015 年以来我国上市公司年报中的数字化相关词汇进行提取，构建出"中国上市公司数字化转型指数（DTI）"指数，即福州大学上市公司数字化转型指数（DTI 指数）。[①] 不同于现有其他研究团队数字化指数在不同数字化分维度划分上的互斥结构，福州大学的 DTI 指数采用"字典可共享"设计。现实中，由于不同维度的数字化技术存在一定的交叉共融，一些数字化技术可能在不同的数字化维度中同时发挥着重要作用。"字典可共享"机制，使特定关键词汇能够同时作为多个数字化子维度指数的计算基础，更加真实地反映企业在不同数字化维度上的转型进程。

以上金融机构数字化转型评估模式各有特点，有利于促进数字化转型更深入地发展。金融行业各机构正立足于当前的数字化转型趋势，在此基础上继续探索适用于我国金融机构转型的评估体系，形成统一的行业规范。

◎ **概念复习**

金融机构数字化转型评价　金融机构数字化转型绩效评估
金融机构数字化转型客户体验评价

◎ **阅读资料**

谢绚丽，王诗卉. 中国商业银行数字化转型：测度、进程及影响［J］. 经济学（季刊），2022，22（6）：1937－1956.

◎ **课后思考题**

（1）金融机构数字化转型评价体系可能包含哪些指标？

（2）目前我国已有的金融机构数字化转型评价模式有哪些？

---

① 傅传锐，黄祥钟. 福建省上市公司数字化转型指数测度［R］. 福建金融发展，2023（1）：31－37.

6.3　金融机构数字化转型评价分析

金融机构数字化转型是适应数字经济快速发展的必然选择，它不仅是技术革新，更是业务模式和组织文化的全方位升级。在这一转型过程中，金融机构也会面临挑战。通过不断克服挑战，金融机构将能够更好地服务实体经济，满足人民群众对高质量金融服务的需求，并在数字经济时代中取得成功。

6.3.1　全球金融机构数字化转型评价

随着数字金融服务需求的日益增长，各国金融机构纷纷拟定数字化转型战略，即将金融科技与自身定位、发展目标和经营环境相结合，推进数字化转型。不同金融机构采取了不同的数字化转型策略，如美国银行的科技融合策略、汇丰银行的以客户为中心推进转型策略等。

在此背景下，全球金融机构的科技研发投入不断增加。2022 年全球银行业 IT 支出占全部金融业 IT 支出的比例达到 57%。以不同地区为例，北美地区银行在 2019～2022年的 IT 支出从每年 1 050 亿美元增加到 1 200 亿美元，拉美地区银行从每年 770 亿美元增加到 890 亿美元，亚太地区银行从每年 670 亿美元增加到 780 亿美元，欧洲地区银行从每年 210 亿美元增加到 220 亿美元。[①]

自 2019 年底，新冠疫情成为推动全球金融机构数字化转型的重要因素。特别是在中国，各大电子平台的竞争显著加速了数字化转型进程。其他国家的金融机构也在疫情期间加速数字化转型，整个过程甚至相当于两年的转型进度。例如，在美国，75% 的个人客户在 2021 年底经常使用网络银行进行操作。由于限制出行，大量业务转向线上进行，这促进了海外金融机构的数字化转型，尤其是互联网支付软件的应用。

通过网络化服务和优势模式，传统大行能够适应数字化转型的节奏，提供便捷的金融服务。虽然数字化转型让传统大行获得了丰厚的收益，但中小型金融机构却面临着巨大的压力，数字化转型进度缓慢。以美国为例，Cornerstone Advisors 的数据显示，直到 2020 年，很大一部分美国银行才刚刚开始数字化转型；2019～2022 年，启动数字化升级的银行数量逐渐增加，但其中 50% 以上的完成率却低于 30%。

无论是在发达国家还是发展中国家，数字化转型都被视为推动经济增长和金融发展

---

① 透视海外银行数字化升级现状（上）[EB/OL]. 中国银行保险报，2023 – 02 – 20，http：//www. cbimc. cn/content/2023 – 02/20/content_477326. html.

的重要战略，但数字化转型在发达和发展中国家之间仍然有一些差异。以下为可能的共同点以及差异。

共同点如下：

（1）强调技术驱动：不论国家地区，金融机构的数字化转型都以技术为核心，包括人工智能、大数据、云计算和区块链等的应用和创新。

（2）提升客户体验：所有金融机构数字化转型的共同目标是改善客户体验，提供更便捷、高效的金融服务。

差异如下：

（1）市场成熟度：发达国家的金融市场相对成熟，数字化转型较早开始和快速推进。相比之下，发展中国家的金融市场较为新兴，数字化转型进程相对滞后。因此，从世界范围来看，当前数字化转型仍然以发达国家为主导。

（2）技术基础设施：发达国家拥有更先进的技术基础设施，如高速互联网和通信网络，为数字化转型提供有利条件。发展中国家在技术基础设施方面可能存在滞后，面临网络覆盖率和速度的限制。

（3）金融普惠性：在发达国家，数字化转型主要着眼于提高效率和附加值，满足不同层次客户的需求。发展中国家更迫切需要提供便捷的金融服务，数字化转型可以满足金融普惠的需求，如移动支付和电子银行。

（4）数据和隐私保护：发达国家对数据隐私和保护有更严格的法规和标准，金融机构在数字化转型中需更加关注数据安全和隐私保护。发展中国家在这方面可能存在法规不健全的问题，数字化转型需要更关注数据保护议题。

由于技术进步和全球化的推动，发展中国家正在加快数字化转型进程，并在某些领域超过一些发达国家。在数字化转型过程中，发展中国家可以借鉴发达国家的经验和最佳实践，并通过加速数字化转型实现更快的发展。

6.3.2　我国金融机构数字化转型评价[①]

福州大学 DTI 指数旨在反映金融机构在数字科技的支持下，对其经营价值链进行数字化升级的态势。其中，DTI 总指数为反映一家上市公司总体数字化转型趋势的指数。大数据分指数、人工智能分指数、云计算技术分指数、区块链分指数、数字化新业态分指数分别反映一家上市公司在上述数字化分维度方面的转型趋势。

从总指数来看，金融机构的 DTI 总指数呈现出持续且显著的递增趋势，具体数据显示，2015～2016 年在 3.40 分值上下小幅度波动，之后 5 年较大幅度上升，到 2021 年已经达到了 7.63。从总体转型增速来看，2015～2021 年，平均增速为 15%（见图 6－3）。

[①] 6.3.2 节所涉及数据及图片（图 6－4～图 6－13）均根据福州大学上市公司数字化转型指数（DTI 指数）测算及绘制所得。福州大学上市公司数字化转型指数（DTI 指数）简要介绍可参考 6.2.2 节。

这表明金融机构对数字化转型的积极努力与持续投入。

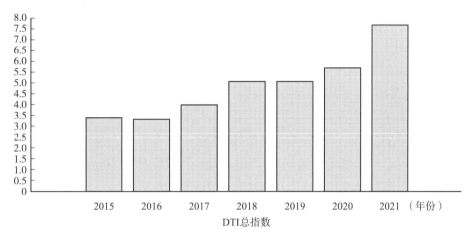

图 6 – 3　金融机构 2015 ~ 2021 年 DTI 总指数均值

从总体发展的分维度来看，大数据分指数的发展水平最高，数字化新业态分指数排第二，人工智能分指数排第三，区块链、云计算技术分指数分别位居第四和第五。

具体来看，在大数据方面，分指数一直保持着较高的增长速度，尤其在 2020 ~ 2021 年，增速达到了 118%，实现了"翻倍式"增长（见图 6 – 4）。

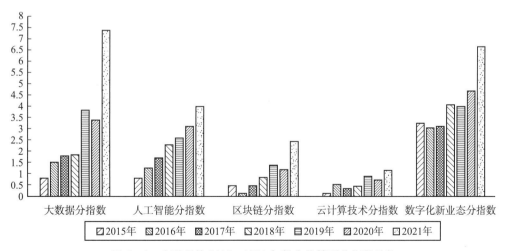

图 6 – 4　金融机构 2015 ~ 2021 年数字化转型分指数均值

资料来源：福州大学上市公司数字化转型指数（DTI 指数）课题组。

在人工智能方面，指数呈现出明显的逐年上升趋势，从 2015 年的 0.87 逐步增长到 2021 年的 4.02，说明了金融机构不断加强人工智能技术在数字化转型中的不断探索与应用。

在区块链以及云计算技术方面，指数的波动起伏较为剧烈，但综合来看，仍然保持增长趋势。

在数字化新业态方面，指数呈现出先稳定后递增的趋势，2015～2019年，上升速度较为稳定；2019～2021年，增速开始大幅提升。相比于2020年，2021年上升了218.28%。

从不同类型的金融机构看，相对而言，银行类金融机构数字化转型速度最快，成效最为显著；保险类次之；而从事证券、资管类服务的金融机构数字化转型速度相对来说较为缓慢。

银行类金融机构DTI总指数呈现持续增长的趋势（见图6-5）。从增速上看，年均增速维持在13%。从分维度来看，银行类机构的区块链分指数增速波动最为剧烈，云计算次之，其他维度的增速波动相对稳定；从分维度平均增速来看，云计算的平均增速最高，人工智能次之，大数据第三，表明银行类金融机构更加重视这三方面的发展（见图6-6）。

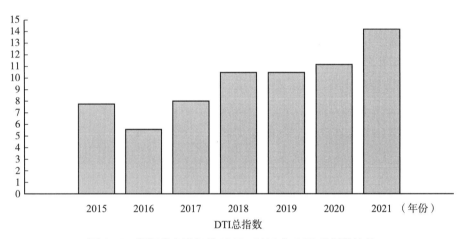

图6-5 银行类金融机构2015～2021年DTI总指数均值

资料来源：福州大学上市公司数字化转型指数（DTI指数）课题组。

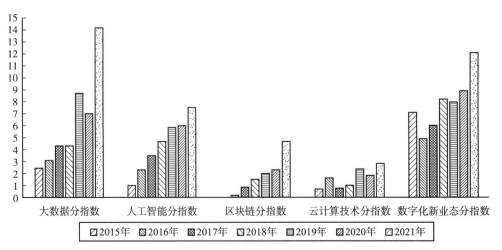

图6-6 银行类金融机构2015～2021年数字化转型分指数均值

资料来源：福州大学上市公司数字化转型指数（DTI指数）课题组。

保险类金融机构的 DTI 总指数在 2016~2017 年出现了显著增长，从 4.29 增至 7.71 （见图 6-7）。在之后的年份，增速呈现波动降低的趋势。对保险类金融机构而言，数字化新业态发展最为充分，人工智能次之，大数据紧随其后（见图 6-8）。

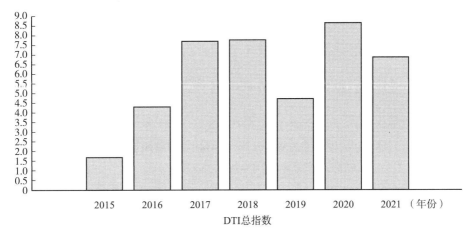

图 6-7 保险类金融机构 2015~2021 年 DTI 总指数均值

资料来源：福州大学上市公司数字化转型指数（DTI 指数）课题组。

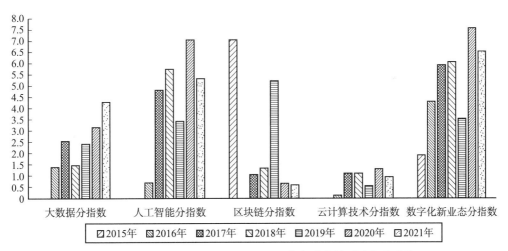

图 6-8 保险类金融机构 2015~2021 年数字化转型分指数均值

资料来源：福州大学上市公司数字化转型指数（DTI 指数）课题组。

证券类金融机构的 DTI 总指数在 2015~2021 年实现了将近两倍的飞跃（见图 6-9）。从分维度看，证券类机构的大数据发展水平稳居第一，数字化新业态次之，云计算技术发展水平排在最后（见图 6-10）。

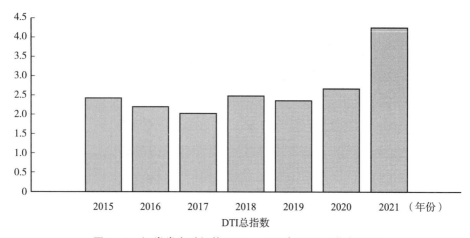

图6-9 证券类金融机构2015~2021年DTI总指数均值

资料来源：福州大学上市公司数字化转型指数（DTI指数）课题组。

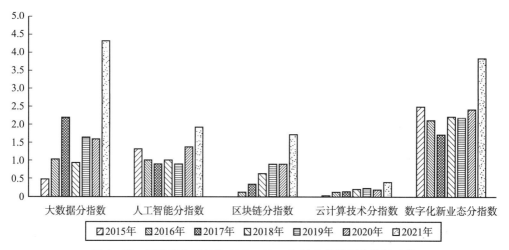

图6-10 证券类金融机构2015~2021年数字化转型分指数均值

资料来源：福州大学上市公司数字化转型指数（DTI指数）课题组。

资管类金融机构相对于银行、保险等其他类型金融机构，指数增长较慢，增速波动较为平缓（见图6-11、图6-12）。这也说明资管类金融机构在后续的发展中，需要坚持把握市场需求，结合自身特点和优势，及时调整新技术的发展方向，以期更好地提供服务。

总体而言，银行类金融机构率先引领金融行业的数字化转型，在数字化新业态以及大数据等领域进行深耕；而保险类金融机构更早在人工智能、区块链技术方面进行发展；证券以及资管类机构与银行类机构发展类似，只是增速较为缓慢。虽然我国金融机构在各个维度的数字化转型，均取得了一定的成效，但仍然存在各类机构数字化转型速度不一、发展不平衡的情况。

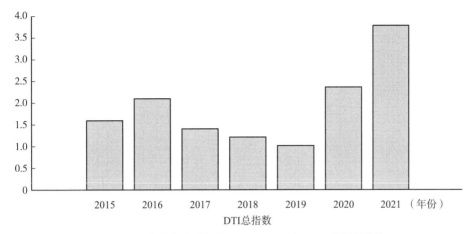

图 6 – 11　资管类金融机构 2015 ～ 2021 年 DTI 总指数均值

资料来源：福州大学上市公司数字化转型指数（DTI 指数）课题组。

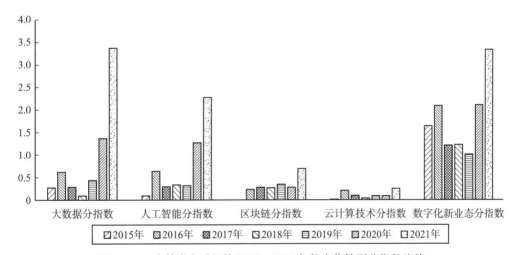

图 6 – 12　资管类金融机构 2015 ～ 2021 年数字化转型分指数均值

资料来源：福州大学上市公司数字化转型指数（DTI 指数）课题组。

6.3.3　金融机构数字化转型问题

1. 大型金融机构数字化转型问题

（1）对于数字化转型重视不足。

部分机构对数字化转型的重要性和紧迫性认识不足，导致数字化转型工作的推进效率有待提升。主要反映在以下几个方面：第一，仅关注数字化转型的特定领域或与同行业差距，而未进行全面的转型；第二，一些机构未将数字化转型纳入战略规划，仅制定了短期目标或工作计划，而未将其提升为战略层面；第三，金融机构的组织结构可能未能适应数字化转型，有些机构的委员会和科技部门在职责划分上不清晰，导致缺乏横向协作和扁平化管理机制，限制了信息流动和部门间的合作，甚至少数机构甚至对数字化转型持谨慎态度，尚未主动推动相关工作。

（2）数字化转型投入巨大。

金融机构的数字转型和金融科技发展具有重要意义，但也需要较大的投资。大型商业银行平均将金融科技投入与总营业收入的比重控制在2%以上。以中国为例，2021年中国工商银行的金融科技投资达到了259亿元，中国建设银行为235亿元，中国农业银行为205亿元，中国银行为186亿元。在股份制银行中，招商银行的金融科技投资最高，达到了133亿元。国际大型商业银行也是如此，摩根大通集团（J. P. Morgan）投资约141亿美元用于科技研发，花旗银行预计2023年的科技投资将达到136亿美元。据证券业协会公布的数据，2021年前20名证券机构的金融科技投资额在5亿元到23.4亿元之间，第21至第70名证券机构的投资额在0.97亿~4.8亿元之间，而排名在70名之外的证券机构的投资额不到1亿元，介于1 700万~9 700万元[①]。这些投资金额反映了金融机构数字化转型所需的巨额投资挑战。

（3）发展速度快，对业务模式和技术迭代要求高。

业务模式迭代是指金融机构改变传统的业务模式，以满足数字化时代客户需求和市场趋势，提供个性化、定制化的金融服务，并探索新的业务领域和盈利模式。业务模式迭代的基础是数字技术创新，主要包括金融机构增强对人工智能、大数据、云计算、区块链和物联网等先进技术的研究和应用，以提高业务效率和客户体验。例如，用户时常反馈手机App体验不佳等问题。这说明虽然金融机构利用科技手段在平台经济和零售方面业务有所成绩，但面向客户的软件用户体验以及金融服务方面仍需要进一步完善。根据各家银行披露的数据，银行App的月活跃用户普遍不佳。例如，光大银行2022年半年报显示，其手机银行、阳光惠生活和云缴费三大App的累计用户同比增长了42.07%，但与去年年末相比，三大App的月活跃用户明显下滑，分别下降了14.71%、21.04%和45.68%。

因此，金融机构需要在数字化转型中快速应对市场变化和客户需求，调整优化业务模式和技术，在不断推出新产品和服务的同时，优化业务模式和技术，提升现有客户体验。

（4）数字化转型属交叉领域，对高级复合型人才需求高。

金融科技领域最稀缺的是应用型、复合型人才，这不是金融人才和科技人才的简单相加，而是涉及场景化、跨学科融合的高水平复合型人才。对外而言，大型金融机构近年来加大了对科技人才的招聘和引入，但整体人才缺口还是较大。并且，传统机构对数字化人才的综合素质、设计学科、人员画像的要求还不清晰；对内而言，多数机构缺乏明确的数字技术人员培养计划或激励措施，并未建立数字化转型的评价或考核体系。此外，组织内部的培训和转型也需要时间和资源。

（5）信息技术带来的伦理问题。

数字化转型推动着技术创新，然而，技术是一把"双刃剑"。近年来，技术滥用引

---

① 屠光绍. 中小金融机构数字化转型的挑战和应对［R］. 广州：明珠湾金融峰会，2023 - 02.

发了金融机构投机行为，即进行例如监管套利等损害公众权益、扰乱市场秩序的行为，引起社会广泛关注。大数据技术使信息流通更加透明化，导致产生了信息隐私被侵害、数据独裁与数字鸿沟不断扩大等一系列伦理问题。数据独裁是指数据垄断者在数据使用和共享方面具有过多的控制权和影响力；数据鸿沟指的是不同群体之间信息和技术使用上的不平等。美国大数据、伦理学与社会理事会将大数据伦理归纳为五个方面的议题：数字身份、隐私、可及、安全和安保、数字鸿沟，国内学者探讨最多的是个人隐私、信息安全、数据公平。

同时，基于非主动损害公众权益的动机，客观上，许多金融机构可能存在数据质量和数据管理的问题。在机构方面，金融机构应对数字化转型的风险防范措施，主要集中在传统的网络安全和数据安全方面，仅有少数机构加强了数字化环境下的流动性风险和算法风险管理，而在战略风险管理、创新业务的合规性管理等方面，各机构均未采取风险强化措施。

（6）公司内部的治理冲突。

技术创新活动面临着风险高、回报周期长、收益不确定性高等固有特点，这容易受到企业融资约束和代理问题的影响，从而制约了企业技术创新水平的提升，阻碍了企业的长期发展。

从融资约束的角度来看，投资者处于信息劣势地位，为了弥补信息劣势并减少投资风险，他们可能减少投资额或要求更高的投资回报，导致企业面临外部融资限制问题。另外，技术创新项目的固有特点增加了内外部信息不对称的程度，使得投资者难以准确预测企业的未来收益，减少了投资活动，甚至低估那些进行较多技术创新的企业的价值，这进一步加剧了企业的外部融资限制问题。

从公司治理的角度来看，两类代理问题对企业技术创新产生了抑制作用。首先，管理者与股东之间的第一类代理问题会抑制企业的创新。管理者出于个人利益最大化的动机（如追求薪酬、职位或声誉等），通常倾向于选择具有短期收益的项目，而不愿意冒险投资于收益不确定但能为企业长期发展带来增量效应的技术创新项目。其次，外部中小股东与控股股东之间的第二类代理问题也会降低企业的技术创新水平。控股股东可能出于谋取控制权私利的目的，通过关联交易、资金占用等行为侵害中小股东的利益，占用创新资源，降低资源配置效率，从而不利于企业的技术创新。此外，由于技术创新需要高额投入且具有收益不确定性，控股股东可能具有"掏空"企业的动机，而被其操控的管理者则趋向于牟取私利，缺乏持续进行技术创新的意愿，进一步降低了企业的技术创新水平。

（7）竞争压力和市场动态。

金融行业的激烈竞争和数字化转型的浪潮，给金融机构带来了巨大的压力和挑战。激烈的竞争，不仅来自传统竞争对手，也来自新兴的金融科技公司。这些科技公司凭借其创新的产品和服务，以及灵敏的市场反应速度，在市场上迅速崛起，并对传统金融机构构成了严峻的竞争压力。传统金融机构需要意识到数字化转型已经成为业内的主要趋势，只有跟上市场的发展并适应新的技术和业务模式，才能在竞争中立于不败之地。

2. 中小金融机构数字化转型面临的几点挑战

（1）中小金融机构对数字化转型的认知不足，重视程度更低。

在数字化转型过程中，中小金融机构可能会遇到技术认知不足和转型定位不明确的问题。一方面，中小金融机构以服务小微企业或是农村为主，工作重心在线下业务。他们可能缺乏对新技术应用和作用的充分认识，难以意识到数字化转型对业务的重要性和益处。另一方面，中小金融机构可能没有深入分析和洞察自身业务发展及客户需求，因而无法明确数字化转型的方向和目标，因此无法准确结合自身情况跟上数字化转型的大浪潮。

（2）中小金融机构在资金方面面临两难问题。

数字化转型需要大量的金融科技投资，但中小金融机构在决策时陷入更深的两难困境。

一方面，高额的投资对他们来说负担沉重。虽然中小金融机构不需要像大型机构那样大规模投资，但一定程度的投资是必要的。数字化转型涉及软件、硬件、数据中心、网络设备等费用，对中小金融机构来说是巨大负担。此外，数字化转型还需要投入人员培训、技术研发、运维等，这需要大量时间和资源。由于中小金融机构有地域限制，网点和客户群有限，数字化转型投资难以产生规模效益。

另一方面，如果不投资，中小金融机构将无法与其他机构竞争，特别是同行金融机构。例如，中小银行的竞争对手不仅是同业银行，还包括消费金融公司和网络小贷。面对日益激烈的市场竞争，中小银行的传统业务面临压力，加快数字化转型以降低成本、提高效率成为不可或缺的选择。

然而，有限的资金投入对中小金融机构来说是现实问题，如何平衡好数字化转型投资，对中小机构来说至关重要。

（3）中小金融机构数字化转型成效受限。

大型金融机构往往拥有多元化的业务部门和广泛的客户群体，可以更容易地构建多样化的应用场景，实现跨业务领域的协同效应。中小金融机构在数字化转型的过程中，由于自身业务模式、规模和场景方面有限制，无法通过拓宽场景来实现业务协同效应。因此，相对于大型机构，中小金融机构的数字化转型成效受限，难以跟上时代浪潮。

（4）中小金融机构更难吸引并留住人才。

目前，中小金融机构在金融科技复合型人才队伍建设方面相对薄弱，无法跟上金融科技发展的步伐。长期以来，他们将科技部门定位为后台支持保障部门，导致金融科技人才的招聘、培养和保留困难重重。

与大型金融机构相比，中小金融机构往往无法提供与之相媲美的薪酬和福利待遇，难以吸引到高水平的金融科技人才。同时，中小金融机构的知名度和品牌影响力相对较低，也限制了吸引优秀人才的能力。由于资源和规模的限制，这些机构往往无法提供与大型金融机构相媲美的培训和发展机会。同时，快速的技术更新也要求金融科技人才不断学习和发展，而中小金融机构往往缺乏持续的学习和发展机制，难以满足金融科技人才的需求。

（5）中小金融机构客户接受度更低。

中小金融机构由于业务规模和用户规模有限，往往无法像大型金融机构那样拥有广泛的客户群体和资源。相较于大型金融机构而言，中小金融机构的客户群体往往来自农村地区，普遍文化水平较低、资金水平较低，思维相对固化，在面对新兴事物时通常持保守态度。由于这部分客户对数字化工具和服务持怀疑和保守态度，因此中小金融机构难以在服务方面进行进一步的创新。为了克服这一障碍，中小金融机构需要花费更多时间积极与客户进行沟通，解决他们的疑虑和需求，并提供良好的演示和用户培训。

（6）数据隐私和安全风险。

由于数字化进程相对滞后，中小型金融机构也面临着用户数据隐私和安全问题的关注。数据隐私侧重于保护个人信息的控制和保密性。数据安全则强调数据的完整性、机密性和可用性，重点是防止未经授权的访问、泄露、损坏或破坏数据的事件。不同于拥有先进技术的大型金融机构，中小型金融机构存在大量数据需要处理，却并未拥有完备的数字系统以及优秀的科技人才，导致中小金融机构的数据处理、技术迭代等方面容易出现断层的问题。同时，缺乏相应的数据保护机制使得中小型金融机构容易受到信息泄露等方面的威胁。这不仅可能进一步拖累中小金融机构数字化转型的进程，损害用户的信任，还可能受到监管机构的处罚。

6.3.4　金融机构数字化转型发展建议

1. 整体转型建议

近年来，数字化技术打破了地域和文化的界限，以互联网的形式把全球连接起来，有效地促进了生产力和生产关系的调整，成为转型发展的新引擎。然而，金融行业的数字化转型进程存在明显的发展不平衡和不充分情况。尽管大型金融机构在资金实力和早期投入方面已经展示出数字化发展的蓝图，但中小金融机构由于受到资金和技术的限制，数字化转型进展相对较慢。因此，金融机构应根据自身特点采取差异化的数字化转型策略。

对于大型金融机构来说，应优化或重构组织结构，建立科技与业务协同的组织模式，提高产品和服务创新迭代的效率，加快响应市场和客户需求的速度。而对于中小金融机构而言，应充分发挥机构层级较少、决策链条较短的优势，推动整体敏捷转型，增强持续创新、快速响应和执行能力。此外，可以设立金融科技子公司、直销银行、理财子公司等试点领域，以加速探索市场化的公司治理和薪酬激励机制。

不论是大型金融机构还是中小金融机构，都应积极参与数字化转型。通过全面的变革和重塑，建立以敏捷、开放、包容和创新为核心的组织模式和数字化文化，以适应金融科技发展和数字化转型的需求。

此外，银行、保险、证券和资金管理机构作为金融行业的组成部分，各自拥有独特的业务和功能，以满足不同的金融需求。虽然它们的业务存在一定的重叠，但主要业务和关注重点有所不同。与此同时，法律监管、资本金要求和业务模式等方面也存在差异。因此，应根据各自的侧重点，采用差异化的发展策略，推动整个金融行业的数字化转型。

2. 大型金融机构的发展建议

金融机构接下来的重点是制定企业级数字化战略，以政策意见为指导，明确转型的方向和重点，并加强战略的坚定性和策略的灵活性。同时，需要突破体制机制的限制，推进组织变革，提升组织的敏捷性和扁平化，并构建开放、包容、创新的组织文化。在业务上，需要加快产品创新和迭代，丰富数字金融产品，并加强线上与线下渠道的融合。技术上，需要加快核心系统建设和升级，构建数字化的分布式系统架构，并加强数据治理，消除内部数据壁垒。在人才上，需要在加快引进和培养同时懂科技和金融的复合型人才，提升科技和网络金融人才的比例，并通过内部培养经验丰富的老员工，提高员工技术水平和工作效率。在生态上，要构建以"开放银行"理念为基础的技术和业务生态体系，融入金融和非金融场景，为用户提供综合服务。

目前，已经有大型金融机构开始在与金融科技公司合作开展具体的业务。政府应鼓励和促进大型金融机构与金融科技公司合作，为中小金融机构提供低成本、高效的解决方案，帮扶中小金融机构顺利度过转型期。这可以通过建立合作机制、提供咨询服务、搭建数字化平台和生态系统等方式来实现。

3. 中小型机构发展建议

大型金融机构主要开展全能型业务，其拥有的金融科技可提供全面、系统的自动化解决方案，以满足不同业务需求。

相对而言，中小金融机构应当通过具有自身特色的数字化转型来实现发展目标。随着"三农"政策的深入实施，农村市场化程度提高，县域经济的活力增强，涉农企业现金流充裕，农民收入和生活水平不断提高，涉农金融业务的市场空间也逐步扩大。农村的发展为中小金融机构提供了更多盈利的机会。

对于中小金融机构来说，应以服务小微实体和乡村振兴为目标，重点服务小微企业客户和农村金融服务，支持实体经济的发展，并与大型机构形成差异化竞争。中小金融机构需要在产品、渠道、生态等方面制定针对性的解决方案，以降低成本、提高效率。例如，可以通过培养具有专业优势的中小银行来改变目前中小银行数量众多但实力不强的局面。此外，还应实施差异化的监管，及时调整和优化互联网存款、贷款等政策，激励中小银行在风险防范的前提下发挥机制灵活、贴近市场和客户的优势，为小微企业和个体工商户提供个性化、精准的产品和服务。

◎ 概念复习

数字化转型战略　金融机构投机行为　金融机构业务模式迭代

◎ 阅读资料

［1］何德旭，张昊，刘蕴霆．新型实体企业促进数实融合提升发展质量［J/OL］.中国工业经济，2024（2）：5 – 21［2024 – 07 – 30］.

［2］丁鑫，周晔．数字化转型与银行信贷配置——基于银行贷款投向实体经济的视角［J］.数量经济技术经济研究，2024，41（3）：193 – 216.

◎ 课后思考题

（1）简述大型金融机构数字化转型容易遇到哪些问题。

（2）简述全球金融机构数字化转型面临的挑战。

（3）对于金融机构数字化转型，你有哪些建议？

第 7 章
数字金融监管

学习目标

（1）了解数字金融监管的内涵，掌握数字金融监管的目标、理念及原则，区分数字金融监管与传统金融监管。

（2）了解银行、证券、保险等行业数字金融监管的发展历程及监管内容。

（3）了解数字金融发展存在的风险，掌握数字金融监管会导致的问题和需要解决的问题。

（4）了解各国的数字金融监管过程，掌握各国的数字金融监管政策的经验借鉴。

内容提要

我国的数字金融迅猛发展，在科技进步的支持下已扩展到支付、投资、融资、资产管理等各个领域，目前发展水平在全球处于领先地位。随着数字经济战略的推进实施，数字技术与金融的深度融合，以及高质量发展理念的不断深入，我国应刻不容缓推进数字金融监管。本章分析的主线如下：首先，了解数字金融监管的目标、理念及原则，可以发现数字金融监管相比传统金融监管在着眼点、监管模式、监管方法等方面均有较大的区别。其次，将金融业划分为银行、证券、保险等行业，了解这些行业数字金融监管的发展现状及监管内容。最后，数字金融监管虽然发展势头强劲，但也面临挑战和困境，通过了解各国的数字金融监管过程，掌握各国的数字金融监管政策，对数字金融监管的国际协调与合作趋势进行展望，为我国下一阶段的监管提供理论参考和经验支撑。

7.1 数字金融监管的内涵

数字金融监管是金融行业适应数字化转型的重要环节，其目的是在确保金融安全的同时，促进金融创新和效率提升。未来，数字金融监管的力度将不断加强，以确保金融体系的稳定和可持续发展。同时，监管机构需要加强金融监管人才的培养和技术手段的升级，提高监管能力和效率，以适应不断变化的金融环境。

7.1.1 数字金融监管的定义

数字金融监管是指对数字金融的监管，以科技赋能，运用大数据、隐私计算等技术聚焦数字金融可能面临的风险，保障数字经济的高质量发展。

随着信息化技术引领新一代产业变革和科技革命，数字经济逐渐发展，驱使国家驶入发展快车道。数字金融作为数字经济的重要部分，是大数据时代下金融和科技的产物。一方面，数字金融利用精密的数据计算和虚拟网络降低了交易成本和时间成本，为投融资者创造了更多更便捷的交易渠道；另一方面，由于监管对金融创新的介入总是处于相对被动的状态，数字经济虽蓬勃发展，但其中也隐藏着巨大的风险。金融科技作为一种突破性创新，不仅并未消除期限错配、流动性错配、高杠杆等传统的金融风险，还滋生了网络风险、技术风险、数据安全风险、法律与监管风险等更具隐蔽性和传染性的风险。王景利教授（2022）认为，数字金融作为一种新型的金融形态，其信息不完全对称使得市场参与者对风险的识别能力和抗压能力相对较弱，一旦问题产生，由于互联网作用，风险传导呈现出跨行业和跨区域的显著特点，而且人为主观的故意夸大使得风险对数字金融发展的影响也较大，也就是说，数字金融极易产生系统性金融风险。数字金融市场是特殊的市场，利用数字金融技术进行欺诈的现象频发，监管漏洞大套利现象严重，数据滥用、利用数据阻断信息流动以妨碍有竞争能力的服务进入平台，这些对数字技术监管的疏忽给社会造成了严重的福利损失。根据中国人民银行《金融科技发展规划（2022～2025 年)》，"不充分、不平衡"是当前金融科技发展的突出问题，表现在数字技术应用带来的"数字鸿沟"日趋明显、区域间发展不平衡仍然存在、部分大型互联网平台向金融领域无序扩张造成竞争失衡、各类金融机构数字化发展的"马太效应"有待消除等。同时，金融科技"数据化""技术化"对传统金融监管的理念和模式也构成了重大挑战。第一，传统金融监管偏向事后监管，而金融业"数据化"导致监管机构的数据建设远远滞后于金融创新，导致监管者无法及时识别风险积累，无法评估风险的性质，无法制定危机解决方案。第二，相对于金融业自动化、智能化和信息化的快速发展，监管机构尚没有形成科学、合理、有效的监管法律制度。第三，金融科技并未消除金融风险，相反还滋生了新的信息科技风险。技术的参与令风险更加分散，也更具有系统性和传染性，导致出现监管空白和监管套利。中国人民银行的李诚鑫、苏彩玲等（2023）认为，目前数字金融催生出更多更新的风险，若不对数字金融应用过程中采取必要的防控手段，将不利于未来经济发展。

传统的金融监管主要是以金融机构为着眼点，实施微观行为监管，是建立在监管规则之上的市场准入、现场检查和非现场监管。这种模式的金融监管总是滞后于金融创新，监管范围、监管尺度难以把握，始终在"放松监管—金融自由化—金融创新—金融危机—严监管—抑制金融创新"之间游走。传统监管注重现场检查，但在数字金融环境下，网络无纸化的方式也使金融监管具有一定的不匹配性。传统金融的风险主要来源于信用风险和杠杆风险，因此传统金融监管更倾向于通过控制信贷风险为投资者提供金融安全保障。相较于传统金融行业而言，数字金融在营运模式、分类、使用范围、发展环境、涉及的主体对象等方面已超出传统金融监管的范围，在行业内的结合与重叠交叉上更为复杂。王景利教授（2022）同样认为，在面对数字金融所催生的流动性风险、技术风险、网络安全等问题时，如果仍使用传统的监管方式对数字金融进行监管，或者将金融科技应用监管形式化和表面化，很难及时有效防范、发现和化解金融风险，以及将系统性金融风险降到最低。

因此，技术创新不是免除监管的"尚方宝剑"，金融科技也绝非监管的"法外之地"。为了在经济发展所产生的创新中取其精华，去其糟粕，必须对数字金融采取新的监管模式，这就需要监管机构针对这一新兴的金融形态设定独具特性、全新的管理主体和立场，关键在于要构建一个既有灵活性、前瞻性，又有科学性、稳健性，既能促进金融创新又能确保市场稳定和维护消费者权益的技术驱动型金融监管模式，提高金融监管的效率，进一步消除数字金融环境下的监管空白区域。而有效创新的监管方式和方法就是依靠科技创新的力量，把金融科技深度融入金融监管框架和内容之中并严格贯彻执行，对数字金融进行全方位、多层次和多角度的立体式全程监管，及时发现问题、解决问题，把风险降到最低。

2008年金融危机之前，各国的监管逻辑都是对单个金融机构进行管制，忽略了金融风险的跨界传播。随着数字金融的发展，金融科技涵盖银行业、证券业、保险业、期货业、大宗商品以及金融衍生工具等方方面面，尤其是金融衍生工具，涉及多个不同属性的交易所和金融机构。这类复杂且高风险的金融产品与数字技术融合，一旦发生违约风险，将造成更为严重的系统性风险。为了预防系统性风险，各国纷纷成立特别金融监管机构，对金融业务服务的提供主体进行跨市场的统一监管。此类金融监管机构以检测和预警系统性风险为主要职能，旨在将不同部门监管所忽略的金融风险跨行业传播压缩到最小范围。例如，在美国当前的金融监管框架下，数字金融的监管就采取了"归口监管"模式，金融业务经过分类后最终归入大框架内统一管制；德国成立了金融科技委员会，并受联邦金融监管局的严格监管；日本在吸取失败教训后，废除大藏省，将金融监管厅作为最高行政机关，对数字金融实行集中监管。

金融是推动经济和社会发展的关键力量。在我国经济社会发展过程中，金融监管尤为重要。在数字金融快速发展的同时，加强对数字金融的监管是促进区域经济增长的重要举措。金融监管是金融风险防范的法律表现形式，它有其独特的政策目标和用于实现这些目标的政策工具。金融监管体系的核心是识别这些政策目标和工具，并与之相匹配，以提高金融监管的针对性和有效性。就本质而言，金融监管的核心是防范金融风险，以确保金融安全，保护消费者利益，促进金融发展。

当前，在我国互联网金融不断发展的过程中，我国的互联网金融监管体系也逐渐趋于完善，针对 P2P、股权众筹等各类互联网金融行业都推出了相应的政策。一些研究将金融监管等价于英文"financial supervision"，认为金融监管只是政府制定相关法律和规则的实际执行过程。但借鉴刘惠敏（2021）、李哲宇（2021）等学者的观点，金融监管与"financial regulation"的含义一致，也称为金融管制或金融规制。这一层面上的金融监管内涵更为广泛，是一国政府或政府代理对金融机构实施的所有监管和管制的行为，当然也包括相关法律的制定和执行过程。从目前的研究成果来看，国内外许多学者对金融监管进行了大量深入研究，经济学家格拉泽等（Glaeser et al.，2001）通过对波兰和捷克 20 世纪 90 年代的金融发展进行比较研究，发现政府强有力的金融监管政策有利于促进金融的长期发展。唐要家（2021）研究表明数字经济发展需要对传统监管体制进行重构，通过监管体制创新来促进数字经济高质量发展，而建立数字经济创新发展相适应的监管机构体制，需要进一步深化政府监管行政体制改革，建立适应数字经济的监管机构体制。张美萍（2021）指出科学合理的政策有利于数字经济的有序蓬勃发展，因此，金融监管是促进数字金融发展水平的关键。唐松等（2020）通过实证分析得出，数字金融的微观创新激励行为需要有效的金融监管，当金融行业处于有效的监管环境中时，数字金融的深入发展对微观实体创新活动的推动作用将会更加显著。事实上，在新型金融科技不断发展过程中，大数据、云计算等技术不仅助力了金融行业的发展，同时也为金融监管的革新提供了新的技术条件。例如，通过对互联网线上监管体系的技术开放，极大地增加了数据获取速度与效率，使得各单位之间的数据共享成为现实，同时也帮助监管部门提升了风险识别的效率。中国人民大学教授杨东等（2018）通过研究发现，在数字金融发展过程中，政府监管发挥着极其重要的政策导向作用，其监管力度以及范围，将会对互联网金融行业的发展方向造成直接影响。因此，随着数字金融发展趋于成熟，政府部门必须通过加强监管约束，使数字金融发展与数字金融监管更加正向地互相促进发展。当然也有部分学者提出相反的观点，比如李华民等（2021）的研究表明，如果增加金融监管的强度会减少非金融行业的金融资产持有量，而这种负面影响还存在地区金融发展水平以及融资约束的异质性作用。

数字金融会加深金融的全球化，在数字金融全球制度的建设中，中国不能缺席，也不应该一直居于旁观者的地位。我们必须在数字技术的关键领域掌握自主可控的知识产权，建立全球性的竞争优势。我们应该主动参与并积极争取话语权，主动加强国际监管协调，促进达成监管共识，努力建立一个数字金融的国际监管统一标准。

7.1.2 数字金融监管的目标、理念与原则

1. 数字金融监管的目标

金融科技监管在当前复杂的金融市场下难以与传统监管刚性目标耦合，导致监管困境现象的出现。具体表现：金融科技监管机构缺乏与监管对象的有效互动，监管信息往往只能自上而下单向流动，监管目标体现为"约束与服从""命令与控制"，通过强制性监管规则实现既定目标。在金融科技应用普及化的当下，刚性监管目标只能约束受现行法律法规限制的金融科技业务，而金融科技创新速度极快，专业性不断提高，导致部分金融科技创新业务不受监管机构约束的情况时有发生。此外，无法适用现行金融监管法规进行规制的金融科技业务往往被监管主体忽视，强调监管合规性的基本监管逻辑也使得部分市场主体增加了对监管空白区域的渗透，在一定程度上滋生了金融科技风险。中国金融四十人论坛资深研究员肖钢在发布的《数字金融的创新与规制——如何构建前瞻性、平衡型的国际监管框架》中提到，好的数字金融监管，既要为数字金融发展营造包容、审慎的监管环境；又要与时俱进，提升监管协调性、有效性，有效防范系统性风险。因此，数字金融监管的核心目标应是为数字金融发展营造包容、稳定的法律和监管环境，从而推动金融与科技融合创新，提升金融服务实体的能力与效率。

在证券领域，谢琳（2019）指出，以前银行只与银行竞争，现在可能还与证券公司等直接竞争。因此，监管证券市场仅对证券公司、上市公司进行监管难以达到预期监管目标，必须将其他金融中介也纳入监管范畴。而在现行体制下，其他金融中介置于其他监管机构的监管之下，因而需要加强不同监管机构之间的沟通与合作，避免被市场挑选监管者。数字经济为证券监管在监管方式、监管主体、监管对象及产品等各方面都提出了新的挑战，甚至对证券监管的目标也提出了挑战，并且在数字经济时代，证券监管的天然局限性被扩大，为证券监管目标的实现提出了更多挑战。尤其要注意区分哪些是数字经济造成的，哪些是证券市场本来就存在的。在很大程度上，数字经济的发展只是放大了证券市场本来所固有的一些特征，并且可能继续放大。展望未来，证券监管在监管方式上要注意进一步发挥政治化与技术化结合的优势；加强不同监管主体之间的协调与合作，避免重复与浪费；做好接受投资者数目继续增长的准备；不被产品的迷离外表所迷惑，通过民商法基础的法教义学分析认清其本质，归入传统框架，找准负责对象。证券监管在数字经济发展中有其担当；同时，也要注意证券监管天然的局限，不能对证券监管抱过高的期待。

在数字货币交易方面，各国也采取了相应的监管措施。欧洲、荷兰、美国通过警告与风险提示，进而降低交易风险。一些中央银行与监管机构对比特币及数字货币体系发

出了风险警告，例如欧洲银行业管理局、荷兰央行和美国财政部、美联储等针对使用比特币可能引发的洗钱与恐怖主义融资发出了公开警告。欧洲银行业管理局（EBA）在2013 年底发布的报告中警告消费者数字货币存在的诸多风险，如兑换损失、电子钱包被盗、支付不受保护等。2015 年荷兰央行说明数字货币还不在金融监管法的管辖内，消费者在购买比特币等加密货币时，必须意识到自身所承担的风险。2014 年美国证交会（SEC）给比特币投资者作出风险预警，说明比特币以及其他数字货币均存在较高交易风险。2016 年，美国财政部、美联储和证券交易委员会等多家机构联合通过有关美国金融体系最大威胁的年度报告，警示市场参与者和金融监管机构有必要监测数字货币的风险和不确定性；此外，瑞典、法国、欧盟等则采取资质监管与登记许可的方式，规范交易主体。瑞典从 2012 年开始要求与数字货币有关的交易必须在金融监管机构进行登记，瑞士金融市场监督管理局（FINMA）授予 SBEX 交易所首个比特币交易许可证，以此为标志，认同比特币具备流通手段的职能。法国金融审慎监管局于 2016 年开始提供比特币流通买卖服务，并将在此过程中赚取资金的行为视作一种支付服务而要求得到政府授权；美国、加拿大、意大利等国针对数字货币进一步出台了相关法律，以此抑制洗钱行为。美国《银行保密法》针对金融机构，提出包括客户身份认证、交易记录及其他反洗钱规定均应纳入银行监管范围内。西班牙社会自由派政党—联盟、进步与民主，在 2015 年 1 月向西班牙国会提出了比特币立法提案。该提案概述数字货币固有风险且说明了监管将在提高安全性以及防止欺诈和犯罪活动上所起到的重要性。加拿大魁北克省 2015 年在全省范围内颁布了管理数字货币的新条例，规定自 2015 年 12 月起，任何运营比特币的自动取款机或平台，有交易数字货币的必须获得由金融证券监管局（AMF）颁布的许可证。借鉴国外监管经验，我国对数字货币的监管也有相应的目标。在监管态度方面，政府应该鼓励企业金融创新和良性竞争，在监管时，必须遵循适度原则，平衡好监管、创新与风险三者的关系，维持数字货币良性发展。在监管权限约束上，各监管部门应该明确自身职责以及权限。数字货币由人民银行主要监管外，还应该适当建立监管协作机制，进而有效提升监管效率。在监管方式选择方面，应该不断适应数字货币的变化，及时更新方式，尽量采取针对性较强的监管措施。相关部门还应完善法律法规，以防止数字货币被滥用。同时，完善消费者权益保护的相关法律条文，探讨如何将法律更好地应用于数字货币交易中。若发生洗钱行为，消费者应该配合调查，落实反洗钱义务，将交易记录及报告等提交执法部门。此外，我国货币监管部门应对在国内设立的交易和兑换网站，特别是与人民币兑换的网站进行适当监管。可以要求这些网站向人民银行反洗钱管理部门提供网络数字货币兑换现实货币的交易信息和交易人员身份信息等资料，保证监管部门能够有效地掌控网络数字货币的交易和汇兑情况，防止网络数字货币对现实货币体系产生不良影响。

在保险领域，唐金成和张淋教授（2022）指出，数字经济技术的迅速发展，吸引越来越多的非保险类主体进入保险市场，混业经营范围逐渐扩大，新主体和新业务的涌现使监管类别判断更加复杂，增加了保险监管的难度。面对复杂的外部形势，保险监管更应守住初心，坚持"保险姓保、回归保障"的理念，一切从保险业务的核心本质出发，全心全意护航保险业的高质量发展。数字经济时代下以技术治理技术是保险监管的最有效措施，中国保险监管机构须积极完善信息治理机制、努力提升信息保护治理能力。目前的监管问题大多是由技术应用带来的，因此中国监管机构可探索"以技术治理技术"之路，大力推举"科技 + 监管"的方式。明确以科技为导向的监管定位，以新技术破解监管难题，将成为中国保险监管机构各部门的共识。科技手段为保险行业开辟了全新的监管路径，将技术合理融入保险监管的重要环节，则会省去大量人力物力，减少监管成本，提高保险监管质效，从而推动保险行业良性进步。

2. 数字金融监管的理念

传统金融科技监管的基本假设是监管大型金融机构的金融科技运作，继而减少系统性金融风险。但在数字化时代，金融科技的应用主体已从大型金融机构转为分散的、小规模的金融科技公司，小型金融科技公司虽然在交易量方面难以与大型金融机构比肩，但其运营模式相比大型金融机构更加不透明，如区块链、大数据等金融科技广泛应用于提高交易效率、拓展长尾客户、增加交易频次，但监管机构普遍难以有效监控其行为，而大量小型金融科技公司的出现导致新金融业务模式趋同、交易策略相近，极易产生由同质化溢出导致的系统性风险。

李爱君（2009）表示，现代金融已非传统金融，它呈现出强烈的脆弱性、结构的高度复杂性、巨大的负外部性、虚拟性与独立性等特征。另外，现代金融市场具有高度开放性、流动性和全球性，由于电子和网络技术的高度发展，使得金融波动和金融危机传染的范围是全球性的，其破坏的不仅仅是金融经济而是整体经济。因此，现代金融监管面临着比传统金融更大的艰巨性、复杂性、不确定性和风险性。对于数字金融的监管，也应在传统金融监管理念基础上注入和构建新的理念。

不论是 20 世纪 30 年代以凯恩斯主义经济学为基础的监管理论，还是 20 世纪 70 年代以金融压抑和金融深化理论为代表的金融自由化理论，过去一百年来的金融监管理论只注意到了金融体系对整个经济的特殊性影响，却忽略了金融活动本质性和金融体系运作的特殊性。此外，过去的金融监管理论一直是以经济学原理为基础，而忽略了法学理论，因此难以实现金融监管目标。因此，对于数字金融监管，我们要认识到金融的本质和体系运作的特殊性，仅靠内部控制和市场约束是无法阻止风险传播的，所以需要外部的金融监管，即金融监管的理念必须从内在脆弱性的根源入手，才能达到有效监管的效果。同时，应为监管创造最佳的法律条件，对数据和技术的使用制定法律约束行为，从对有形实体的监管转向与无形数据监管并重。

3. 数字金融监管的原则

传统金融监管遵循依法监管、公正监管、效率监管、统一性监管、协调性监管、监管主体独立性等基本原则。国务院发展研究中心金融研究所陈道富（2021）指出，相对传统金融，数字金融呈现出三方面的新特点：一是金融分工的细化和网络化，使得不再以单一机构为核心承担金融链条上的全部风险；二是借助大数据与互联网形成了新的业务模式和组织方式；三是数字科技发展带来的流动性风险、信息泄露风险、系统非正常运作风险等，需要强调对技术层面的监管。正因如此，金融脱媒使监管重心应该转移到对互联网企业或平台的限制和约束上，传统的资本监管已经没有直接作用。交通银行原首席经济学家连平、交通银行博士后阮刚铭（2018）也指出，面对互联网数字金融时，监管的关键应该是对于互联网公司及相关平台的监管，单单依靠传统资本监管并不能保障金融安全。因此，在对数字金融进行监管时，应着力平衡技术、金融和社会伦理之间的诉求，兼顾防控数字金融的系统性风险与数字产业健康发展，以及监管的效率和适宜性。对数字金融的监管也要在传统监管原则的基础上引入新的原则：

第一，法律性与监管的持续性、有效性和全面性原则。有法可依、依法办事是金融监管的首要原则。因此，必须根据业务性质将数字金融监管纳入现有的法规框架中，对金融科技、数字货币等领域进行补充立法，同时加快出台与现行法律法规、行业规章相配套的实施细则。法律是国家意志的体现，是通过国家的强制力来实现的。任何单位和个人都不能凌驾于法律之上。在市场经济条件下，任何商业银行或其他金融机构都必须接受金融监管当局的监管。只有这样，才能保证中国金融市场的稳定健康发展。

第二，坚持监管中性原则。监管中性也就是无监管套利均衡，是争取实现对整体金融业务和各个业务环节的无差异监管，即仅仅通过环节的细分、不同类型机构的合作既不会带来监管红利，也不会阻碍分工细化和机构间合作。这可能是由市场主体的违法违规行为或者监管政策不合理导致的。如果是后者，应存在机制及时调整监管政策。此外，金融监管的技术创新趋势发展迅速，在现代科学技术特别是金融电子化、网络化的冲击下，世界金融监管的技术创新趋势出现不断增强的势头。监管部门应对技术保持中性，对不同技术路径保持开放态度，将监管重点放在技术使用上。

第三，鼓励支持原则。监管要保护和促进金融系统的多样性（包括机构的多样性、产品和服务的多样性、投资者偏好的多样性等）。多样性是复杂系统的本质特征，是其维持活力和可持续发展能力的重要因素。在数字化转型大趋势下，我们要顺应金融数字化以及金融业深层次重构的趋势。跳出现有监管形式方法的框架，鼓励金融创新，给予金融创新容错的空间，同时建立严格的责任制度，使金融创新和金融安全相统一。创新是进步的灵魂，作为数字金融的监管机构要允许创新、大胆创新。但是创新是有条件的，是以防控风险为前提，在金融业技术、组织、流程重构的新背景下，运用新的监管手段控制转型风险，以达到鼓励创新、控制风险、维护安全的目的。

第四，谨慎性原则。面临新技术的不断引进和金融业结构的重塑，我们只能"摸着石头过河"，遵循谨慎性原则，确保普惠、效率和社会伦理的平衡。我们要确保技术的使用是"向善"的，不违反国家法律法规和经济政策的，不违反社会主义公共利益和公共道德的，因此在数字金融业务、程序和监管工作中，需要嵌入社会形成共识的伦理道德观，谨防一些金融科技公司打着"普惠金融"的旗号，过度触及没有风险评判能力和不能承担风险的长尾客群，诱导其过度消费和过度借贷。另外，在监管工作中，还需要加大对金融科技公司反竞争策略和歧视性定价等手段的反垄断审查力度，严格要求算法提高透明度，避免出现算法歧视，实现对个人隐私的有效保护。

第五，风险分类监管原则。金融科技公司介入金融领域后，在金融链条不同环节所承担的风险性质往往是不同的。要针对不同环节可能出现的风险专门监管，例如部分金融科技公司通过部分出资，需其承担一定的金融风险，还有一些公司专门负责技术系统的开发运营，需要承担技术风险。针对这些风险，可以借助适度的资本金来吸纳金融风险，技术风险则需要构建相应的管理和监管机制加以避免。但在具体实施过程中，需要进一步区分技术风险中的风险类型，如区块链面临的算力供给问题、人工智能面临的模型准确率问题等，主要分为技术设计不当产生的纯技术风险及模型使用不当引发的操作风险。在数字金融下，算法交易模式和参数设计的趋同性，会加剧顺周期效应，增加金融不稳定因素。因此，应建立相应的管理和监管机制来避免技术风险。

第六，全方位原则。数字金融是产业融合下跨行业、跨领域的新型金融，市场交易结构复杂，业务边界趋于模糊。实施全方位持续监管是当今世界金融监管的一个核心原则。它是现场稽核监管与非现场稽核监管、合规性监管与风险性监管，以及对管理层监管与对整个机构运行监管的综合体现，其最终目的是通过全方位的持续性监管，避免或降低金融风险，保证整个金融业的稳健运行。

数字金融作为金融创新与科技创新叠加融合形成的一种高级金融形态，能够加速资金、信息、数字等要素的自由流通与有效配置，矫正传统金融因信息不对称引发的市场失灵和金融割裂问题，助力加快构建全国统一大市场，在稳定经济大盘中发挥着举足轻重的作用。但同时随着数字金融的迅猛发展，全球范围的数据泄露、病毒、黑客攻击、网络恐怖主义等网络安全问题，也变得更趋严峻复杂。对于数字金融的监管必须审时度势，根据当前经济情况和货币政策做出相应调整，跟上时代的步伐，要不断完善，甚至大胆变革，优化数字金融的监管体系，构建经济平稳发展的政策环境。

在信息时代背景下，数字金融成为金融行业发展的重要趋势，数字技术发展不仅使金融进入了一个全新的形态，也为金融风控提供了"科技方案"。在未来，我们需要进一步建立健全适应数字金融发展的市场准入制度和公平竞争监管制度，针对数字金融建立全方位、多层次、立体化的监管体系，通过构建科学合理的监管体系，促进数字金融的健康发展。对于数字金融监管工作而言，也需要与时俱进，及时调整和完善监管制度，并在实际工作中对数字金融监管主体进行明确，完善相关政策，积极搭建服务平台，加快建立数字化监管规则库，实现监管规则形式化、数字化和程序化，做出符合实际的精准数字金融风险识别判断，走好化解风险的第一步。

◎ 概念复习

数字金融监管　　数字金融监管目标　　数字金融监管理念　　数字金融监管原则

◎ 阅读资料

［1］陈道富. 对数字金融监管基本原则及重点的思考和建议［J］. 中国银行业，2021（8）：41－43.

［2］李爱君. 金融监管理念的变迁与重塑［J］. 国际经济合作，2009（7）：86－88.

［3］唐松，伍旭川，祝佳. 数字金融与企业技术创新——结构特征、机制识别与金融监管下的效应差异［J］. 管理世界，2020（5）：52－66.

［4］王维康. 数字化时代金融科技监管困境与创新路径［J］. 中国管理信息化，2022（18）：172－174.

◎ 课后思考题

（1）简述数字金融监管的含义、目标、理念及原则。

（2）数字金融监管与传统金融监管的区别有哪些？

（3）简述数字金融监管的发展历程。

7.2　我国数字金融监管实务

随着数字信息科技与金融的快速发展，信息技术与金融共同推动着数字金融蓬勃发展。数字金融正逐渐成为当下金融业发展的新方向。近年来，国家不断加强对金融机构数字化转型的号召，各大金融机构纷纷强化数字金融的应用，推进行业数字化转型，数字科技与传统金融服务交叉融合，深刻影响了传统的金融行业生态。目前，传统金融机构如银行、证券公司等均响应国家数字化转型的号召，发行相关数字金融产品。

相较于传统金融，数字金融更具创新性，市场深度更深，业态更为复杂，其在提高金融市场效率的同时也带来了许多未知的风险。数字金融的快速发展为金融机构与相关监管机构带来了更多的机遇和挑战。应用大数据、区块链、人工智能等技术推出的数字金融服务为各金融行业带来了降低交易成本、减少信息不对称等好处。但由于当下数字金融相关服务与产品的发展仍不成熟，且当前全球经济发展不确定性增加，国内金融持续深化改革，数字金融为金融业带来的不仅是机遇与发展，还伴随有数字金融创新所蕴含的新风险。如何应对数字金融带来的风险和挑战，成为金融机构需要面对的重要问题。

2022年1月，中国人民银行发布《金融科技发展规划（2022～2025年）》，文件指出了未来一段时间金融数字化转型的发展思路、任务与实施保障，为新时期数字金融发展提出了指导意见，在数字金融监管方面，文件指出相关监管部门应主动参与监管数字化，促进数字科技化监管体系，并与多方有关部门相联合、协同共治科技监管规范体系，促进各机构在保障安全的前提下实现数据有序共享与综合应用。搭建业务、技术、数据融合联动的一体化运营中台，对数字金融创新实施穿透式监管[①]；同年3月，《人民银行金融科技委员会召开会议研究部署2022年重点工作》发布，文件针对下一阶段数字金融发展部署了五项工作，其中三项涉及监管，即建立健全金融科技伦理监管框架和制度规范、深化运用金融科技创新监管工具，以及强化数字化监管能力建设。[②]

可见，数字金融监管成为当下监管新趋势，数据安全与运用在监管合规中的地位逐渐上升。在推进金融数字化转型过程中，监管科技化、数字化将成为监管行业的重要共识。

7.2.1 银行业的数字金融监管

1. 银行业定义及传统监管

银行业指以银行为主体，包括各种金融机构如商业银行、中央银行、政策性银行等在内的金融行业。其主要业务包括吸收公众存款、发放贷款、办理结算、信托、证券、租赁等，是现代金融业的主体，也是国民经济运转的枢纽。

银行业作为我国金融体系的主体，对银行业风险有效监管是维持我国金融体系稳定工作一大重要任务。银行业传统的监管主要包括对各大银行产品与服务准入与退出阶段与银行日常运作监管。

银行业市场准入监管是银行监管的首要环节，关系到银行业未来运行稳健与否，是银行业金融体系牢固的基石。准许高质量的银行金融产品与服务进入市场，同时根据审慎性原则审批银行的业务范围，能够促进银行业管理水平完善，有效降低银行日常经营风险，维护银行稳健发展与金融体系的稳定。准入监管需坚持三大原则：一是将监管重心放在维持、培育、创造一个公平高效的竞争环境上，二是监管需要做到维护银行体系运作的安全稳定和经济效率平衡，三是需将自我约束与外部强制监管相联合。

银行业日常审慎监管以安全与稳健为目标，通过评估商业银行遭受到的信用风险、市场风险、流动性风险、操作风险等风险情况，测试银行的风险抵抗能力，以防患于未然。一般来说，在日常监管中，主要通过银行资本充足率、资产质量、资产流动性水

---

① 中国人民银行印发《金融科技发展规划（2022-2025年）》[J].中国金融家，2022（Z1）：14.
② 人民银行金融科技委员会召开会议研究部署2022年重点工作[J].中国金融电脑，2022（4）.

平、银行内控性几方面进行监管，以保证银行的稳定。在日常监管中，监管机构通过媒体、定期会谈等渠道获取到的信息与定期对各银行所报送的报表、关键经营数据等指标类数据借助一系列风险检查和测评指标，评估金融机构的整体经营风险，做出总体评价，并发出早期预警。同时，监管机构定期深入各银行进行业务检查与风险判断分析，检查内容包括银行财务报表数据的准确性与可靠性、银行遵纪守法情况、整体经营管理水平，对银行管理与内部合规控制进行评估，核实在非现场监管中检测到可能存在的问题与风险，对金融机构做出全面、客观的评价。

为更好、更全面地防范银行业日常系统性风险，2016 年起，中国人民银行开始实施金融机构宏观审慎评估体系，宏观审慎评估体系指监管机构为更有力地防范系统性金融风险，防止金融系统对经济体系的负外部溢出而采取的自上而下的新监管理念与监管模式。其监管重点在于各金融机构整体经营状况与各个金融机构间相互影响情况，同时注重金融市场宏观经济不稳定因素。宏观审慎评估体系主要包括资本杠杆情况、资产负债情况、流动性、定价行为、资产质量、外债风险、信贷政策七方面，共 14 项指标。根据宏观调控的需要，人民银行可以对银行的指标构成、权重与相关系数监控指标等进行调整。在对监管银行七方面指标评定后，人民银行会对根据考核得分情况对银行评级，并对优秀银行进行奖励，如优先金融市场准入及各类金融债券发放审批、金融创新产品先行先试等；而评级较低机构则无法得到更优惠的法定存款准备金利率，无法获得先行发放金融创新产品的权利。①

2. 银行业数字金融的定义

银行业的数字金融指银行机构通过互联网、移动设备、大数据、人工智能等技术手段，对传统金融服务进行数字化、智能化的升级和改造，以满足客户多元化、便捷化的金融需求，提高金融服务质量和效率。数字金融包括银行的各种网上银行、手机银行、在线支付、智能投顾、智能风控、智能欺诈检测、智能客服等创新业务模式和服务。这些数字化金融产品和服务不仅为客户提供了全天候、无纸化、低成本的金融服务，也帮助银行机构实现了业务创新、风险控制和客户拓展等方面的新突破。

随着对金融机构数字化转型的宣传不断加大，各大银数字金融服务实践越发活跃，据《中国银行保险报》"2021 中国银行业数字化转型优秀案例"，数字金融已深入银行业信息安全、产品服务、营销运营等方面，如优秀数字化服务作品中国工商银行"数贸e 链通"、数字化营销作品中国农业银行掌上银行等。从中台、App、营销渠道到区块链技术应用等，数字金融化已深入到传统银行业务的各个角落。

3. 银行业的数字金融监管

传统的银行监管框架和方式是在有限的信息处理能力条件下形成的，可以说是"小

---

① 郭田勇主编. 金融监管学（第 4 版）[M]. 北京：中国金融出版社，2019.

数据"时代的产物。由于监管者处理数据和信息的能力有限,面对海量的数据信息,通过定期收集关键财务风险信息,对银行的风险状况和风险抵补能力进行分析和评估,必要时对某些重点机构或重点关注的风险领域进行现场检查,以确保银行的风险管理能力与其承担的风险水平相匹配。在此基础上,监管者对每家银行定期进行监管评级,并以此来确定下一监管周期的重点任务。也就是说,监管机构根据每一家银行的系统重要性及其脆弱性来分配监管资源和明确监管工作重点。但随着数字科技、金融科技的出现,银行所需监管数据呈现爆炸式增长。

当下,银行业数字金融监管的出现对监管理念、方法和工具手段进行了更新,其通过对新兴数字金融服务与产品出台相关的管理约束条例,同时运用一定的数字技术和数据分析手段如大数据、人工智能、区块链等,构建高效快捷的监管体系,在监管数据信息的收集效率、准确性等方面大有提升。数字监管风险监测的范围扩大,监测的密度和频度提升。

银行业的数字金融监管主要涉及对新兴数字金融产品与服务准入和银行内部数字金融的数据管理与日常运作等方面的监管。

金融科技大规模应用的背景下,新兴数字金融产品与服务监管的难度要远远大于传统金融市场,因此金融科技在创新的同时也要求监管机构运用科技革新监管手段形成监管科技。对数字金融产品与服务主要体现在准入监管方面,即在新兴产品上市前对其功能、业务流程、安全性等方面进行详细测试,以此保证其进入市场后运行稳定。目前最常见的数字金融准入监管是"沙箱监管模式",通过将计算机虚拟环境技术引入金融监管,将监管者与监管对象置于某一特定或者虚拟的环境中进行金融创新实验,评估实验出现的各种情况,测试合格则允许大规模投放市场,反之则禁止进入市场。

此外,随着银行数字化程度不断提高,银行日常运作所涉及的用户信息数据、交易数据断崖式增长。要适应新的金融环境,监管机构必须加强自身对金融科技的应用,尤其是运用大数据技术提高风险识别、监测和处置的前瞻性。目前,银行业已逐渐将数字监管科技运用于银行日常监管中,主要涉及以下几个方面:

第一,数据收集。数字金融监管科技的应用有助于实现数据的自动报送和实时监测,以应对数字金融复杂的数据量。例如,应用编程界面技术可以实现海量数据在数据库之间的自动传输,澳大利亚、墨西哥、巴西和欧洲部分监管当局均在开发相关应用。机器学习技术可以实现数据自动校验和多来源数据的自动整合,德国央行正在研究采用集中化的数据平台和基于机器学习的数据整合技术,打造统一的监管数据库。

第二,行为监管。面对数字金融可能带来新兴洗钱、恐怖融资、不当销售等新手法,使用大数据和人工智能也具有非常明显的优势。目前,我国部分中小银行运用大数据技术,结合业务优势,建立特色数据系统,提升业务管理效能。如某城商行基于大数据、知识图谱和人工智能技术搭建智能风控场景,已在反欺诈场景中应用,提升个人征信的广度和精度,降低风控成本。某城商行建立了风险评级数据模型和策略,建立"技防＋人防"风险识别和管控体系，通过大数据模型辅助决策，弥补信贷技术的不足。

第三，风险监测。一些国家的监管当局已经开始探索机器学习在评估机构风险和宏观审慎监测中的应用。例如，荷兰央行正在研究利用神经网络技术监测银行流动性问题。意大利央行已经开始探索将机器学习算法运用于贷款违约预测。意大利和美国的监管机构则通过使用自然语言处理技术扫描网络信息、机构年报、社交媒体等多元化信息源，建立市场情绪分析工具。

随着数字科技不断迭代更新发展，我国银行监管机构也开始大力推广对数字金融的监控与数字金融监管科技。2022 年 1 月，银保监会发表《关于银行业保险业数字化转型的指导意见》，对银行业与保险业数字金融发展的未来战略规划、业务经营管理、数据能力建设、风险防范、监督管理等内容作出了明确规定。其中，本次指导意见提到银行业在发展数字金融服务的同时应高度关注数字金融的治理，要求相关机构在发展数字金融的同时，要做好数据治理体系，增强数据管理能力，将数字化转型相关风险纳入全面的风险管理体系，建立起数据决策系统与管理信息系统，在推进数字化转型过程中牢牢守住风险底线。

2022 年 1 月，原银保监会针对现有银行保险机构因开展数字化转型对数字科技外包机构依赖所带来的风险再发布《银行保险机构信息科技外包风险监管办法》，进一步明确数字科技外包风险管理总体要求，将数字科技外包风险纳入全面的风险管理体系，有效控制依赖数字科技外包机构可能带来的敏感信息泄露等风险。同时，办法也对数字科技外包过程中银行业的职责、外包策略、外包禁止行为、外包分级管理等外包内容做出明确的要求，并对外包机构准入、过程监控、外包风险管理、外包机构监管部分等内容作出了详细的要求，最大程度提升数字科技外包风险管控能力，促进银行业稳健开展数字金融工作。

2022 年 5 月，银保监会再发布《银行保险监管统计管理办法》，监管数据安全保护具体要求和数据管理条例进一步明确。管理办法的提出完善了现代金融管理，对银行业数字金融的数据质量与统计工作规范提出了更高的要求。

近年来中国人民银行、国家金融监督管理总局等银行保险业监管机构不断加强对数字金融监管的重视，监管部门所发行的办法涉及数字金融的方方面面，有效规范了银行业数字金融的运作，促进数字金融良好发展。

各大银行业监管机构在促进银行业加深数字化进程的同时，监管机构也以身作则，不断试点数据科技监管工具，推动《金融科技（FinTech）发展规划（2022～2025 年）》落地实施，构建更成熟的数字金融监管体系，推动金融数字化转型从多点突破迈入深化发展新阶段。随着银行数字化的不断加深，各银行数字金融产品与服务不断涌现。监管当局也在监管中运用监管科技，以应对在审批与日常监管数字金融等创新产品与服务存在跨界性、技术性与复杂性等特征而带来的难题。

然而，当下银行数字金融监管仍处于发展阶段，还面临着很多挑战，主要包括发展过程中新数字技术的应用与升级带来的操作人员因技术或操作不当问题导致的操作风险，新兴技术不成熟、系统自身存在漏洞、系统不稳定等因素所造成的外部风险。此外，具有一定敏感性的先进技术一旦出现问题，超越既定可控范围，如人工智能失控等，也会诱发严重的金融风险和经济风险，给银行和客户造成损失。银行业数字金融监管仍有很长的路要走。

7.2.2 证券业数字金融监管

1. 证券业定义及传统监管

证券业是专门为证券投资活动服务的行业，包括证券经纪、证券投资咨询、证券承销与保荐、证券自营、证券资产管理和其他证券业务等。证券业主要由证券交易所、证券公司、证券协会及金融机构组成。证券业是金融业的一个重要子行业，是现代金融业的重要组成部分。

证券业监管是金融体系监管的重要部分。证券具有轻资产、高附加值、高竞争性的特点，随中国金融体制改革不断深入，金融市场发展日新月异。同时，新一轮科技革命和产业革命的兴起，推动了现代信息技术如大数据、云计算、人工智能与经济社会的深度融合。伴随证券业服务数字化，监管机构也拟定新的制度规范，以新方式新手段来应对新的风险与挑战。

证券业机构主要有中国证券监督管理委员会（证监会）、中国证券业协会与证券交易所。监管内容主要包括有证券机构监管、证券市场监管、上市公司监管三方面。

中国证券监督管理委员会根据《公司法》《证券法》《证券公司监督管理条例》对证券经营机构的设立、变更与终止有监管的义务。具体监管内容包括了在公司设立时，依法对公司章程、经营范围、固定未来盈利能力与过往犯罪记录、董事、监事与高管人员的任职资格等内容进行审查。在受理证券公司设立申请发起之日起六个月内，根据法定程序和审慎性原则进行审查，并做出批准与否的决定。此外，证券公司设立、收购、撤销分支机构、变更业务范围、增加注册资本且股权结构发生重大变化、减少注册资本、变更持有百分之五以上股权股东、实际控制人、变更公司章程中重要条款、合并、分立、停业、解散、破产等也需要经过国务院证监会的批准。对于证券经营机构日常运作，证监会根据《证券公司监督管理条例》对证券公司进行日常监管，内容主要包括要求证券公司每一年度结束之日起4个月内向证监会报送年度报告，自每月结束日起7日内报送月度报告，当发生对证券公司经营状况、财务状况或其他风控指标有重大影响的事件时需立即向证监会报送临时报告，并说明事件因果、现行状况与下一步措施。此外，证监会定期会对证券公司进行检查，通过对证券公司资料、报表等有关资料检查以确保证券公司经营的合规性、安全性。

证券市场具有高风险、不稳定、信息不对称的特点，为保障投资者利益，使证券市场规范化，证监会依据《证券法》对证券市场进行管理，监管内容主要包括：针对证券市场上存在的知情人员利用内幕信息进行证券交易的内幕交易；交易者以获取非法利益为目的违反证券管理法规欺诈客户等的交易欺诈；个人或机构背离市场自由竞争，进行人为操控证券交易价格的市场操控三方面。证监会有权对违反以上条例的证券公司做出罚款、责令关闭、撤销相关业务等处罚。

同时，为保持证券市场的平稳运行与各成员的权益不受侵害，证监会结合资本市场发展与实践，发布《信息披露管理办法》，对上市公司建立完善的信息披露制度，并全过程对披露工作监管。同时，办法还提出进一步加强对股价异动的监管，进一步完善信息披露与市场监管联动的快速应对机制。

中国证券业协会根据《证券业从业人员资格管理办法》对证券从业人员进行管理，具体工作包括举办从业人员资格考试、发放执业证书以及进行执业注册登记等。中国证券业协会也是一个自律组织，其权力机构由全体会员组成成员大会。在管理从业人员的同时，中国证券业协会也需依法维护会员的合法权益，为会员提供服务；教育组织会员遵守法律法规，并监督会员行为是否违规违纪，如存在违规现象则按规定给予纪律处分。此外，中国证券业协会的有关证券业从业人员资格管理工作还受到中国证监会的监控。

根据《证券交易所管理办法》等条例，证券交易所对所有会员进行管理与监管。证券交易所需对证券公司会籍与日常运作进行管理。具体管理内容包括评定证券公司的经营范围、组织机构与人员素质等方面做出规定入会的条件，并受理证券公司的入会申请，批准证券公司成为证券交易所会员。日常交易中，证券交易所需定期检查会员公司的报告，如各月证券公司报送的上月统计报表、风险控制指标监管报表及各年的年度审计财务报表。此外，证券交易所还对会员的证券交易实行实时监控，重点监测可能影响证券交易价格或证券交易量的异常交易行为，并根据监管需要采取现场或非现场检查方式对证券公司交易中的风险管理、交易及相关安全注意事项进行严格的监管检查。[①]

2. 证券业数字金融的定义

证券业的数字金融指通过互联网及信息技术手段与传统金融服务业态相结合的新一代金融服务。党的二十大报告提出建设数字中国，证券业也迎来数字化转型，现代化数字科技与证券业深度融合，拓宽了证券服务深度与广度，促进了证券业的高质量发展。中国证券业协会发布的 2022 证券公司数字化转型实践报告与案例汇编表明，目前，我国证券业数字金融已经涉及基础证券、基金理财业务、托管业务、场风控监管、反洗钱监管、数字化运营、乡村振兴等方面。

3. 证券业的数字金融监管

创新数字金融科技不仅只助力证券行业与市场的发展，也在证券监管机构"生根

---

① 郭田勇主编. 金融监管学（第 4 版）[M]. 北京：中国金融出版社，2019.

发芽"。

传统的审慎监管和行为监管的原则、理念甚至理论本身已无法有效应对金融科技各新业态的迅猛发展，呈现出低效率、高成本的特性。众多传统金融机构的合规与风控系统相对于当前的科技发展都显得有些"老旧"，无法满足交易者对信息报告的及时性、全面性要求，只能通过增加人力、时间投入等方式满足精细的监管要求。这种做法大大增加了金融机构的合规成本，降低了其合规的意愿，无法保证信息报告的质量，也无法从根本上解决市场的风险。

为了对应用大数据、人工智能、区块链等技术手段开展的金融活动进行监管，有效收集、分析数据，精确识别违法行为，监管必须转向数据驱动。证券业在数字金融监管方面也不断出台数字监管建设方案、建立数字监管专项科技局，并将当下数字监管技术广泛运用于证券业监管全过程。目前，证券业数字金融监管主要通过出台相关政策，着重于审慎监管下对证券业数字金融交易过程的监督与监测、客户识别及反洗钱合规、投资者风险评估等方面。

第一，交易过程监督与监测。美国证监会早在 2008 年金融危机后就开始探索人工智能在数字金融证券监管中的应用。对于该技术应用最近的发展是对"监督学习"技术术的采用，来识别并利用数据模式为决策提供依据。例如通过训练历史数据查找当前数据中的可疑模式，以识别未来数据的趋势，通过定期或连续地学习新数据来持续优化预警系统，形成反馈过程。例如，对被监管主体的核查中发现的问题对机器进行训练，使机器算法理解被监督的信息在出现何种语言、趋势或模式时可能意味着欺诈或违法行为，有效帮助监管机构对违法、违规行为的识别。

第二，客户识别及反洗钱合规检测。客户身份识别和反洗钱相关法律法规对金融市场的稳定和秩序至关重要。随着证券数字化进程加快，传统的客户识别与反洗钱监测解决方案并没有达到预期的效果，因此金融业正在探索使用监管科技工具以寻求更有效的解决方案。

一些监管科技公司已经推出了基于风险的更快速、更高效的系统，例如使用生物识别技术跟踪和识别客户活动；运用分布式账本技术避免不同金融机构间对客户的重复监控；利用数据分析处理技术将客户数据与外部数据相结合，创建更全面的客户画像。同时监管科技工具还提供了实时监控的能力。

此外，一些金融机构也在探索行业共享的解决方案，而非局限于某个公司内部，来减轻整个行业的合规负担，促进行业参与者的数据聚合，增强跟踪公司之间的资金流动和交易关系。

第三，投资者风险评估。为了能够向客户提供适当的投资建议，企业必须向客户需求个人信息，并通过合理的程序确定投资者的风险偏好，定期更新和改进客户数据。监管科技工具利用机器学习、数据聚集等技术与行为科学相结合，可以比现有工具更科学地确定投资者的风险偏好。例如，一些工具设计"游戏"形式，通过投资者在"游戏"

中的表现评价投资者对市场环境和投资组合变化的反应情况，以此评估投资者的风险偏好。结合投资者已经声明的风险偏好信息，可以更全面地制定投资建议。此外，监管科技工具还可以不间断地监测市场状态，使投资组合与投资者的风险状况保持一致。

2018 年 8 月，中国证监会正式印发了《中国证监会监管科技总体建设方案》，完成了监管科技工作的顶层设计，方案对监管科技作出了 1.0、2.0、3.0 阶段的划分。旨在科技发展的背景下逐步实现以数据驱动监管，建设数字金融监管框架。

2020 年，证监会重构科技监管体系，成立科技局，调整中证数据公司、中证技术公司、信息中心的职能，形成了以信息中心、科技监管局为一体，中证技术公司、中证数据公司为两翼的科技监管体制。[①]

新成立的证监会科技局主要负责证监会科技管理与建设工作；推进大数据平台建设和监管数据共享，建设集中统一管理的数据体系。同时，科技局还推动落实证券期货行业科技发展规划一职，对证券期货行业、金融基础设施科技建设工作做出指导，提出建设性意见。证监会科技局的成立标志证监会系统科技监管组织架构和基础制度体系已初步成型，自此，证券业的金融科技创新试点和监管工作已全面展开。

2021 年 1 月，中国证券业协会成立"证券业联盟链"，此项目以区块链技术为基础，构建了一个证券行业联盟数据链，将区块链技术的可追溯性和不可更改性的特性发挥到极致。该联盟链的推出，为各证券公司内部的电子底稿管理系统提供了对接的渠道，同时数据在传递过程中能够保持其真实性和完整性，实现有效存档，更好地监管检查证券公司的报表报送环节。[②] 至此，证券业的金融科技监管初步成型，现逐步完善。

与其他行业相似，目前证券业的数字金融监管依然还处于发展阶段，仍存在许多问题与挑战，包括由监管科技自身发展局限性、技术不成熟等因素导致的监管漏洞，在监管过程中收集数据失误造成的信息泄露等信息风险，新兴数字金融产品快速更新迭代未及时对其全方面监管而造成的风险等，完善证券业的数字金融监管任重而道远。

7.2.3　保险业数字金融监管

1. 保险业定义及传统监管

保险业是指将通过契约形式集中起来的资金，用以补偿被保险人经济利益的行业。按照保险标的不同，保险可分为财产保险和人身保险两大类。

保险业具有不同于其他行业的特殊性，其最基本的业务并非盈利，而是进行风险管理。目前，我国现有对保险行业的监管主要依据《中华人民共和国保险法》《中华人民共和国公司法》等法律对保险行业各主体、行为与保险市场运行做出规范与约束。对保

---

①　证监会科技局"上线"重构资本市场科技监管体系 [EB/OL].观察者网，https：//tech. sina. com. cn/roll/2020 - 06 - 12/doc - iircuyvi8034180. shtml，2020 - 06 - 12.

②　张诗奇.中国证券期货业区块链联盟正式成立 [EB/OL].证券日报，https：//finance. gmw. cn/2021 - 12/31/ content_35420458. htm，2021 - 12 - 31.

险业的监管又可分为保险参与人、保险业市场与保险业体系三方面。

针对保险参与人而言，保险监管目标更关注保险公司的偿付能力，《中华人民共和国保险法》对保险人成立与经营过程应具有的资本、保证金、责任准备金、最低偿付能力等都做出具体规定，以保证保险人具有足够的赔付能力，保障被保险人的合法权利。

针对保险业市场而言，监管机构要求保险人或其主管单位根据大多数保险人经营情况进行统计分析，以此制定共同的保险条件与费率标准，使各保险人公平竞争。同时，为保证保险人与投保人之间交易公平、保险人之间在同等保险条款与同等保险费率下公平竞争，监管部门需要依法对保险交易条件严格监管。

针对保险体系安全方面，骗保是保险业健康发展的重大障碍。骗保分为投保人、保险人、保险中介人的骗保欺诈，投保人欺诈表现为被保险人未发生、故意制造保险事故，或在保险事故发生后伪造有关证明，夸大受损而骗取保费的行为。保险人欺诈主要表现为非法经营保险、从业人员资格违反规定、缺乏必要赔付能力等方面，如向投保人隐瞒保险条约内容、阻碍投保人行使权利，拒不履行保险合同约定赔偿金额等。保险中介人欺骗则表现为获得更丰厚的佣金而不惜损害保险人与投保人的利益，如隐瞒保险条款内容、诱导投保人购买保险等行为。[①]

2. 保险业数字金融的定义

保险业数字金融指通过互联网及信息技术手段与传统保险行业相结合的新一代金融服务，主要包括互联网保险、移动保险、保险服务外包等。数字金融以新一代信息技术为核心，推动保险行业数字化转型的发展。随着数字科技不断发展，大数据和人工智能等技术在保险行业加速渗透。从线上的保险业务办理到后台的保单核查，保险业所覆盖的每一个场景都离不开信息技术的身影。可以说，保险业正在数字化浪潮下变革。

3. 保险业的数字金融监管

随着数字技术与传统保险行业融合程度不断加深，保险产业逐渐转向数字化和智能化，形成以数字技术主导传统保险产业发展的新经济业态。在数字经济背景下，数字技术应用容易引发监管空白的风险，增加保险公司经营管理的难度。主要表现为保险数字化使保险市场提供的服务不再单一，传统中心化的保险监管难以对多元化监管对象统一监管；传统监管模式中对数据处理的标准与目前海量的监管数据不匹配；传统现场监管存在一定滞后性、无法保证监管的持续性等。

对此，保险业数字金融监管体系应运而生。保险业数字金融监管主要涉及保险市场持续性监管、保险体系安全监管方面。

第一，市场持续性监管。如前所述，保险业日常持续监管重点在于合约确定前客户风险评定与保险合约履行过程中客户行为画像检测，当下，保险业将区块链技术运用于

---

① 郭田勇主编. 金融监管学（第 4 版）［M］. 北京：中国金融出版社，2019.

智能合约等数字保险保单签订与合约期管理的全过程。区块链技术有助于提升保险业务的安全性。区块链技术的块链式数据结构和分布式存储特点可以防止数据被篡改，交易流程中的每个节点均保留着所有交易信息，其完整的结构保证了数据不可被篡改；另外，修改部分节点的账本记录难度高、成本大，因此修改其中的数据记录可能性很低，同时所有节点具备验证数据真实性的能力，少数节点的数据信息被恶意篡改后会自动更新，从而保证保单信息的完整和真实。

第二，保险体系安全监管。保险体系安全监管内容主要针对保险合约中骗保、欺诈保费等行为。目前，针对此类行为运用较广的数字技术主要有区块链、人工智能等。

区块链技术可以改善保险行业信息不对称问题，降低道德风险，有效破解传统保险业与新兴数字保险产品在发展过程中的信任难题，有利于保险理赔环节的反欺诈问题实现重大突破。其作用原理在于不再依赖中央节点，而是遵循技术记录交易，保证每一笔交易都有迹可循，建立一套完整的、去中心化的、可信任的公开系统，保险公司通过观察完整的历史记录，可以快速分辨出理赔过程中的重复交易记录，降低因信息不对称引发的骗保现象。此外，人工智能技术也可应用于保险业，提高理赔环节中的鉴伪准确率，有效解决保险业务中的欺诈难题。同时，运用人工智能深度学习图像识别检测技术，能够更高效地还原事件场景、对受损位置分解定位，实现精准定损，提高保险公司理赔效率。

随着监管体制的演进，我国保险监管和保险经营的制度体系不断健全，形成了以《中华人民共和国保险法》为核心、以保险行政法规为主干、以规范性文件为补充的法律制度体系，为监管工作的有序推进提供了良好的规则依据。目前，现有法律法规针对保险人偿付能力、保险人日常关键绩效指标报表的报送等方面的监管体系较为完善。数字金融在保险业市场骗保、反洗钱等欺诈行为的监控方面应用较多，深入推动数字金融科技的应用或成为解开保险业市场欺诈乱象的关键。

2021年，由中国保险行业协会牵头，多家保险机构编制《保险科技"十四五"发展规划》正式提出，以行业共识的方式对保险业数字金融应用做出长期规划。针对数字金融监管科技发展，规划提出，当下监管机构需运用大数据、人工智能等技术优化风险监控指标，做到更快更准地监控到市场高风险交易与客户风险特征，提高业务风险识别。同时，规划提出监管机构应应用数字金融科技构建更全面风险监测预警机制与早期干预机制，建设欺诈识别、智能合同、反洗钱等风险预警模型，实现自动化风险应急处理，实现覆盖全流程的风险控制机制，更好地优化保险业风险监控工作。

当下，我国保险业数字金融监管仍处于发展阶段，但许多新技术应用尚未成熟，导致风险种类增多，保险与科技的交叉融合虽一定程度降低保险业务固有风险，但也激发出许多技术应用上的新兴风险，对当下的保险监管产生威胁，包括：保险数字化 App 中的大部分在获取用户信息过程中都存在强制、频繁、过度索取等违规行为而造成的数据安全风险；数据的不当使用、数据泄露、数据垄断、数据歧视等问题，暴露出新技术的应用增加了新的风险敞口，新兴的法律风险；新领域数字金融保险出现导致出现监管灰色领域等，因此需聚集社会各方的智慧和力量，完善保险业数字金融的监管体系。

7.2.4 其他金融行业的数字金融监管

随着信息技术的迅猛发展，金融领域也正经历着一场前所未有的变革。数字技术的崛起不仅极大地改变了传统金融业务的运营方式，也为金融监管带来了全新的挑战和机遇。传统的银行、证券和保险业在数字化时代已经成为监管的焦点，然而，数字金融监管的范围远不止于此。信托、基金等非银行金融行业同样在数字监管的浪潮中积极探索，试图借助技术手段来提升合规性、透明度和效率。在非银行金融行业中，信托公司、基金公司等都涉及大量的交易数据、客户信息和资产情况。然而，这些数据规模庞大、复杂多样，传统的监管方式已经难以应对如此庞杂的数据环境，如何高效地管理和利用成为一个亟待解决的问题。数字监管因此应运而生，成为推动金融市场监管的一股强大力量。

在数字监管的背景下，金融监管的方式和手段也在发生深刻变革。以往，监管机构主要依赖于人工抽查和审查，然而这种方式已经无法满足日益复杂的金融市场需求。数字监管充分利用了大数据分析、人工智能、区块链等前沿技术，能够实时监测金融市场的交易行为，识别异常情况，预测风险，从而更加精准地进行监管。这不仅提高了监管的效率，也增强了监管的实时性和全面性。在信托、基金等非银行金融领域，数字监管的应用正在逐步展开，带来了诸多变革和挑战。

1. 信托业数字金融监管

（1）信托业的定义及传统监管。

信托是一种理财方式，也是一种特殊的财产管理制度和法律行为，信托业务有委托人、受托人和受益人三个主要角色。委托人是信托的发起人，将其财产转让给受托人进行管理。受托人是信托结构的管理者，负责信托财产的保管、投资和分配，按照委托人的指示或信托契约的规定行事。受益人是享受信托财产收益或受益的权利人，他们可以是特定的个人、组织或集体。在一些大型企业家族和高净值个人之间，信托也被广泛用于财富传承和家族资产管理。

信托业作为金融体系的重要组成部分，同样有相应监管措施来确保其安全、稳健运行。信托行业的传统监管通常包括准入监管和日常审慎监管两个方面。准入监管是信托业监管的首要环节，其目的是确保信托公司和信托产品的合规性和资质，保护投资者的权益，维护金融体系的稳定。准入监管首先考虑信托机构资质，监管机构会对信托公司的注册资本、股东背景、实际控制人等进行审查，确保公司具备良好的财务状况、合规经营能力和专业水平。其次会评估信托公司提供的信托产品是否符合相关法律法规，并审核公司的业务章程、信托合同等文件，确保产品设计合理、风险可控。最后进行风险评估，评估其资本充足率、资产质量、流动性等指标，以确保其具备足够的风险承受能力。

日常审慎监管是对信托公司和信托产品运营过程中的风险进行监控和管理,以保护投资者利益、维护金融市场稳定。日常审慎监管一方面包括资本监管,机构会定期检查信托公司的资本充足状况,确保其具备足够的资本实力来承担风险;另一方面监管机构会对信托公司的风险管理体系进行评估,包括信托产品的风险控制措施,风险测算和风险报告的制度等,确保其风险在可控范围。此外信托公司需要向监管机构定期报送相关数据和报告,包括资产负债表、利润表、业务报告等,以便监管机构对其经营状况进行评估和监控。监管机构也会对信托公司的内部控制制度和合规管理情况进行检查,确保公司的内部运作符合法规要求,防范欺诈和违规行为。

(2)信托业数字金融的定义。

信托业数字金融指的是信托业在数字化转型过程中应用信息技术和互联网技术,创新业务模式和服务方式,提供更高效、便捷和智能化的金融服务。它将信托业与数字技术有机结合,通过互联网、大数据、人工智能等技术手段,改变传统信托业务的运营方式和客户体验。

(3)信托业的数字金融监管。

信托业作为非银行金融领域的重要一环,其特点在于受托人管理委托人财产并为受益人利益服务。信托公司为客户提供资产配置、财富传承和风险管理等服务。然而,随着金融市场日益复杂化,信托业面临着合规性难题和风险管理的挑战。数字金融监管为信托业带来了更高效的监管方式,提升了透明度和风险管理能力。

一方面,监管机构利用数据分析和大数据技术来监测信托公司的风险水平。这包括对信托公司的投资组合、资产负债状况和流动性进行实时监控。监管机构可以建立风险模型,以识别潜在的风险并采取相应的监管措施,例如要求信托公司采取风险缓解措施或报告风险情况。另外,还可以通过数字化工具来审查信托公司的文件和记录,以确保其遵守法规和政策要求,包括审查合同、报告、交易记录等,来确保信托公司的运作合法合规。对于此类监管内容,传统监管通常是基于定期报告和抽样检查,效率相对较低,需要耗费大量的成本。

另一方面,数字金融监管还可以提高数据报告和披露的效率和准确性。监管机构可以要求信托公司提供更详细和实时的数据,包括委托人的资金流入和受益人的资金流出等,通过建立交易模式和规则,监管机构可以检测到异常的季候性交易模式或周期性交易行为。例如,如果信托公司在某个季节频繁进行高风险投资,监管机构可以及时介入并采取措施,确保合规经营。这些行为都有助于监管机构更好地识别市场趋势、问题领域和潜在风险,并制定相应政策,从而保护投资者的利益。

中国信托登记公司作为信托行业"一体三翼"的重要一环,深入贯彻国家数字经济战略,坚持生态发展理念,在充分发挥自身在技术、资源及行业公信力等各方面优势的基础上,以探索培育行业金融科技发展新生态为抓手,依赖行业生态力量,辅以行业整体智慧,通过紧密合作,共同推进,协同攻坚,共同构建数智化监管支撑、行业共性平台和行业数字生态。

第一，扎实做好监管服务支撑工作。按照职能定位和监管要求，着力打造统一高效的数智化监管工具。做好信托产品相关数据采集，建设并完善信托业监管信息查询系统，实现行业数据高质量汇聚。以监管工作数智化方向和监管数智化水平提升为目标，孵化开发行业统一的数智化监管工具平台，覆盖监管智库、行业监测、数据治理、智能分析等监管实务应用，以及监管驾驶舱、报告报表、监管视图、工作提示等管理流程应用。

第二，是稳步推进行业共性平台建设。围绕行业机构转型需要，建设合规科技平台，涵盖智能质检、自动化报送、合规智库等功能，面向行业赋能输出，获得机构认同。初步建立行业数据中心，以"采、编、用"三位一体为原则，力图实现行业数据的闭环管理，同时以行业集约化方式，引入个人身份数据、企业经营数据、关联方数据等重要外部数据源，为机构产品设计、定价决策提供必要的数据支持。

第三，积极构建行业数字生态。围绕"四个一"展开，即一个机制、一份报告、一体化研究、一系列交流。一个机制，是在监管部门和中国信托业协会的指导支持下，牵头成立面向行业的数字化建设研究决策机构和创新孵化载体，建立"共研、共建、共享、共治"生态理念，有序推进行业生态建设。一份报告，即联合行业力量，共同研究梳理行业数字化发展现状，形成行业数字化建设年度观察报告。一体化研究，是围绕行业数字化建设痛点诉求，建立行业上下游一体化的课题研究体系，通过行业合力，加快数字化建设步伐。一系列交流，指联合行业协会，协调多方资源，探索开展一系列交流活动，包括行业沙龙、行业讲座、年度论坛等，持续深化行业互动。

另外，还要坚持守正创新，着力推进行业数据治理和行业数字应用工作。针对行业数字化转型过程中的痛点和难点，总结已有工作的开展情况，以夯实行业数字化基础为抓手，重点推进"强化数据治理""加强数据应用"和"构建共享生态"。

首先，进一步强化数据治理。在监管部门指导下，着力解决以下问题：一是产品登记审核工作中"度"的问题，在厘清形式审查、实质审查的内涵和关系的基础上，进一步发挥好"站岗放哨"作用；二是登记数据更为精"准"的问题，力争实现信托业务各项报表之间的交叉、查验、勾稽关系，解决数据之间口径不一、标准不同问题，构建常态化机制，提高数据质量，进一步夯实数据基础；三是数据采集速度更"快"的问题，从产品登记人工报送、人工审核，逐步过渡到自动报送、自动采集、自动审校，最终实现从信托公司客户端到登记公司中心端的系统直连、"一键报送"、数据直接入库、数据自动挖掘并出具报告的快速无缝全链条服务；四是数据更"新"、与时俱进的问题，与监管部门形成良性互动，通过参与新业务规范、新数据标准认定等重大项目，及时优化数据采集工作。

其次，进一步加强数据应用。在监管部门支持指导下，构建信托行业数据库，以信托业务数据为核心、外部数据中心为辅助，力争实现数据资源的统采、统合和统编；探索建立监管数智化管理中心，以行业数据中心为基础，进一步廓清数据采集的要素范围和内容，在"以用定采"原则下，进一步提升数据挖掘、数据建模和数据分析能力，以交易对手、产品穿透、关联交易监测等为切口，为精准服务监管、底层穿透、风险预警等奠定基础，快速向监管部门提供多品类数据综合应用服务，有力支撑信托监管工作数智化升级；尝试建立行业数字化管理服务中心，加强数据反哺，丰富行业外部数据，有序引入宏观数据、金融数据、企业数据等行业创新所需资源，摊薄机构数据采集成本，有力支撑行业机构转型发展和风险防控；搭建监管门户和行业门户，统一相关用户体系，协调各功能板块，整合各项业务资源，实现"一门通进"，提升用户使用感受，提高工作效率。

最后，进一步构建共享生态。发挥行业平台优势，引入守法合规、资源丰富、能力专业的外部力量，孵化打造行业云服务平台，提供高效、低成本的业务连续性保障；结合实验室课题研究成果，联合行业各方力量，打造面向行业的网络安全协同方案和监测体系，提升信托业整体的网络安全防御能力；联合行业协会，协调多方资源，继续开展一系列交流活动，加强交流频次和深度，围绕金融科技发展痛点和难点，持续深化行业互动，共创生态共赢。

数字金融监管技术在信托业中的应用可以提高监管效能、降低合规成本，并更好地保护投资者的权益。它使监管机构能够更迅速地响应市场变化和风险，从而维护金融系统的稳定性和透明度。然而，在推动数字金融监管的过程中，监管机构和信托公司需要克服技术、安全、隐私和法律等方面的挑战，逐步完善数字金融监管体系，以实现更加稳健和可持续的信托业发展。

2. 基金业数字金融监管

（1）基金业的定义及传统监管。

基金业是指专门从事资金募集和管理，并通过投资金融市场中各类资产，为投资者创造投资回报的一种金融业务活动。基金业的主要参与者包括基金管理公司、基金托管银行、基金销售机构、基金投资顾问以及投资者等。基金业的核心是基金，基金是由一组投资者共同出资形成的资金池，由专业的基金管理公司进行统一管理和运作。其主要功能是为投资者提供多样化的投资选择和专业化的资产配置服务。投资者可以通过购买基金，间接参与股票、债券、货币市场等不同资产的投资，享受到风险分散和专业管理的好处。基金管理公司负责根据基金的投资目标和策略，进行资产投资和组合调整，追求投资回报并控制风险。

基金业的传统监管主要依赖法律法规的设立和执行。各国都设立了专门的金融监管机构，如美国的证券交易委员会（SEC）、中国的证监会等，负责监管基金业务的合规性。这些机构发布并执行相关法律法规，包括证券法、投资者保护法、管理条例等，要求基金公司和从业人员按照规定操作，确保市场的公平、公正和透明。基金管理公司和基金产品需要经过注册和报备，以接受监管机构的监管。监管机构会评估基金公司的资质、从业人员的资格和基金产品的合规性，在审核通过后，基金公司才能正式开展业务。监管机构还要求基金公司每年定期报备相关数据和信息，以确保其业务运作符合监管要求。监管机构还会规定基金产品所能投资的资产类型、比例限制、投资策略等，并对基金公司进行定期或不定期的合规性检查。基金公司必须确保其投资行为符合监管规定，遵循风险控制和投资限制，保护投资者利益。基金业同信托业一样，要求信息披露，基金公司向投资者提供充分、准确的信息，包括基金产品的投资策略、风险水平、费用结构、业绩表现等。基金公司需要发布定期报告、公告和公开透明，确保投资者能够了解基金产品的真实情况，做出明智的投资决策。

需要注意的是，基金业的传统监管面临一些挑战，例如跨境基金的监管、监管缺乏区域一体化等。为了适应行业发展和创新，监管机构也在不断改革和完善监管制度，加强监管技术手段的运用，以更好地应对监管挑战。同时，监管机构也鼓励对行业、投资者进行自律教育，提高市场透明度和投资者保护水平。

（2）基金业数字金融的定义。

基金业数字金融指的是基金行业在数字化转型过程中应用信息技术和互联网技术，创新业务模式和服务方式，提供更高效、便捷和智能化的金融服务。基金业利用数字技术，通过互联网、移动应用、大数据分析、人工智能等技术手段，改变传统基金业务的运营方式、产品销售和投资管理等环节。

（3）基金业的数字金融监管。

基金业作为金融市场中重要投资工具，为投资者提供了多样化的投资选择。然而，基金行业数字金融快速发展也为基金业监管带来了难题，数字金融监管的应用，为基金业提供了更强的监管手段，增强了投资者保护和市场稳定。

基金业的数字金融监管主要涉及基金公司和资产管理机构在数字化转型中的业务操作、风险管理和投资者保护等方面。在业务合规监管方面，监管机构对基金公司数字金融业务中的产品设计、销售、运作等环节进行监督和检查，确保其符合相关法规和规范。监管机构可以通过制定规定，要求基金公司提供透明度高、信息披露完整的数字金融产品。数字金融业务涉及大量的投资者数据和交易信息，监管机构致力于维护数据安全和保护投资者隐私。监管机构可要求基金公司采取必要的安全措施，防止数据泄露、滥用和不当使用。监管机构对数字金融产品和服务的风险管理和资本充足性进行评估和监督，确保基金公司在数字金融活动中识别、评估和管控风险，且具备足够的资本储备来应对风险。同样，在信息披露方面，监管机构要求基金公司提供明确、准确的投资信息，确保投资者能够全面了解基金产品的特点、费用、风险等。他们坚持投资者保护原则，例如规定基金公司向投资者提供风险揭示和警示，确保投资者意识到数字金融产品的风险。随着数字金融的不断发展，监管机构也在积极探索数字金融监管，应对新兴技术和业务模式的监管挑战。积极制定创新监管政策、建立监管沙盒和试点项目，对数字金融创新进行监管试点，以平衡创新和风险管理的需求。

同时，基金业的数字金融监管还需要各基金公司守好安全底线，自主施策保障基金运行安全。以蚂蚁基金为例，随着中国基金行业在数字金融领域的发展，蚂蚁基金凭借深厚的技术沉淀，对基金销售平台的核心系统进行彻底的改造，对系统整体架构进行重新设计，在容量上能够支撑亿级活跃用户的交易体量，能支撑业务稳定且快速创新，从而将互联网的高性能高容量的灵活架构体系和金融业务严谨的特性结合起来，推进了新一代自主研发的互联网基金销售平台的建设。

蚂蚁基金对基金核心销售平台主要进行了三方面的升级。第一，全面提升核心交易清算系统的整体容量，使用分布式架构对核心系统进行了重新设计和改造，将基金销售的核心业务功能分为交易、清算、产品、账户、风控等核心模块，各模块面向各自领域内的核心能力进行设计，使各模块功能内聚且稳定，真正具备了为亿级用户提供基金投资服务的能力。第二，全面提升业务支撑效率。系统设计上面向互联网业务创新场景的部分独立出来，将多变的业务创新和核心的销售业务进行解耦，大幅提升了对用户端的投资服务的创新效率。对于机构间信息流和资金流的清算过程，也将之前重度人工参与核对和操作的业务模式，改造为系统核对、自动推进的数字化清算模式，大幅提升了对机构端的业务运维效率，保障了机构侧协作的稳定高效。第三，面向未来的深度数字化发展诉求，蚂蚁基金对数据资产也进行了重塑，对数据的架构分层和模型进行了重新设计，运用大数据引擎对数据进行存储和处理，保障了数据安全，并使得系统产生的宝贵的数据资源有了更好的沉淀和运用。

随着金融业数字化转型的推进，蚂蚁基金的业务正逐步全部转移到 IT 基础设施上，呈现出多模式、多层次、多形态共同作用的局面，而这对于系统的稳定性和信息管理安全都提出很高的要求。特别是对于蚂蚁基金这样服务海量用户的平台来说，任何错误都可能影响大量用户和金融机构。因此数字金融监管在数字化安全体系方面也做出三方面建设以防范风险。

第一，保证用户实时交易服务的连续性。这直接决定了用户的投资体验，交易成功与否也直接决定了用户的投资回报。基金投资业务受市场影响较大，极端行情下交易量会有爆发式突增。为了满足特殊情况下的系统稳定性要求，保障系统容量，蚂蚁基金充分利用了云计算底座的高度可扩展性，如在交易日尾盘业务高峰期对核心交易链路进行常态化的扩容，尾盘过后对计算资源进行回收释放，在保障了尾盘容量充足的前提下也优化了成本。此外，金融系统也需要具备应对极端故障的能力。蚂蚁基金也建设了同城容灾和异地容灾的能力，并且始终坚持进行周期性的故障演练，确保极端情况下的投资服务和用户体验正常。

第二，保证用户每笔交易的成功率。分布式和微服务架构带来了技术红利的同时也带来了新的问题，跨模块的网络调用增加、网络抖动都可能造成用户的交易失败。在庞大的用户体量下，这种微观的低频现象也是不容忽视的问题。针对这个问题，蚂蚁基金也在交易的实时链路中完善了用户交易请求的受理和恢复体系，保障用户发出的每一笔请求最终都能被受理成功。要在多变的业务创新和市场环境中持续保障服务可用性，还需要建设数字化的风险度量体系。新一代互联网基金销售平台也对交易过程中的每个关键环节进行了数据的采集，通过大数据平台的分析处理能力，建立了完善的监控体系，实时分析交易的异常情况，智能识别和定位问题，加速服务异动的处理时效。

第三，守好资金安全的底线。蚂蚁基金作为基金销售机构，和机构之间的信息流和资金流的处理大多数都通过文件完成。如何保障文件中的数据绝对正确，就成了资金安全领域的核心挑战。为此，在架构上设计了文件核准平台，确保文件流转需要通过各种核对规则的严格核准之后才能放行。在此基础之上，通过代码分析和智能算法，运用大数据和人工智能挖掘业务数据和文件数据之间的关联关系，积极运用新技术生成更全面的核对规则。有了这道守护之后，就建设起数字化的风险防火墙，极大限度避免了风险在蚂蚁基金和金融机构间的传导。

安全生产是金融业务的基石，也是数字化发展的重要一环。蚂蚁基金的风险预防、发现、应对能力有了显著的提升之后，也为深层次的金融科技创新探索提供了良好的土壤。

扩展阅读 7-1

省心省事！金融监管这样数字转型

"监管数字化转型有待加快，监管科技手段与行业数字化水平相比还有差距。"券商中国记者日前从国家金融监督管理总局两江监管分局（以下简称"金融监管总局两江分局"）了解到，国家金融监督管理总局在主题教育工作中已明确提出监管数字化转型的相关问题。

国家金融监督管理总局重庆监管局有关负责人对记者表示，作为强监管行业，在现代金融业运转的链条上，金融监管部门因其身份的双重性，可以发挥独特的作用。

一方面，作为金融市场的一员，监管机构能够掌握海量高质量的经济活动数据；另一方面，作为政府机关，金融监管部门在打通政务数据方面具有天然的优势。

"如果能在保证数据安全、数据脱敏的前提下，以金融监管部门作为枢纽和媒介，就能实现金融数据和政务数据的高效融会贯通运用，以数据驱动金融业高质量服务实体经济、社会民生。"该负责人称。

在此背景下打造的金渝网，既是重庆市金融网络基础设施，也是各种数字金融应用场景建设的孵化平台。具体来看，2020 年以来，金渝网建设了惠企、惠民、惠政、惠银四类多个业务协同场景，渝快保即是"惠民"场景中的重要实践。

据介绍，金渝网目前已归集全市各委办局和有关公共服务单位 58 家的政务数据

1.85 亿条。重点包含工商信息、税务信息等。

国家金融监督管理总局党委书记、局长李云泽日前接受新华社采访时指出，着力加强监管保障，其中一个方面是要加快监管大数据平台建设，充分运用科技手段，快速有效识别、精准锁定金融风险。

券商中国记者了解到，为解决当前银行机构风险管控中资金穿透难点，国家金融监督管理总局重庆监管局今年还在金渝网上线了监管数据共享场景，具体包括对公流水验真，对公信贷资金回流和对公信贷资金被挪用等三个场景，在数据可用不可见的前提下，提供资金穿透的查询支持。目前，工行等 13 家试点银行使用三个应用场景累计查询超 60 万次，及时发现风险贷款 1.29 亿元。

资料来源：省心省事！金融监管这样数字转型［EB/OL］. 2023 - 12 - 19，https：//baijiahao. baidu. com/s？id = 1785692485234697087&wfr = spider&for = pc.

扩展阅读 7 - 2

科技赋能金融监管提质增效，三大监管部门推动转型

对于金融监管而言，科技赋能可以有效提升监管部门的信息识别、搜寻和匹配能力，并在提升监管有效性的同时最大限度降低经济主体承担的监管成本。此外，在系统性金融风险防控和监测上也具有特殊优势和巨大潜力。

据了解，近年来外汇局在推动监管和服务数字化方面进行了一些有益的探索。包括搭建了跨境金融服务平台，依托区块链技术为中小企业贸易融资提供便利；加强"数字外管"建设，设立了全国外汇数据研判中心，推动外汇风险交易报告采集，非现场监管的数字化智能化水平不断提升，尽可能降低现场监管的成本。

与此同时，金融监管总局也在不断提升监管科技水平，推动监管数字化、智能化转型，实现智慧监管。

国家金融监督管理总局统计信息与风险监测部一级巡视员王蔚指出，金融监管总局一方面建设监管数据平台，充分利用大数据价值，实现监管数据、外部数据双向赋能，突破原有机构形态监管局限，强化穿透式监管风险研判，牢牢守住不发生系统性风险底线；同时大力推进重要监管活动线上化、数字化，统一监管行为，不断提升监管透明度，增强监管质效，公平、公正维护金融秩序，确保金融持续稳健发展。

"就资本市场而言，中国证监会高度重视证券期货行业数字化转型工作。"据中国证券监督管理委员会科技监管局副局长蒋东兴介绍，证监会陆续印发了《证券期

货业科技发展"十四五"规划》《证监会智慧监管 IT 战略规划》等顶层设计，阐明了"数据让监管更加智慧"和"推进行业数字化转型发展"的工作主线，明确推进科技赋能行业数字化转型。

包括构建集中统一的监管大数据仓库，建成覆盖全部 35 家区域性股权交易中心的"监管链—业务链"双层体系，组织北上广深以及南京、济南等开展 77 个资本市场金融科技创新试点工作项目。同时，积极组织行业协会研究制定证券期货业数字化能力成熟度指引，目前已初步完成证券期货业数字化能力指标体系框架优化及成熟度初步定级工作，并处于起草小组内部广泛征求意见阶段。

资料来源：机遇与挑战并存！专家共话数字金融新生态：货币数字化、跨境支付存挑战　金融科技助力监管效能［EB/OL］．东方财富网，2023 - 10 - 12，https：//finance. eastmoney. com/a/2023101228 68257873. html.

扩展阅读 7-3

重庆、北京、上海三地新出金融科技创新监管工具公示

截至 2022 年 3 月，北京、上海、重庆三市公布新一批数字监管创新应用：监管沙盒。

"监管沙盒"属于监管科技或数字监管科技的有效组成部分，其指的是监管当局为数字金融创新产品提供有限的空间，通过设立风险管控限制性条件与相关保护措施，适度放宽监管规定。在此模拟的空间中运行被测试数字金融创新产品，并在产品测试过程中对其进行监控与评估，以此判断是否给予准入，于沙盒之外进行推广。

银行业监管沙盒测试流程通常包括企业申请、监管机构测试与监控评估等。先由企业在对新产品或服务进行资质检查，产品或服务满足银行业市场产品发布基本要求后向监管机构提交申请材料，由监管部门对产品合规性进行审核。通过审核即可以进入"监管沙盒"进行测试，测试内容包括消费者保护、补偿机制等方面。在测试期间，监管机构会对测试情况进行实时监控，并给予必要的指导和支持。测试结束后，由监管部门对产品在监管沙盒测试过程的表现进行评估，通过测试的产品即可向市场推广。此外，若在沙盒测试阶段出现严重的风险，则强制终止此次产品测试。

监管沙盒体现了包容性监管理念，允许监管容错与机构试错，在风险可控的情况下促进了金融数字化。相较于传统监管，监管沙盒优点体现在以下几方面：一是传统监管机制存在滞后性，难以对当下创新金融理念做出快速反应，监管沙盒模式

能够有效减少创新数字金融产品的创新理念推向市场所需的潜在时间成本和精力。二是监管沙盒提前介入产品运作，能够减少监管的不确定性，并在新产品发布前建立合适的消费者权益保障措施，降低消费者的金融消费风险。三是监管沙盒能够帮助监管机构对当下流行创新数字金融等产品的风向的把握，从而提高监管的主动性与前瞻性。[①]

目前，我国数字金融创新监管试点由人民银行出台统一细则，各地区结合地方实际情况负责各地具体实施方案。我国自 2019 年末在北京开展了监管沙盒创新监管工具的试点，2021 年 10 月，首批金融数字金融创新产品经过监管沙盒成功"出箱"，如工商银行"基于物联网的物品溯源认证管理与供应链金融"、中国银行"基于区块链的产业金融服务"等。到 2022 年底，全国 29 省及自治区共推出上百项数字金融创新的监管项目，申请试点机构不仅包括银行业、保险业等金融机构，也有小米、百度、腾讯等科技巨头公司。在所有参与监管沙盒试点机构中银业参与率高达 95%。目前已"出箱"产品多涉及人工智能、区块链、大数据等技术应用场景涉及信贷、运营、人脸识别等，主要为创新数字金融产品。此外，各地"监管沙盒"在产品项目征集时也要求测试项目须有"业务普惠性""技术创新性""风险可控性""需监管支持"四特点。

资料来源：万联智慧：重庆、北京、上海三地新出金融科技创新监管工具公示［EB/OL］. 网易，2022 - 03 - 16，https：//www. 163. com/dy/article/H2I2QEI00518IJ4K. html.

◎ **概念复习**

金融科技（FinTech）　区块链　客户识别及反洗钱　投资者风险评估　证券业联盟链
证监会科技局　数字金融监管　宏观审慎评估　内幕交易

◎ **阅读资料**

［1］刘春航. 大数据、监管科技与银行监管［J］. 金融监管研究，2020（9）：1 - 14.

［2］宋一可. 证券业金融科技发展与监管应对［J］. 财经界，2021（4）：48 - 49.

［3］王杰. 保险监管在新时期的科技化转型［J］. 经济研究导刊，2022（24）：135 - 137.

［4］李涵，成春林. 保险科技研究进展：内涵、动因及效应［J］. 金融发展研究，2021（11）：73 - 80.

［5］黄益平，陶坤玉. 中国的数字金融革命：发展、影响与监管启示［J］. 国际经济评论，

---

① 郑步高，林淼，张继行. "监管沙盒"的国际经验及我国的实践［J］. 中国经贸导刊（中），2021（9）：49 - 52.

2019（6）：24 – 35，5.

［6］刘瑜恒 . 我国私募基金风险及监管对策研究——基于美国的比较分析［J］. 金融监管研究，2018（8）：42 – 60.

［7］黎来芳，牛尊 . 互联网金融风险分析及监管建议［J］. 宏观经济管理，2017（1）：52 – 54，68.

◎ **课后思考题**

（1）银行业、证券业、保险业数字金融监管内容有哪些？

（2）新兴数字金融产品与服务会给现有监管体系带来哪些便利及风险？

（3）现有的数字金融监管技术主要有哪些？他们是如何辅助监管机构进行监管的？

（4）评价当下数字金融监管发展情况，并说明原因。

（5）数字金融监管需要监管机构和行业参与者之间怎样的合作？请试着提供一些促进合作的策略。

7.3　数字金融监管的发展前沿

数字金融监管是应对金融科技发展带来的挑战和机遇的关键策略。随着大数据、云计算和人工智能等技术在金融领域的应用，数字金融逐渐成为金融行业的重要组成部分。然而，这也带来了许多新的监管挑战。推动金融与科技融合创新，提升金融服务实体经济的能力与效率，就更需要一个包容、稳定的法律和监管环境。

7.3.1　数字金融监管的挑战与困境分析

1. 数字金融监管面临的现实挑战

第一，监管法律制度不完善。目前，我国对数字金融方面的监管政策多以办法、意见为主，立法层级较低，政策实施力度不够；各项文件颁布主体复杂，缺乏有效的部门协调配合，没有系统建立促进数字金融发展的政策体系，政策没有形成合力。此外，有关数字金融的监管法律政策还存在较强的滞后性。数字金融业务更新速度快、产品升级迅速，部分金融创新具有特殊性和复杂性，或未被及时纳入监管体系，或现有的监管政策并不适用，均导致监管法律政策无法发挥应有作用。

第二，监管指标适配性下降。一是传统监管指标适配性不足。数字金融正逐渐向线上化、智能化方向发展，传统基于线下模式设计的监管指标适配性有所下降。如互联网平台存款的稳定性远低于线下，按照传统监管指标计算，可能高估流动性匹配率、优质流动性资产充足率和核心负债比例。二是缺失消费者权益保护指标。金融机构数字化转型发展迅速，基于宏观审慎的金融监管指标体系可以帮助监管机构识别系统性风险和机构风险，却无法充分保护金融消费者权益。三是缺少技术监管相关指标。随着更多新技术应用到金融场景中，单纯以风险为导向的传统监管指标不足以应对新技术在金融领域应用过程中产生的新问题。

第三，监管工具局限性凸显。传统监管工具主要依靠统计报表、现场检查等经验式、手工式模式，在时效性、穿透性和标准统一性方面存在一定局限。风险信息的获取渠道也相对有限，金融与科技的融合又使得金融监管机构更难准确识别金融风险，监管更具挑战性。作为创新监管工具代表的"监管沙盒"，其运行机制及流程设计在试点过程中还需不断完善，才能更好地适应智能时代对数字金融监管的新要求。

第四，监管范围覆盖不全面。数字金融是产业融合下跨行业、跨领域的新型金融，具有市场交易结构复杂，业务边界趋于模糊的特点。由于各监管部门之间的协作成本较高，在数据共享、风险预警、联合执法等方面的监管协调上仍存在明显不足，许多创新型金融产品可能会突破监管体制，形成监管真空和监管漏洞。此外，数字金融市场的参与主体进一步多样化，近年来还出现了主要瞄准跨国数字金融业务的新型数字金融机构以及主营金融科技业务的金融中介机构，它们提供数字金融服务的规模持续增大，但这些机构或游离于监管体系之外，或所接受的监管弱于被监管的金融机构，同样需要监管机构予以重视。

第五，跨境监管合作不足。由于不同国家的金融监管理念和制度环境不同，金融风险判断和管控能力均存在差异，一些国家为了保护管辖范围内的金融机构发展，竞相降低监管标准，甚至部分金融科技企业从强监管国家地区转移到相对宽松的地区，从而引发跨境监管竞次和监管套利等问题。虽然国际组织正积极推进国际监管协调，但是总体来看，数字金融的跨境监管合作明显落后于跨境金融服务的发展。

第六，数据共享与跨境流动机制缺失。我国数字经济蓬勃发展，数据已经成为金融行业最重要的生产要素。但目前金融数据缺乏行业内共享，传统金融机构、互联网金融平台、金融科技公司在提供数字金融创新服务时，仍需要相互之间进行数据补充。此外，我国在跨境数据流动治理领域起步相对较晚，跨境数据流动规则的制定、跨境数据交换标准的统一以及跨境身份的认定等问题都亟须监管机构解决。

2. 现实挑战的应对：构建数字金融监管框架

为了应对数字金融监管面临的现实问题，可构建具有"一个基础、三根支柱，共治共享体系"特征的全新数字金融监管框架。

一个基础，即为数字金融发展营造包容审慎的法律环境。三根支柱，即完善监管指标体系、创建新型监管工具、扩大监管范围。共治共享，加强跨部门合作和国际合作。

第一，一个基础。

一是参考各国数字金融监管制度，根据业务性质将数字金融监管纳入现有的法规框架中，对金融科技、数字货币等领域进行补充立法，同时加快出台与现行法律法规、行业规章相配套的实施细则，如对代币融资、销售、交易以及数字平台垄断行为制定相关规定。二是建立系统而清晰的政策体系，政府部门牵头构建联动机制形成合力，确保政策落地。三是保持监管法律一致性，按照数字金融产品或服务涉及的业务类别和性质进行功能监管（实质上就是功能监管）。严格落实金融业务的持牌经营，实现金融牌照的地域边界和客群边界，如禁止境外机构仅持有境外牌照在境内展业，禁止国内金融机构仅持有一定区域内展业的牌照在全国展业，禁止面向特定人群销售的金融产品在全网无差别销售。四是针对法律的滞后性问题，建议将行政法规作为前置法不断加以完善。比如提高数字金融的市场准入门槛，对所有以数字化工具重构的金融业务或产品，都应实行前置准入或者备案。

第二，三根支柱。

支柱一：完善监管指标体系。一是提高监管指标的适配性。基于特定的数字金融业务模式制定相应的监管标准，重点跟踪各类数字金融业务的真实杠杆率，制定专门的监管指标。比如，对最低资本、杠杆率、流动性、风险管理提出更加严格的要求，避免数字金融滥用杠杆、过度授信，导致风险外溢。二是重视消费者保护。金融监管指标体系的建立应该基于宏观审慎、金融消费者保护的角度，除了选取流动性、杠杆率以及拨备等监管指标反映宏观金融的运行情况，还应该选取法律意识普及度、金融服务接受度、信息披露透明度等相关指标，反映数字金融发展中金融消费者保护情况。三是增加技术监管相关指标。参考央行于2020年10月发布的《金融科技发展指标》，在现有监管指标的金融属性中增加技术监管指标，规范数字金融中金融科技相关数据统计与成果检验。

支柱二：构建新型创新监管工具。一是大力发展监管科技，建立数字化、智能化金融科技监管工具。利用区块链、大数据、知识图谱等新技术构建涵盖"事前、事中、事后"的监管工具体系。其中，区块链技术实现多元主体之间的信息协同共享；大数据技术以及自然语言处理、深度学习等人工智能技术实现对数字金融风险的态势感知、分析评估和预警处置；知识图谱、人机协同等技术实现监管政策和合规要求的自动抽取。二是针对数字金融带来的新型风险，建立差异化、个性化监管工具。通过建立应急退出和试错容错机制，完善风险补偿措施，针对不同业态制定合适的监管工具。例如，针对数字金融产品系统性风险，应分行业建立风险补偿基金、融资担保、保险计划等补偿措施，建立合理有效的风险分担机制。针对金融科技创新应用引发的安全风险，应建立试错容错纠错机制，在风险可控范围内进行试错性创新，并完善试错容错中的信息批准制度、纠纷解决机制等。三是借鉴其他国家和地区的经验，完善"监管沙盒"机制。着重解决监管科技的应用、创新与风险的权衡、微观监管与宏观审慎的协调等问题，逐步构建与数字金融创新相匹配的监管沙盒机制。

支柱三：扩大监管范围。为更好地实现对数字金融的有效监管，监管机构应持续外扩监管范围，将监管范围扩展至新型数字金融机构，尤其是具有系统重要性影响的平台型机构，如第三方科技供应商、新型数字金融服务提供商等。除了具有系统影响的金融科技服务商，还应对各类中小科技供应商施加不同程度的监管要求。例如，对于参与信用创造过程的助贷机构应加强监管，避免其通过人为调整风控模型参数来提高信贷可得性。此外，根据不同业态将数字金融产品和服务纳入既有监管体系，对于业务本质相同的数字金融产品采用相同的监管标准，对于跨市场、跨行业金融产品和服务按照其业务属性和风险实质实施归口管理，对于跨境金融服务严格执行持牌准入和业务监管要求。

第三，共治共享。

首先，要加强跨部门和跨境监管协同。金融与科技之间的边界越来越模糊，金融机构与科技企业之间的合作更加广泛深入，需要更加有效的跨部门监管协同。一是在国家层面建立包括一行两会、工信、工商、公安等部门以及地方政府在内的监管协调机制，加强金融管理部门和数据保护、市场竞争、消费者保护等其他管理部门之间的协调和合作。二是在行业监管基础上，引入社会监督和行业自律，充分发挥不同社会主体作用，让消费者深入了解产品特性、维护自身合法权益，让自律组织强化行业约束作用，对金融创新产品的安全性、合规性和合法性进行监督。

数字支付带动新型全球支付网络加速发展，数字货币催化全球支付基础设施的竞争性重构，数字金融监管需要更加广泛的国际协同与合作。一是加强国际监管协调。与国际组织在金融科技、数字货币、跨境金融服务等领域开展监管合作，探索建立监管信息共享、风险联动应对、危机处置和制度安排。二是开展学术交流合作。通过国际论坛、国际培训和同业学习等方式，交流推介数字金融发展的典型经验和良好实践；通过建立联合实验室、合作研发中心等多种形式，推动数字金融发展中面临的实质性问题的讨论和研究。三是推进国际标准建设。在国际标准化组织等国际组织总体框架下，在金融基础设施联通、金融消费者保护、金融科技风险防控等方面加强国际协商，推动国际标准、规则制定。

其次，要促进数据开放共享和跨境数据流动。在促进数据开放共享方面，推动建立金融数据交易机制和共享平台，鼓励金融机构依法开放数据源，开展数据交易流通，逐步打破数据孤岛。充分发挥行业协会等组织协调作用，加强金融同业间数据流通，数据开发技术的互助、合作和培训。利用大数据、多方安全计算等科技手段，加强金融数据与工商、税务、司法等政府数据有效整合和利用，推动建设全国统一的信用信息服务平台，逐步打破数据壁垒。在促进跨境数据流动方面，应制定符合我国国情的数据跨境流动治理战略，加快出台数据跨境流动规则体系及相关细则，研究制定数据跨境流动的指示性范本和标准格式合同管理模式，加快构建数据跨境流动安全治理评估体系，探索适合我国国情与发展道路的跨境数据流动治理框架。

7.3.2　各国数字金融监管的模式

对于数字金融的监管，各国根据其客观经济情况以及监管目的的差异采取不同的数字金融监管模式。俄罗斯采取引入监管沙盒模式与构建链上链下技术协同运行的监管体系；美国采取"归口监管"方式，即将数字金融业务按照一定标准进行分类后，归入现有的金融监管框架内统一管理，以完备的相关法律法规作为保障；英国采取"双峰监管"模式，并创立了监管沙盒机制，其监管原则是平衡金融创新发展与监管之间的关系；而德国的数字金融监管史倾向于稳健型监管，严格的监管标准不会为数字金融开辟"绿色通道"。这些监管模式都为我国进一步完善数字金融监管提供了丰富的经验借鉴。

1. 俄罗斯数字金融监管的模式

在当前数字经济社会的发展趋势下，俄罗斯联邦为了进一步推动数字经济的发展，在 2020 年正式出台了《数字金融资产法》，在法案里明确从数字金融资产的创建、发行和流通以及信息系统运营商责任等有关角度对俄罗斯的数字经济发展进行规制，使数字资产交易合法化。法案的主要内容包括：初步界定数字进入资产的范围、规定数字金融资产信息系统运营商的活动要求、明确数字金融资产交易所运营商的资格要求。

第一，引入监管沙盒模式。

俄罗斯央行规定任何感兴趣的机构都可通过申请参与沙盒，为发展金融市场提供源源不断的活力，这种政策存在一定的开放性，充分运用监管科技来维护金融市场秩序具有重要的发展价值。

2017 年我国央行等七部委发布的《关于防范代币发行融资风险的公告》开启了对虚拟货币正式监管之路。通过保证在特定的行业与区域内有一定的监管限度，充分保障客户与参与测试的企业相同的权利，使数据共享能在合理限度内使用，把数字金融资产产品的金融风险控制在合理范围内，推动区块链在适度监管下发展。过度监管一方面会使市场变得井然有序，但另一方面也将导致市场失去活力，而过于宽松则会出现如 P2P 经营不善出现平台停业与倒闭等问题。监管沙盒的运用能通过现代信息技术对风险进行有效防控，从而打造出一个开放科学的新发展环境。因此，要加强金融部门与科技监管部门的沟通与协作，在必要时可设立由央行主导专门数字治理的监管机构。

第二，链上链下技术协同运行的监管体系。

俄罗斯《数字金融资产法》中对数字金融资产交易所运营商的内部主管成员以及风险管理主管进行了规定并设置了一定的门槛，但在数字金融资产流通的过程中，并未对相关的信息技术支撑进行规制。与传统监管模式不同，该内容还涉及区块链技术的应用和虚拟资产的发展，不仅对监管部门企业间的相关数据共享，还保证在合法、合理的范围内，在企业间建立信息共享并减少信息闭塞造成的无效沟通。数字金融资产的属性多样化和智能合约执行程序创新化特点均对我国金融监管提出巨大的挑战。在数字金融资产交易的过程中，设置一定的加密测试，保证在链上数据的不可篡改性；链下数据的安全可信性则通过一些行政手段来解决，对区块链技术的运行程序进行优化，对数字金融监管模式予以创新和完善，维护数字金融发展与数字金融市场稳定之间的平衡关系，为我国数字金融法治体系发展提供强有力保障。

为进一步确保数字经济的高效发展，针对经济社会带来的挑战，在数字经济方面的立法是不可缺少的尝试，制定法律规制来肯定数字金融资产的特殊地位。通过分析数字货币在实际生活中的运用情况，同时充分吸取俄罗斯的经验和教训，对数字金融资产进行有效监管，进而采取更有针对性的认定与科学监管措施。

2. 美国数字金融监管的模式

欧盟、美、英、韩等发达经济体在数字金融监管上的高效性首先得益于完备的法律法规保障。2019 年 1 月和 3 月，美国众议院分别通过《金融科技保护法案》和《金融科技法案 2019》，在创设新的监管议事机构、厘清监管协调机制的基础上，强化对金融科技的监管。英国金融行为监管局（Financial Conduct Authority）于 2017 年 11 月启动"数字监管报告（digital regulatory reporting）"项目，目前该项目已进入第三阶段试点。美国证券交易委员会（United States Securities and Exchange Commission）引入市场信息数据分析系统（market interpretation/data analysis system），通过云计算对股票交易数据进行分析处理，并建立全国检察分析工具，通过大数据和人工智能技术审查大量市场交易，监督违法违规的交易行为。英国金融行为监管局、美国商品期货交易委员会（Commodity Futures Trading Commission）和中国香港金融管理局（Hong Kong Monetary Authority）探索开发了智能机器人系统，用于监管机构与被监管金融机构进行沟通、自动调取和共享数据。美国数字金融监管以功能性监管为主，2017 年发布的《金融科技监管白皮书》提出了十项原则，重点维护金融稳定，监管系统性风险。内部监管合作方面，美国十分重视监管主体间的协调作用，立法者、执法者和监管者三方互相沟通、形成合力，提高监管效率；同时，设立民众举报奖励制度，实现全民监管。区别于英国的创新监管体系，美国对数字金融的监管采取"归口监管"方式，即将数字金融业务按照一定标准进行分类后，归入现有的金融监管框架内统一管理。数字金融的监管主要集中在网络信贷、移动支付、金融理财管理等方面。在网络借贷方面，证券交易委员会依据证券法重点监管市场准入和信息披露，其注册要求严、准入门槛高，且平台每天须提交一次以上的报告，有效保证了网络借贷环境的参与度与安全性。在移动支付方面，监管的重点在于交易过程，根据相关法律规定，移动支付平台须在金融犯罪执法网站上注册登记，便于联邦政府和州政府统一管制，禁止私自挪用客户资金，并要求存档所有交易记录。这些措施有效防范了移动支付可能存在的监管漏洞。在金融理财管理方面，美国证监会（United States Securities and Exchange Commission）监管投资顾问通过客户披露的信息评估金融理财公司的操作行为是否合法；所有投资理财公司均依据消费者保护法受到联邦委员会（Federal Trade Commission）的监督。总体而言，美国的数字金融监管政策比较灵活。其国内监管层在保证金融消费者合法权益和实施差异化监管的基础上，对数字金融行业实行充分自律的监管模式，以此鼓励金融领域的创新，同时把控整体的金融风险。美国相对严格的数字金融监管模式源于 2008 年金融危机的教训，以稳定为目标的金融监管削弱了金融领域的创新性发展，且数字金融发展也存在风险外溢的问题，复杂而分散的监管环境将是未来美国数字金融发展的巨大挑战。

3. 英国数字金融监管的模式

从统一监管到双峰监管，英国金融业有着自律监管和分业监管的传统，但自 1986 年"金融大爆炸"以后，逐渐转变为统一监管，1997 年以后英国合并了原有的金融监管机构，设立了统一的监管部门——金融服务监管局（Financial Service Authority），负责金融业的综合性监管。2008 年金融危机的冲击使英国金融监管体系遭受沉重打击，促使当局开始进行金融监管体制改革，2013 年金融服务法案生效后，英国正式撤销了金融服务监管局，继而采用"双峰监管"（twin peaks supervision）模式。英国的这次监管体系改革将消费者权益保护从审慎监管中分离出来，其中隶属于银行体系的金融政策委员会（Financial Policy Committee）负责宏观审慎监管，审慎监管局（Prudential Regulation Authority）负责微观审慎监管，监管的主导机构金融行为局（Financial Conduct Authority）负责金融行业相关业务服务的监管，并注重保护金融消费者的权益。2015 年，英国金融行为局创立了监管沙盒机制，其监管原则是平衡金融创新发展与监管之间的关系。监管沙盒的基本逻辑是在虚拟环境中测试新兴的科学技术，并适用于金融领域的初创企业。换言之，监管沙盒就是为不断涌现的数字技术与新兴金融业态提供一个"监管实验区"，即一个对新兴金融创新产品与服务适当放宽监管约束的安全区。这一机制不仅支持了初创数字金融企业的发展，也提高了科技转化效率，激发了金融创新活力。凭借这一成熟缜密且极具前瞻性的顶层架构逻辑，英国一跃发展成为全球数字金融中心，监管沙盒这一卓有成效的创新监管举措也在全球形成了示范效应，迅速被多个国家和地区引入借鉴。2016 年以来，澳大利亚、新加坡、中国香港等相继推出监管沙盒，以推广数字金融产品与服务。从全球实践来看，监管沙盒正逐渐成为金融领域的热点议题。2019 年，英国的金融行为局（Financial Conduct Authority）、美国的金融消费者保护局（Consumer Financial Protection Bureau）、新加坡的金融管理局（Monetary Authority of Singapore）等 38 个不同国家的金融监管部门以及相关国际组织共同建立了跨国监管沙箱——全球金融创新网络，共同维护数字金融市场的稳定与发展。

4. 德国数字金融监管的模式

德国数字金融监管政策经历了从混业监管到稳健监管的转变。二战结束后，德国用了 15 年时间重建金融体系，助力经济迅速恢复。2008 年金融危机导致欧盟国家遭受重击，德国金融体系经受住了考验；危机后德国经济强势恢复，经济复苏速度在欧盟国家中位列首位。其中的一个重要原因就在于德国采用了较为成熟的混业经营与金融监管模式。混业经营是指在风险可控的前提下，银行、证券和保险等金融业融为一体，进行多元化经营的方式。2002 年，德国成立联邦金融监管局（The Federal Financial Supervisory Authority），对金融机构实行统一管制。2008 年金融危机对欧洲造成巨大冲击，在 2010 年欧洲系统性风险委员会（European Systemic Risk Board）成立后，德国结合本国国情进行了金融监管体制改革。一是设立金融稳定委员会，加强宏观、微观审慎监管之间的联系；二是根据立法授予中央银行与联邦金融监管局以共同监管的权力，强化宏观审慎监管的外部监管合作；三是成立金融稳定部并强化内外部协调与服务，加强对系统性风险的预防与应对。目前在欧洲范围内，德国数字金融的市场规模已经达到第二，仅次于英国，数字金融已经成为德国第二大风险资本投资领域。德国政府以保护新型数字金融企业发展为最终导向，密切跟踪企业动态，适当进行干预，给予市场充分的自由度。2017 年 3 月，德国财政部建立了金融科技委员会，该委员会专门负责调研数字金融应用，并将调研结果反馈至联邦政府和联邦金融监管局，以协助政府在金融监管许可范围内作出最有利于数字金融发展的决策。换言之，德国的数字金融监管更倾向于稳健型监管，严格的监管标准不会为数字金融开辟"绿色通道"。

7.3.3 数字金融监管的国际协调与合作

1. 国际协调与合作的发展趋势

在数字金融监管领域，国际协调与合作已成为推动行业发展的关键因素。国际货币基金组织（International Monetary Fund）、金融稳定理事会（Financial Stability Board）、国际货币转移协会（Society for Worldwide Interbank Financial Telecommunication）等国际性机构在数字金融监管领域开展过一系列合作举措，以应对全球金融市场的新变化。此外，不同国家的监管机构也加强了合作。举例来说，欧盟在数字支付、数据隐私等领域推动了跨国监管合作，致力于确保数字金融活动的安全性和合规性。同时，跨境金融犯罪和网络安全问题的加剧，促使国际社会更紧密地合作，共同应对这些威胁。

然而，尽管已经取得了一些进展，数字金融监管领域的国际协调与合作仍面临一些挑战。不同国家的法律法规、监管模式和金融市场特点存在差异，这可能导致合作的复杂性。此外，数字金融领域的技术创新快速发展，监管跟不上技术进步的情况也需要解决。数字金融监管主要有以下几个趋势：

第一，跨境数据流动与隐私保护。随着全球数字化浪潮的到来，数字金融正成为国际金融市场的重要组成部分。数字金融的全球性特点使得跨境数据流动成为推动金融业务拓展和创新的关键。金融交易、支付和投资等活动需要在全球范围内进行数据传输。此趋势带来了高效便捷的金融服务，但也引发了数据隐私和安全的顾虑。

不同国家在数据隐私保护方面采取了各具特色的法规和实践。欧洲的《通用数据保护条例》（General Data Protection Regulation）确保了用户对于个人数据的控制权，规定了数据收集、存储和处理的合规要求。相比之下，美国制定了分散的数据隐私法规，如《加利福尼亚消费者隐私法》（California Consumer Privacy Act）。中国则发布了《个人信息保护法》，加强了个人数据的保护。

第二，合规性和监管标准的统一。数字金融市场的蓬勃发展赋予其国际化特点，然而，不同国家之间监管标准的差异成为制约其可持续发展的挑战。数字金融的特点在于其无国界性，投资、支付和跨境金融活动在全球范围内迅速展开。然而，不同国家在监管标准上的差异可能导致监管套利、风险转移和市场扭曲。这使得数字金融市场面临着合规性挑战，同时也引发了对于国际监管合作的需求。

国际合作在建立统一监管标准方面具有重要意义。通过国际合作，不同国家可以分享监管经验和最佳实践，探讨监管政策的相似之处和差异性。此外，国际监管合作有助于降低监管标准的不确定性，减少市场风险，增强投资者信心。

第三，打击跨境金融犯罪和网络安全。数字金融的全球性特点为跨境金融犯罪提供了更多的机会。洗钱、恐怖融资、网络诈骗等犯罪活动可能跨越国界，难以被单一国家的监管机构有效监测和打击。数字货币的匿名性和交易速度也为犯罪分子提供了隐藏和快速转移资金的渠道。

在打击跨境金融犯罪和维护网络安全方面，国际协调与合作显得尤为重要。不同国家之间共享信息、协同行动，可以更加有效地识别和阻止金融犯罪活动。网络安全的威胁无国界，需要全球范围内的合作来应对。

第四，国际技术创新合作。数字金融领域的技术创新正在以前所未有的速度发展，不同国家在数字金融技术创新方面拥有各自的优势和特点。美国在人工智能、大数据分析和区块链技术方面具有领先地位，其创新公司在金融科技领域取得了突出的成就。中国在移动支付、数字货币和云计算等领域取得了显著进展，部分原因在于其庞大的数字化市场和政府支持的创新政策。

国际合作在推动数字金融技术创新方面发挥着重要作用。通过跨国合作，不同国家可以共同研发和分享技术，避免技术重复投入，加速创新进程。合作还可以促进技术交流，让不同国家的科技人员能够互相学习和启发，共同推动数字金融领域的技术进步。

2. 数字金融监管国际协调与合作的展望

（1）跨境数字流动及隐私保护。

在促进数字金融数据流动的同时，保护个人隐私也是至关重要的。实现数据流动与隐私保护的平衡是全球性的挑战。国际社会可以采取以下措施：

第一，国际合作机制。国际合作机制如国际组织、跨国公司和政府之间的协商，可以促进制定更加一致的数据隐私标准，减少跨境数据传输的法规不一致性。

第二，数据透明度。数字金融机构应当加强数据透明度，明确告知用户数据的使用目的和方式，提供用户可控的隐私设置选项，增强用户对于数据流动的信任。

第三，技术创新。技术创新可以帮助实现数据隐私保护和数据流动的平衡。例如，区块链技术可以确保数据的不可篡改性，确保数据在流动过程中的安全性和隐私性。

跨境数据流动和隐私保护问题涉及全球范围内的利益。国际合作是解决这些问题的关键。各国可以通过制定共同的数据隐私保护准则，加强信息交流，共同研究数据流动与隐私保护的最佳实践，从而促进数字金融行业的可持续发展。跨境数据流动与隐私保护是数字金融发展中的重要议题。在推动数字金融全球化的同时，保护用户隐私也是不可或缺的要素。通过国际合作，各国可以制定一致的数据隐私标准，促进数据流动与隐私保护的平衡，为数字金融行业的繁荣发展创造更加有利的环境。

（2）合规性和监管标准统一。

为确保数字金融的合规性，不同国家监管机构之间的合作至关重要。以下几种途径可以促进国际监管合作：

第一，信息共享。各国监管机构可以建立信息共享机制，及时交流市场动态、监管政策和最新风险。信息共享有助于各国监管机构更好地了解其他国家的监管模式，从而优化自身监管政策。

第二，跨国监管协议。国际社会可以制定跨国监管协议，明确规定各国监管机构在跨境金融活动监管方面的合作和协调。这些协议可以涵盖信息共享、监管标准的制定、合规性审查等内容。

第三，合作机构的设立。国际金融组织和协会可以建立数字金融领域的国际合作机构，提供平台促进监管机构之间的合作。这些机构可以组织研讨会、培训课程和政策讨论，促进不同国家监管机构之间的交流。

数字金融市场的国际化特点决定了国际合作对于其合规性的重要性。不同国家之间监管标准的差异可能导致监管套利和市场扭曲，因此建立统一的监管标准是一个迫切的需求。国际合作可以促进监管机构之间的信息共享、合作协议的制定和合作机构的设立，从而确保数字金融在全球范围内的合规性，为金融市场的稳定和可持续发展提供有力支持。

（3）打击跨境金融犯罪和网络安全。

为应对金融犯罪和网络威胁，国际社会可以考虑建立以下跨国合作机制：

第一，信息共享平台。设立国际性的信息共享平台，供各国监管机构和执法部门共享情报、数据和最佳实践。这有助于提前识别潜在风险，减少金融犯罪的发生。

第二，跨国执法协作。建立跨国执法合作机制，使各国执法部门能够联手开展行动，打击跨境犯罪行为。合作内容可以涵盖证据收集、嫌疑人追踪和资产冻结等方面。

第三，网络安全合作框架。制定全球网络安全合作框架，明确网络安全的原则和标准，鼓励各国加强网络防御、数据保护和应急响应能力。

数字金融领域的跨境金融犯罪和网络安全问题需要国际社会的共同努力来解决。国际协调与合作在打击金融犯罪和维护网络安全方面至关重要。建立跨国合作机制，包括信息共享平台、跨国执法协作和网络安全合作框架，有助于减少金融犯罪的发生，提升数字金融领域的稳定性和安全性。

（4）国际技术创新合作。

为促进数字金融技术创新的跨国交流，国际社会可以考虑建立国际科技合作平台。一是科研合作项目，各国政府和科研机构可以合作开展数字金融技术创新项目，共同攻克关键技术难题，推动创新成果的共享。二是创新生态圈，建立跨国创新生态圈，吸引不同国家的创新企业、创业者和投资者在同一个平台上交流、合作和创新。三是推出国际人才培养计划，鼓励科技人员在全球范围内进行交流和合作，培养具有国际视野的技术专家。

数字金融领域的技术创新对于行业的发展至关重要。不同国家在技术创新方面拥有不同的优势和特点，国际合作在推动数字金融技术创新方面发挥着重要作用。通过建立国际科技合作平台，促进科研合作、创新生态圈和人才培养计划，可以实现技术创新的跨国交流，推动数字金融领域的持续进步和发展。

数字金融监管的国际协调与合作是推动数字金融行业可持续发展的关键。国际合作不仅能够应对行业面临的挑战，还能够共同开拓创新的机遇。通过加强国际组织的协调作用、建立信息共享机制和推进跨国培训计划，国际社会在未来实现数字金融领域的更大发展，为全球金融市场的稳定和繁荣作出积极贡献。

扩展阅读 7－4

数字金融发展中的数据治理挑战

随着互联网、大数据、云计算、区块链、人工智能等技术在金融业的广泛应用，我国数字金融市场蓬勃发展。根据银保监会和中国人民银行发布的《2019 年中国普惠金融发展报告》，2019 年全国使用电子支付的成年人比例达 82.39%。在新冠疫情冲击中，我国互联网银行对小微企业发放的贷款及时帮助小微企业摆脱困境，发挥了灾害情况下的经济稳定器作用。我国数字金融的一些业务模式也已经走在世界前列。根据国际货币基金组织（International Monetary Fund，IMF）的测算，我国数字金融公司估值已经超过全球总估值的 70%，其中 2016 年中国个人移动支付总额达 7 900 亿美元，是美国的 11 倍；中国最大的移动支付提供商的处理能力大约是美国同行的 3 倍。总体来看，我国对数字金融助力普惠金融、促进经济高质量增长方面寄予厚望。但要促进数字金融市场进一步健康发展，就不能忽视金融基础设施中的短板。近年来，数字金融市场发生的风险事件，表明与大数据相关的金融基础设施不足，是新金融业态存在新风险隐患的主要原因之一。例如，我国个体对个体网络借贷在过去的十多年经历了萌芽、繁荣、兴盛和衰落的过程。仔细梳理这一过程可发现，虽然满足个人旺盛的金融需求、帮助中小企业解决"贷款贵、贷款难"问题的初衷良好，但在我国数字金融基础设施还比较落后，尤其是在缺乏广泛可靠的个人征信系统的情况下，构架于其上的业务模式商业不可持续，而最终的失败难以避免。金融基础设施中，与数据要素密切相关的是信息基础设施（涉及信息记录、数据分析和计算能力三方面）和监管基础设施中的数据隐私监管。而与金融大数据治理相关的问题主要有四个：一是如何构建金融大数据要素市场；二是如何做好数据隐私和信息安全管理；三是如何甄别和处置数据垄断；四是如何做好模型算法等方面的管理。对于前三个问题，相关研究和讨论已经展开。政府和业界分别对打破数据垄断也有探讨，但是对数字金融市场中算法治理讨论较少。对模型算法讨论的缺失，导致在数字金融发展过程中存在一些认识上的误区。例如，一些观点认为，采用金融大数据一定比采用传统数据更好；基于金融大数据的分析更科学更公正；基于机器学习模型设计的产品因为没有人工干预因而比传统决策体系更优越；进而将"零人工干预"作为业务的一个主要优势加以宣传。但上述观点是否成立，既取决于对大数据的作用是否有充分恰当的评估，也取决于对金融决策中人的作用的理解。由于目前机器学习算法重相关关系，而不重基于挖掘金融内在发展规律的因果关系分析，决策中高估大数据分析的模型算法优势而忽略人的作用，就会带来新的金融风险隐患。

资料来源：沈艳. 数字金融发展中的数据治理挑战［J］. 清华金融评论，2021（3）：91–94.

扩展阅读 7–5

数字金融要以提高服务实体经济效率为发展方向

近段时期以来，趣店事件持续发酵，现金贷几成"过街老鼠"，更早之前，乱象丛生、泥沙俱下的 ICO 引致监管重拳……实际上，从 2015 年下半年国内 P2P 网络借贷平台频频出事开始，学界和公众对于数字金融的态度就已发生剧烈变化。

在此背景下，11 月 4 日，北京大学数字金融研究中心（IDF）召开第二届年会，年会上发布了《IDF 年度研究报告：数字金融支持实体经济发展》（以下简称《报告》）。

《报告》指出，我国数字金融发展正处于一个方向性的关键时刻，在实现经济转型升级、创新驱动的宏观形势下，作为中国金融行业的新兴形态和创新先锋，数字金融应该坚持服务实体经济的方向。这也契合了第五届全国金融工作会议和党的十九大报告中强调的金融本质是支持和服务实体经济的要求。

数字金融致力服务实体经济。关于目前数字金融在哪些方面对实体经济提供了支持，北京大学数字金融中心副主任黄卓主认为，首先，数字金融利用数字技术，包括移动互联和大数据，能够对普惠金融起补充作用。其次，在发展数字金融业务中，对传统金融机构产生了竞争效应。通过竞争效应促使以银行为代表的传统金融体系进行转型升级。此外，通过大数据分析，能够对数据价值进行挖掘，更加了解用户和企业的信用信息，能够帮助产生新一代的大数据征信体系。

与此同时，数字金融的发展能够给新的经济增长的动能转换提供稳固的金融基础。能够为数字经济、共享经济、创新经济等新的经济形态的发展提供新的金融基础设施。

那么，当前中国数字金融在支持实体经济发展方面的现状如何？《报告》对此作出了评估。从提高金融服务的可获得性、促进传统金融机构转型升级、推动中国金融体系改革、改善社会信用环境并促进消费升级、催生新的商业模式并促进企业创新升级等方面来看，我国数字金融对实体经济发展起到了巨大的支持和推动作用。

从支持实体经济发展的角度来看，如何理解数字金融发展的意义和价值？未来发展的方向是什么？《报告》强调，能否通过数字技术和金融产品创新来补足传统金融服务的短板，降低金融服务门槛和服务成本，改善中小微企业的融资环境，更有效地服务普惠金融主体，才是衡量中国数字金融健康发展的重要标准。

实际上，数字金融并不是"万能药"，并不能解决中国传统金融体系服务实体经济的所有问题，对一些固有的问题改善有限。同时，数字金融还可能带来一些新的风险和问题，存在发展不平衡、某些领域发展过热、金融风险累积、对投资者利益保护不足等方面的问题。

如何推动数字金融支持实体经济发展？《报告》给出了七方面的政策建议：第一，继续推进金融市场改革与开放，加快相关领域的配套改革，提高社会直接融资比例，鼓励传统金融机构的数字化转型。第二，继续完善数字金融的基础设施，推进公共部门的数据公开，建立全国统一的数字化征信平台，制定征信信息接入标准和互联互通规则。第三，大力支持数字金融的基础科学研究和技术创新，加强数字金融人才培养。第四，实施穿透式监管；对金融科技企业从事金融业务明确准入门槛和业务牌照要求；同时允许符合条件的数字金融企业申请银行牌照。第五，加强数字金融交易安全、数据安全、个人隐私保护、投资者和借款人的权益保护，完善相应的法律和管理条例。第六，利用数字技术提高金融监管的能力，在创新与风险之间取得平衡。第七，把数字金融纳入货币政策和宏观审慎性金融监管框架。

资料来源：数字金融要以提高服务实体经济效率为发展方向［EB/OL］．中国金融新闻网，https：//www.financialnews.com.cn/kj/jrcx/201711/t20171106_127194.html，2017－11－06．

国际数字货币发行和监管借鉴

伴随着互联网经济快速发展，数字货币在全球范围内迅速崛起，国际主流经济体竞相开展数字货币研究，部分国家甚至已经开始尝试发行法定数字货币，并建立了相关监管措施。目前，我国法定数字货币处于研发和攻坚阶段，总结数字货币发行管理机制的国际经验，对建立我国法定数字货币管理模式具有借鉴意义。

（1）各国央行法定数字货币发行框架特点。

当今，已经开展法定数字货币发行测试且发行机制比较成熟的是英国、加拿大和新加坡。各国央行推出的法定数字货币发行框架主要具有以下特点：一是推动中心化发行，保障使用安全。无论是英国的 RSCoin、加拿大的 CADcoin，还是新加坡的 SGD，都是由国家主导发行数字货币，国家银行作为法定数字货币发行的唯一权威中心。二是保持开放的态度，鼓励技术创新。作为一种颠覆式的支付方式，数字货币本身就包含很多新的计算机技术（密码、算法、编程等）。三是统筹资源，建立相互联络机制。在研究和筹划发行法定数字货币过程中，与商业银行、咨询公司和高校等机构合作研究开发，统筹并合理利用资源，达到事半功倍的效果。

（2）主流经济体对数字货币的监管。

随着数字货币迅速兴起，国际主流经济体也着手制定相关制度，采取相应措施，加强对数字货币的监管。由于各自实际情况不同，针对数字货币的监管态度存在差异，有的国家甚至出现禁止数字货币后又使其合法化的现象。目前，国际主流经济体对数字货币施行的监管措施大体可分为四类：一是道德说服，加强警告与风险提示。不直接干预数字货币发展，对数字货币的使用者和投资者采取道义劝告，强调风险及影响。二是对数字货币相关主体进行监管，实行登记许可制。三是立法立规，探索建立数字货币监管法律体系。四是谨慎观望，严令禁止 ICO。实际上，此为应对数字货币浪潮的"缓兵之计"，多为代表国家意志的短期行为。

（3）对我国数字货币发行及监管建议。

借鉴国际经验，结合我国国情，提出我国数字货币发行及监管建议：

一是完善法律制度，建立监管框架。首先，通过立法形式确立中央银行发行法定数字货币的合法地位，明确法定数字货币的法律界定。其次，确立监管体系，包括行业准入门槛和退出机制，建议建立部际联席会议机制，多部门协作联动，提高整体监管能力。再次，采取"适度监管"原则，保持监管措施的灵活性，以应对可能出现的新状况。最后，在法律层面上，理顺现有互联网金融法规与数字货币监管法规之间的界定关系，依法依规加强对数字货币进行监管。

二是强化技术升级，布局信息系统。进一步完善基础数据安全技术、交易安全技术和终端认证技术等方面的建设；做好系统兼容性，不仅要考虑央行与商业银行及个人的应用对接，也要考虑到未来与社会各部门和国际金融机构的兼容性。

三是加强外部合作，实现共创多赢。建立与高校、商业银行、互联网标杆企业和专业咨询公司协作平台，吸收先进技术和丰富经验；借鉴国外先进发行机制和技术基础，加强国际协调监管，共享数字货币交易信息，优化和改善我国金融创新竞争环境。

四是引入"云管理"，架构"大数据监管"。按照"建立由政府监管部门、行业协会共同参与的数字货币监管体系"的原则，由监管部门牵头完善"监管云"，其中"云"端包含数字货币运行机制、交易体系的各项信息与数据（数字货币的发行、流通和回收信息、用户持有信息等）。同时，要将市场上流通的数字货币纳入"监管云"中，形成一个巨大的数字货币数据库，充分运用数据挖掘、数据分析技术，实现"大数据监管"，守住虚拟货币监管底线。

五是加强正面宣传和引导，做好民间虚拟货币风险提示。建议有关部门针对民间数字货币市场乱象，积极组织在全社会开展宣传活动，对假借数字货币或以所谓金融创新的名义从事非法集资和金融诈骗犯罪的典型案例进行曝光，起到警示和教育作用。同时，也要从正面宣传和普及数字货币概念和知识，引导社会公众正确认识数字货币的发展前景和意义，自觉抵御和防范金融风险。

资料来源：国际数字货币发行和监管借鉴［EB/OL］. 中国金融新闻网，https：//www. financialnews. com. cn/hq/yw/201806/t20180626_140805. html，2018－06－26.

扩展阅读 7－7

开创"一带一路"数字金融合作新局面

近年来，随着"一带一路"项目不断推进，各国与我国的贸易合作与经济联系愈加紧密，在固有合作形式基础上不断进行创新，建立如中国—东盟、中国—中东欧和中国—阿拉伯等国家银联体，丰富了业务合作的方式，促进了沿线各国家的贸易合作与经济发展。但"一带一路"国家经济发展水平和宏观经济环境存在较大差异，长期存在数字鸿沟等问题，因此，可以利用区块链、物联网、人工智能等金融科技手段，充分发挥其可追溯性、不可复制性的特点来有效缩短各国的经济差距、融合数字鸿沟，同时加强金融基础设施的建设、不断推进金融科技的发展，进一步促进"一带一路"的经济发展和贸易合作，加快构建数字合作格局。

2022 年 1 月，中国人民银行印发了《金融科技发展规划（2022～2025）》，指出要把握数字发展新趋势，深化金融业数字化转型，推动经济发展。作为中国数字经济重要组成部分的金融科技对推动"一带一路"国家经济发展有着不可或缺的作用。

首先，一些"一带一路"国家金融发展滞后、基础设施建设不全、金融服务薄弱，金融科技可以通过创新金融产品和服务，如移动支付、数字钱包等技术，利用互联网金融平台提供在线贷款、众筹、互联网保险等服务，提高金融包容性，为沿线金融发展相对滞后的国家和地区提供可负担的数字金融基础设施资金支持和技术援助，促进跨境投资、小微企业融资和经济发展。

其次，"一带一路"国家之间的贸易和人员流动性较大，经济发展中伴随着人量的数据生成，金融科技可以利用区块链技术实现去中心化的跨境服务，减少中间环节和费用，提高交易的安全性和透明度。同时可以利用大数据分析和人工智能技术帮助企业进行风险评估，降低投资风险，推动了国家间的经济合作和贸易便利化发展。

最后，金融科技推动"一带一路"国家金融市场的互联互通。通过数字化金融服务和金融科技基础设施建设，如在线交易平台和数字资产交易所，将不同国家的金融市场更紧密地联系起来，扩大了投资机会和市场参与度。以移动支付领域为例，支付宝采用"本地伙伴＋技术赋能"的出海模式，因地制宜地在"一带一路"的东南亚国家研发出 9 个满足当地需求和特色的"支付宝"，成功将中国和东南亚国家的数字普惠金融体系连为一体，让当地民众切实感受到了"一带一路"共建活动带来的便捷、高效，进一步促进了当地经济发展及与中国的贸易合作。

资料来源：刘玲．张源．齐嘉琳．开创"一带一路"数字金融合作新局面［EB/OL］．中国金融，2023（13）．

◎ **概念复习**

监管沙盒　国际货币基金组织（IMF）　金融稳定理事会（FSB）　国际货币转移协会（SWIFT）

◎ **阅读资料**

［1］李诚鑫，苏彩玲，兰天媛．借鉴国际经验完善我国数字金融监管［J］．黑龙江金融，2023（3）：20－24.

［2］侯燕磊，丁尚宇．数字金融新型风险与监管分析［J］．中国经贸导刊，2023（6）：83－86.

［3］王定祥，胡小英．数字金融研究进展：源起、影响、挑战与展望［J］．西南大学学报

（社会科学版），2023，49（1）：101 – 110.

［4］欧阳日辉．我国数字金融创新发展的挑战与应对［J］．科技与金融，2021（3）：39 – 44.

［5］朱苡榕，王波．俄罗斯《数字金融资产法》及其对我国的启示［J］．商业经济，2023（7）：175 – 178.

［6］马述忠，郭继文．数字经济时代的全球经济治理：影响解构、特征刻画与取向选择［J］．改革，2020（11）：69 – 83.

［7］曹晓路，工崇敏．中国特色自由贸易港建设路径研究——以应对全球数字服务贸易规则变化趋势为视角［J］．经济体制改革，2020（4）：58 – 64.

［8］白当伟，汪天都．普惠金融国际前沿趋势、重要成果与经验启示［J］．国际金融，2018（2）：69 – 75.

◎ 课后思考题

（1）简述数字金融发展会导致的问题以及需要解决的问题。

（2）数字金融发展面临怎样的挑战？

（3）分别说明俄罗斯、美国、英国、德国的数字金融监管政策对我国数字金融的参考价值。